ELS LÍMITS DEL MUSEU

**FUNDACIÓ
ANTONI TÀPIES**
BARCELONA

15 març - 4 juny 1995

L'exposició *Els límits del museu*
ha estat organitzada i produïda per la
Fundació Antoni Tàpies de Barcelona.

Direcció: Manuel J. Borja-Villel
Comissaris: John G. Hanhardt i Thomas Keenan

EXPOSICIÓ

Muntatge: Fernando Marzá i Mètode

CATÀLEG

Disseny gràfic: Salvador Saura i Ramon Torrente
Realització: Edicions de l'Eixample, SL
Traduccions: Mireia Carulla, Patricia Mathews, Isabel Núñez, Ricardo Sanvicente, Paul Schmidt i Lluís M. Todó
Correccions: Carme Casals i Cathy Douglas

Fotomecànica: S.K.B., Barcelona
Impressió: Grup 3 SA

ISBN: 84-88786-05-0
Dipòsit legal: 16543-93

Amb el patrocini de:

 Telefónica

 ADSI

 AT&T

 BOSE Better sound through research.

 DATAPOINT

 SENNHEISER Micrófonos y Auriculares

 HEWLETT PACKARD

 Lexon Audio Vídeo Professional

 Fitel

 ECV VIDEO SEGURIDAD

 CERBERUS

 BSS

 SPIRIT By Soundcraft

Amb el suport de:

AJUNTAMENT DE BARCELONA, DISTRICTE DE GRÀCIA

CONSULAT GENERAL DELS EUA

FUNDACIÓ JOAN MIRÓ

GENERALITAT DE CATALUNYA, DEPARTAMENT DE JUSTÍCIA, DIRECCIÓ GENERAL DE SERVEIS PENITENCIARIS I REHABILITACIÓ

ISTITUTO ITALIANO DI CULTURA

INSTITUT ALEMANY - GOETHE INSTITUT

MUSEO NACIONAL CENTRO DE ARTE REINA SOFÍA

SANT JOAN DE DÉU, SERVEIS DE SALUT MENTAL

TECNO ESPAÑA DISTRIBUCIÓN SA

TRANSPORTS DE BARCELONA SA

La Fundació Antoni Tàpies agraeix la generosa col·laboració de les persones, museus i galeries que han prestat obres de la seva propietat per a aquesta exposició:

Galerie Chantal Crousel, París
Ronald Feldman Fine Arts, Nova York
Metro Pictures, Nova York
The New Museum of Contemporary Art, Nova York
Whitney Museum of American Art, Nova York

I totes aquelles persones que han preferit mantenir el seu anonimat.

Moltes altres persones i institucions han contribuït igualment, d'una manera o altra, a fer possible aquesta exposició:

Montse Aguer
José Aguirre
Faustino Aguirre
Ernesto Aguirre Lastrada
Ignacio Alberdi
Carlota Álvarez-Basso
Albert Anguera
Ramon Antich
Enric Argullol i Murgades
Toni Arias
Daniel Ayuso
Jordi Bara
Alfonso Bares Espinosa de los Monteros
Ben Barzune
Bruno Bellone
Enrique Benavides
Ron Benner
Raimon Bergós
Eva Blanco Catalán
François Blanty
Carmina Borbonet
Jorge Borges
Marie-Puck Broodthaers
Ellin Burke
Pilar Caballero
Josep Maria Canals i Cabiró
Luisa Capecchi
Jordi Carrió
Eduard Casellas
Pere Català Roca
Gayatri Chakravorty Spivak
Chan Family
Tomás R. Cid Ballarín
Irene Civil
Gerry Collins
Rosa Corominas
Fernando de Corral
Diego Cortez
Elisabeth Cuspinera
Chris Dercon
Ignacio de Despujol

Andrés Duque
Arturo Duque
Rafael Duyos
Ramon Espiña
Alicia Fernández
Pedro Fontana
Pere Fons
Simón Fumanya
Ignasi Garcia i Clavel
Martí Gasull
Andrea Geyer
Maria Gilissen
Família Gomis
Marta González
Camila González
Barbara Grosshaus
José Guirao
Antoni Gutiérrez-Rubí
Y. Gutmann
Anna Hakkens
Tariq Hassan-Gordon
Mercè Ibarz
Alberto Insua
L. Ishi-Kawa
Marcel Joan i Alsinella
Jordi Juncosa
Peggy Jarrel Kaplan
Josep Maria Llevat
Joan Lluís i Biset
Ramón López
Mònica Mackay
Rosa Maria Malet
Joan F. Marchán
Rosa Martí
Adolfo Martínez
Carlos Martínez
Timothy J. McClimon
Eulogio Méndez
José Luís Merino
Jen Metcalfe
Carles Mir
Pilar Muñoz
Karl J. Niggestich
Anna Noëll
José Palacín
Sonia Palos
José Pascual López
Josep Antoni Patiño
Angier Peavy
Manel Peiró
Lluís Peñuelas i Reixach
Xavier Perales
Fernando Perera
Juan Pérez Álvarez
Francesc Pérez Sarrado
Juan Picón
Tana Picón
Rafael Poch
Klaus-D. Pohl
Anna Maria Posadas

Elena Pujol
Antonio Puyuelo Panzano
Lorenzo Quintana
Juan Quintano
Josep Ramos Montes
Jesús Regidor i Muñoz
Jorge Ribalta
Reinald Roca
Enric Roig
Mercè Rubió
Josep Maria Sabaté
Daniel Saiz
José Francisco Sánchez Berruezo
Alicia Sánchez Navalón
José Sandoval
Javier Santamaría
Germà Santos i Boada
Eva Maria Schneider
Maria Pilar Sender
Lluís Simó
Jaume Sobregrau
Karin Stengel
Rosa Maria Subirana
Krystyna Szymorowski
Francine Tagliaferro
Santiago Tascón
Joaquim Triadú
Laura Trippi
Xavier Valls i Serra
Nicole Verstraeten-Daled
Francesc Vilar
Kit Wah
Frank Werner-Albrecht
Detlef Wiese
Família Zelich
Miguel Zugaza

Abril-Reg, s.c.c.l., Barcelona
Alterra, s.a., Barcelona
Museu Clarà, Barcelona
Dropi, s.a., Barcelona
Galería Elba Benítez, Madrid
Estudi Fornell, Barcelona
Fundació Gala-Salvador Dalí, Figueres
Isabella Stewart Gardner Museum, Boston
Leo Castelli Gallery, Nova York
Luhring Augustine Gallery, Nova York
Maxicongress, Barcelona
Universitat Pompeu Fabra, Barcelona
SAI, Serveis Audiovisuals Interactius, Barcelona
STAI, Servicios Técnicos de Aseguramiento Integral, Barcelona
Tecno España Distribución, s.a.
Tortella Internacional, Barcelona
TTI, s.a., Transport Internacional
Videostudi, s.c.p., Granollers

Índex
Table of Contents

Els límits del museu

MANUEL J. BORJA-VILLEL

La idea del museu com a receptacle neutre dins el qual es distribueix un conjunt d'objectes que el públic hauria de percebre sense interferències és utòpica. Una exposició consisteix en un encreuament de pràctiques i discursos on s'inscriu l'obra d'art. Esquemàticament, podríem dir que tota mostra és, d'una banda, una pràctica que inclou la selecció i l'avaluació d'unes peces determinades i, de l'altra, un sistema de significats integrat per una sèrie d'afirmacions o expressions: el de les obres individuals. Aquests significats són l'atrapats simultàniament pels títols, les categories i els comentaris de l'exposició i, alhora, alliberats i disseminats pel seu mateix procés d'articulació. Cal tenir present, a més, el fet que una exposició es desenvolupa dins una disposició espàcio-temporal fonamentalment oberta, en la qual l'espectador pot seguir un discurs o aturar-se i recular sempre que vulgui.[1]

Una exposició no s'ha de llegir mai com un text únic.[2] Hi ha tota una pluralitat de textos subjacents que cal fer aflorar, de manera que l'exposició es transforma, en relació amb l'obra d'art, en una mena de paratext. El museu o galeria, la seva història, la seva col·lecció, el seu edifici, la manera com s'hi exposen els objectes, les etiquetes, el material pedagògic, la circulació, etc., tot això forma part del «missatge» que s'emporta l'espectador quan visita una mostra. Tot això forma part, també, del bagatge amb què l'espectador entra al museu, un bagatge que el conservador i el comissari han de tenir en compte quan fan una programació o preparen una exposició.

D'ençà que Marcel Duchamp va presentar com a art un objecte trobat, l'heterogeneïtat substancial del museu es va fer patent.[3] Duchamp va trencar amb la fal·làcia modernista de la transparència, és a dir, la creença en la possibilitat d'una percepció immediata de l'obra d'art, que ha estat determinant en molts museus al llarg d'aquest segle. La història de la museologia moderna ha consistit a negar obstinadament aquest fonament heteròclit i ha tractat de reduir el museu a un sistema homogeni. Aquesta fe en la capacitat d'aprehendre el sistema ocult que doni coherència a tots els objectes d'un museu ha persistit fins avui. Seguint uns paràmetres pretesament naturals i universals, s'han organitzat les obres d'acord amb uns criteris d'autonomia formal que semblen respondre a lleis d'evolució interna, el significat de les quals es considera visible als ulls de tothom, independentment de la ideologia del visitant. L'art es treu de context, i el conjunt de peces necessàriament heterogeni que constitueix tota exposició s'homogeneïtza.

El paper del museu com a índex, és a dir, com a indicador que un objecte és una obra d'art, i la seva funció activa en el discurs d'una exposició han de ser assumits pel comissari, que no els pot continuar negant. L'obra d'art no és una cosa tancada sinó oberta, i la seva xarxa de significats es perfila precisament en el context de l'exposició. El comissari no es troba separat del fet artístic ni busca una veritat objectiva i externa a aquest, sinó que està absolutament implicat amb l'artista i amb l'obra d'art. Des d'una perspectiva tradicional, doncs, la seva posició respecte a aquests últims esdevé ambigua.

«Museu», «col·lecció» i «estudi», entre d'altres, constitueixen conceptes que no sempre són objecte de debat, sinó que tot sovint es conceben com si estiguessin arrelats en la

The End(s) of the Museum

MANUEL J. BORJA-VILLEL

The notion of museum as a neutral container for a series of objects for the public to contemplate undisturbed is utopian. An exhibition is a meeting-point of practices and theories, in which the work of art is located. Roughly speaking, an exhibition can be defined as on the one hand, a practical work that involves selecting and evaluating a number of objects, and on the other, a system of meanings made up by a series of statements or expressions: the individual works. At the same time, these meanings are both grasped and communicated through the titles and classifications of the exhibition, and through the textual commentaries. Moreover, exhibitions are arranged in what is basically an open-ended space-time framework where viewers are free to follow a discourse, stop, or walk back, as they think appropriate.[1]

An exhibition can never be read as a single text.[2] There is always a plurality of texts which have to be disclosed as well, thus functioning as a sort of text parallel to the work of art itself. The museum or gallery, its history, its collection, its building, the way the objects are displayed and labeled, the explanations, even the traffic flow, are all part of the "message" sent to the viewers attending an exhibition. They are also part of the knowledge viewers bring with them as they enter a museum. This knowledge curators and directors must take into account when programming and preparing an exhibition.

By presenting a found object as a work of art, Marcel Duchamp revealed the heterogeneous nature of the museum.[3] Duchamp broke with the modernist fallacy of transparency, the belief that the meaning of a work of art could be grasped at once. However, this has clung as a basic assumption for many museums throughout the 20th century. The history of modern museology has been a stubborn rejection of the museum´s heterogeneous nature, with the object of reducing it to a standard homogeneous system. The idea that there is a hidden system, which only needs to be understood in order for all the objects in a museum to become coherent, still endures. Following supposedly natural and universal guidelines, works are placed according to criteria of autonomy of form; they seem to follow laws of internal evolution, whose meaning is assumed to be evident for everybody, regardless of their ideology. Art is removed from its context and the heterogeneous arrangement of works that composes an exhibition is turned into an homogeneous whole.

The function of the museum as an index, sanctioning a given object as a work of art, and its active role in an exhibition´s development, can no longer be denied, but must be assumed by the curator. A work of art is not closed, but, on the contrary, open. It is precisely the context of an exhibition that highlights its web of meanings. Curators are not alien to art as an activity, they don´t look for an objective truth outside it. On the contrary, they are totally involved with the artist and the works of art. Therefore, from a traditional point of view, their position with regard to the latter is ambiguous.

Concepts such as "museum," "collection" or "gallery" are not always questioned. They are assumed to be rooted in the nature of man. However, these words have a spe-

mateixa naturalesa de l'home. Aquests termes tenen, tanmateix, una dimensió històrica definitiva, responen a les condicions socials del moment i s'articulen en relació amb una estructura de poder determinada. Tot museu hauria de ser, en aquest sentit, conscient del grau de complicitat que manté amb allò que critica. La reacció d'artistes com Marcel Broodthaers i d'altres, durant els anys seixanta i setanta, contra les imposicions dels museus i dels mercats i a favor d'un art més compromès amb la realitat política del seu temps ja va suposar un intent de trencar amb qualsevol idealisme d'arrel decimonònica. En efecte, a final del segle passat, el que Broodthaers denominava predisposició romàntica de l'art modern pren carta de naturalesa i el museu serveix de coartada per a l'alienació de l'art de la seva pròpia realitat social. La concepció idealista de l'art, els sistemes de classificació que s'hi imposen, la construcció d'una història cultural que el contingui, tot això va ser refermat pel museu tal com anava desenvolupant-se durant el segle passat fins a arribar al seu estat actual.

Fundat i organitzat amb la voluntat de presentar uns esquemes metòdics, comprensibles i utilitzables, el museu es comporta en part com un presidi, un hospital o una escola, que fixa allò que se li oposa, li confereix un caràcter asèptic i n'afavoreix la desdramatització. Tot queda immobilitzat i restaurat en un nou ordre. Dins el museu, l'obra d'art tendeix a perdre tensió i deixa de ser inquietant. Si, per definició, l'artista és el nòmada que travessa i trenca les fronteres, el museu, al seu torn, es fonamenta en el sedentarisme, ja que funciona com a sistema d'acumulació, classificació i poder. Si ha de ser un centre de creació actiu, el museu no pot deixar de construir-se, destruir-se i reconstruir-se contínuament. No pot ser una mera acumulació, sinó hostil a aquesta. Ha de perdre constantment els seus fins per poder assumir-ne d'altres.

Tota manifestació artística radical és breu per necessitat. Tan sols s'entén en un continu estat de crisi. Quan s'allarga massa en el temps, acaba transformant-se en estil i perdurant com a norma. L'art no mor en la crisi, sinó en l'èxit. Això es posa de manifest a l'actualitat amb la «museïficació» creixent de l'activitat artística. És difícil parlar de crisi quan ens referim a una cosa generosament utilitzada per empreses i institucions per promocionar productes i fins i tot ciutats, per impulsar el turisme o per revaloritzar un barri. En aquest context, artistes i obres no són sinó pretextos perquè el món de l'art no pari de girar; un món que sembla tenir una necessitat permanent d'espectacle artístic, de nous objectes i formes, és a dir, de noves exposicions que puguin satisfer una curiositat que devora qualsevol forma nova d'expressió i que sovint, al llarg d'aquest procés, la buida de tot sentit crític. L'art ha passat de ser subversiu a ser alienant, aliment de curiosos, notícia sense contingut. La crisi perviu només com a polèmica. El museu conserva i exposa els quadres, però no el drama.

El museu té alguna cosa d'església o de panteó. L'artista sovint es veu com un demiürg, un creador capaç de conferir vida espiritual a la matèria inerta. La seva obra se situa així més enllà de la realitat ordinària, i és exposada com si respongués a un desenvolupament autònom. Com l'església, el museu pretén fer creure que el món que mostra i al qual vol convertir l'espectador, amb una clara actitud proselitista, pertany al més enllà. La història de l'art esdevé així una autèntica història sagrada.

Això passa, sobretot, en el cas dels museus monogràfics, la situació dels quals hem de reconèixer que és, com a mínim, tan ambigua com la del museu general. Ara bé, quan l'objecte d'especialització és pertinent a la situació històrica del moment, el museu monogrà-

cific historical dimension, reflecting the social conditions of a given moment. Besides, they are used in the context of a particular structure of power. In this sense, museums should be aware of how involved they are with the very same things they criticize. Back in the 1960s and 70s, when artists like Marcel Broodthaers and others reacted against the dictates of museums and market, and proposed an art that was more committed to the political reality of the time, they were already attempting to break with any type of idealism. What Broodthaers defined as modern art´s predisposition to Romanticism began early last century: the museum became an alibi for the alienation of art from the social reality it belonged to. The idealistic concept of art, the classification systems imposed upon it, the construction of a cultural history constraining it, were all consolidated thanks to the way museums developed, from the 19th century until they reached their present state.

Founded and organized with the aim of presenting methodical, comprehensible, and practical displays, a museum is in a way similar to a prison. Like an hospital or a school, it is an internment place for everything opposing the system, thus depriving it of its momentum and sterilizing it. Everything is still, becoming part of a new order. In museums, works of art tend to lose their force, they cease to disturb. Whereas the artist is, by definition, a nomad, crossing boundaries and going beyond limits, the museum is essentially sedentary: a system based on accumulation, classification and power. If the museum is to be an active center of creation, it cannot cease to build, demolish and rebuild itself, continually. It cannot be a simple accumulation of objects: it has to sacrifice its ends, time and again, in order to embrace new ones.

Any radical artistic manifestation has to be brief. It can only be understood as a permanent state of crisis. When it is overstretched in time it ends up becoming a style, then living on as a rule. Crisis does not kill art, success does. This is evident in the present "museumization" of art. Museums are being used lavishly by corporations and institutions to market products and even cities, to promote tourism and to regenerate urban areas. In this context, both artists and their work become a pretext to keep the art world turning. This world appears to have a perpetual need for artistic pageantry, new objects and shapes. In other words, there is demand for new exhibitions in order to satisfy an insatiable curiosity for every new form of expression. In the process of being expressed, this new form often becomes void of any critical content. Where art was once subversive it has now become alienating; food for the curious, a piece of news with no content. Crisis lives on only as a controversy. Museums preserve and display the works, not their drama.

Museums partake of the character of a church or a pantheon. Artists are often regarded as demiurges, creators capable of breathing spiritual life into inert matter. Their works are thus perceived as being beyond reality and displayed as if they had an autonomous development. Like a church, the museum tries to persuade people that the world it shows is a part of the great beyond; with evident missionary zeal, it tries to convert the viewer. Thus, history of art becomes the history of religion.

This phenomenon is more evident if we think of monographic museums, whose situation is at least as ambiguous as that of the general museums. However, when the special field of a museum, whatever this might be, is pertinent to the historical situation of the moment, this monographic museum can become a center alive and creative. When the

fic pot convertir-se en un centre d'investigació. Quan l'objecte és forçat, o quan tractem d'un artista individual, corre el risc d'esdevenir un temple, és a dir, un lloc de culte més que no pas de crítica. La solució consisteix a crear una atmosfera no devocional, una atmosfera a través de la qual es qüestioni el fenomen artístic en tots els seus aspectes. El museu monogràfic només serà rellevant si assumeix les funcions d'un espai públic, és a dir, si és capaç d'articular les seves activitats entorn a les necessitats específiques de la societat en le qual s'integra. No serà rellevant si es limita a assumir les funcions d'un espai privat i centra el seu interès en la consolidació i consagració d'una mitologia personal.[4]

Com a conseqüència de la Il·lustració i dels seus ideals didàctics, es va pensar que l'educació podia ser per ella mateixa una eina de canvi i millora. Com va remarcar Walter Benjamin, però, és impossible que el mateix tipus de coneixement universal que assegura un poder determinat serveixi per enderrocar aquest poder. Malgrat que, amb les seves activitats i exposicions, els museus sovint busquen l'estímul, la variació, i fins i tot pretenen despertar l'interès del públic envers uns coneixements, si no tenen en compte la situació històrica i social, com a classe o com a grup, del públic al qual s'adrecen, el màxim que poden aconseguir és entretenir l'espectador, fer-li passar l'estona. Quan mostra els productes de moments històrics concrets dins un continu històric únic, o quan crea la il·lusió d'un coneixement universal, el museu fetitxitza els objectes exposats sense donar armes al visitant perquè els esmicoli. Per això, la seva incorporació a una col·lecció o exposició temporal s'ha de fer des d'un punt de vista que permeti establir noves relacions, reinterpretar un passat i, finalment, reconèixer un present. Perquè el museu tingui sentit avui, cal que redefinim la nostra noció de memòria, que no ha de ser tant la inscripció del passat com la projecció cap al futur, en un procés que faci patent el que la societat amaga. El museu ha d'extreure nous elements de la confrontació del visible i l'invisible, del veure i el saber.[5]

Això encara és més significatiu pel fet que vivim en un ordre mundial que persegueix, amb una fatídica insistència, la normalització i banalització del subjecte, immers en un sistema que tendeix a esquematitzar la seva singularitat. Les pressions perquè l'individu s'adapti a unes pautes i uns models preestablerts són fortíssimes. Com ha observat Julia Kristeva en un altre context, la importància de conservar la realitat psíquica de cada un de nosaltres a través de la recuperació de la memòria i de la subjectivitat és primordial. El que defineix la memòria individual és la seva riquesa, la seva capacitat de generar associacions sobtades i imprevistes. Es tracta d'una reserva immensa i oberta que constitueix una autèntica font d'alliberament. En aquest aspecte, el museu pot fer i ha de fer un paper rellevant.

Però, a quin individu o individus serveix el museu? Qui constitueix el seu públic? Molts museus inverteixen grans dosis d'energia i de diners per tal d'arribar a la màxima quantitat de persones. Avui dia, efectivament, es fa difícil trobar un museu que no defensi aquesta obertura. Les pressions en aquest sentit són remarcables. Regularment observem com diaris i revistes dediquen grans espais de les seccions de cultura a descriure i comparar les xifres de visitants que acullen les diverses institucions culturals d'una ciutat. Es realitzen gràfics, estadístiques i percentatges amb una precisió matemàtica: la il·lusió i l'esperança de qualsevol centre que aspiri a un cert reconeixement és aconseguir la màxima cota de popularitat. Aquesta pot ser, sens dubte, una garantia d'esponsorització i d'obtenció de subvencions públiques. De la mateixa manera, molts creadors d'o-

subject of the museum is a forced one, or when the museum is devoted to the work of a single artist, it risks becoming a shrine, a place of worship, away from critical analysis. The solution is to create a non-devotional atmosphere in which every aspect of the artistic phenomenon can be questioned. The monographic museum will only be relevant if it is conceived as a public space, if it can articulate its activities around the needs of the community which it serves. It will be irrelevant if it functions as a private space, interested basically in cultivating and preserving a personal mythology.[4]

As a result of the 18th century Enlightenment and its didactic ideals, it was thought that education in itself could be an instrument of change and improvement. But, as Walter Benjamin pointed out, it is impossible for the same kind of universal knowledge enthroning a particular power to be used to undermine it. Although museums often seek to stimulate, offer variation and arouse public interest in certain subjects through their activities and exhibitions, if they do not bear in mind the historical and social situation of their audience as a class or group, the most they will do is entertain the public, help them to kill time. When it displays the products of particular historical periods in a universal historical continuum, or when it creates the illusion of presenting universal knowledge, the museum turns the objects exhibited into fetishes, not giving the viewer the necessary tools to deal with them. When these objects are included in a collection or temporary exhibition, they must be displayed in a way that allows the viewer to establish new links, reinterpret a past and, eventually, acknowledge the present. If the museum is to have any meaning today, we must redefine our notion of memory, being less of a record of the past and more of a projection towards the future, revealing what society keeps hidden. The museum should extract something new from the confrontation between the visible and the non-visible, between seeing and knowing.[5]

This is even more important today; the present world order insists on trying to standardize and trivialize the individual, who finds himself surrounded by a system that wants to reduce his singularity. The individual has terrible pressure put on him to adapt to pre-established rules and models. As Julia Kristeva has remarked, it is of paramount importance that the individual´s psychic reality be preserved through the recovery of memory and subjectivity. Individual memory is defined by its richness, its ability to make sudden and unexpected associations. It is an immense and open reservoir that is a genuine source of liberation. Within it, the museum can, and should, play a significant role.

The museum provides a service, but for what people? Who is the public of a museum? Many museums spend a great deal of time and money attempting to attract the broadest possible audience. As a matter of fact, it would be difficult today to find a museum that does not propose the idea of reaching a wider public. There is a good deal of pressure to this effect. Newspapers and magazines regularly devote a considerable number of their cultural pages describing and comparing the number of people visiting different art institutions in a city. They publish graphs, statistics and percentages, with mathematical precision: the highest hope, the cherished dream of every self-respecting museum is to be the most popular one. Obviously, this would guarantee sponsors and public grants. Moreover, a good number of opinion makers are very critical of the "elite" character of those museums that do not, according to them, attract a sufficient number of visitors. This attitude, disguised as populism, is essentially conservative and poses a serious problem, expressed not in what it does say, but rather in what it neglects to say. Putting aside a

pinió arremeten contra l'«elitisme» d'aquells museus que, a parer seu, no tenen prou visitants. Aquesta postura, disfressada de populisme, en el fons és conservadora i planteja un greu problema de base, no tant per allò que diu com per allò que no diu. Sense aturar-nos a discutir el fet que la noció excessivament economicista de la cultura (o, en el mateix sentit, de l'educació i la sanitat) delata l'origen neoliberal d'aquesta posició, cal remarcar que el públic no és un ens general i uniforme al qual es pugui arribar amb un suposat llenguatge comú. La noció de públic, com la de museu, és una categoria ideològica, construïda històricament. Quan s'entén el públic com un ens indiferenciat i no fragmentat per les divisions socials, el que es perpetua és la concepció idealista de la història, i no una visió crítica d'aquesta. El repte del museu no consisteix a adreçar-se indiscriminadament a grans masses, sinó a atreure tanta gent com pugui en aquelles coses per a les quals, partint de la pròpia identitat, vol tenir una presència. Un enfocament populista del museu no fa sinó perpetuar el seu tradicional allunyament del públic que pretén servir, i oblida que el qüestionament del tipus de públic al qual s'adreça és essencial: activistes gay, immigrants, ecologistes, feministes, associacions de barri... No tots aquests grups responen a paràmetres idèntics. Com cal adreçar-s'hi, doncs? Qui representa qui, i en quins termes?

En un país tan ple de llacunes com el nostre, on la modernitat ha viscut segrestada durant gairebé quaranta anys, aquesta situació és particularment delicada. De la manca proverbial de col·leccions d'art contemporani, de la inexistència de cap estructura moderna de museus fins fa ben pocs anys, s'ha passat a construir-ne massivament. Cada ciutat vol tenir un centre emblemàtic. En els últims temps, hem assistit a una proliferació d'edificis destinats a acollir col·leccions d'art modern i contemporani més aviat poc definides, a més de promoure una línia d'activitats sovint força imprecisa. Hem pogut comprovar reiteradament la manera en què els directors d'aquests centres, els seus patronats, presidents, etc., s'embranquen en abruptes discussions sobre els seus programes i objectius. Aquestes discussions acostumen a suscitar polèmiques de to periodístic en què els problemes se superposen i s'embullen en comptes d'analitzar-se. Davant d'aquesta situació, el fet de plantejar una reflexió pública sobre el sentit i la funció del museu en la societat esdevé imprescindible. Abans de configir una llista amb els possibles components d'una col·lecció permanent, abans de determinar-ne la data inicial, cal que ens preguntem si el museu és necessari i de quin tipus de museu parlem, així com quin missatge pretenem transmetre i en nom de qui actuem.

NOTES

1. Mary Kelly, «Re-viewing Modernist Criticism», dins Brian Wallis, *Art after Modernism* (Nova York i Boston: The New Museum of Contemporary Art i David R. Godine, 1984): 100.

2. Ludmilla Jordanova, «Objects of Knowledge: A Historical Perspective on Museums», dins Peter Vergo, *The New Museology* (Londres: Reaktion Books, 1989): 32-33.

3. Douglas Crimp, *On the Museum Ruins* (Massachusetts: MIT Press, 1993), passim.

4. Aurora León, *El Museo. Teoría, Praxis y Utopía* (Madrid: Cátedra, 1990): 168.

5. François Dagognet, *Le Musée sans fin* (Seyssel: Champ Vallon, 1993): 68-69.

discussion on this overtly business-oriented idea of culture (or education, or health care) and its neo-liberal origin, it is important to point out that the public is not a single uniform body that can be reached through a supposedly common universal language. The notion of public, like the notion of museum, is an ideological construction built through history. Viewing the public as an undifferentiated mass, with no social divisions, perpetuates the idealistic concept previously mentioned, instead of fostering a critical approach to it. The problem for a museum is not how to allure masses, thus putting aside any discernment, but how to attract as many people as possible to those things where the museum wants to be, consistent with its identity. A populist approach to museums would only perpetuate its traditional divorce from the public it wants to serve, forgetting that it is essential to question permanently which is the audience we are trying to reach. How do we address them? Who represents whom, and on what terms?

The situation is particularly delicate in a country like ours, whose history has been full of gaps and where modern art was held hostage for almost forty years. Until recently there was a shortage of contemporary art collections, and no modern museum structures, but now museums are being built at a fast rate. Every city wants to have its own emblematic structure. In the last few years we have seen a proliferation of buildings intended to house ill-defined collections, and promote programmes of activities which are often less than precise. We have repeatedly witnessed heated discussions among museum directors, trustees and politicians, about their programmes and objectives. The press frequently trivializes these discussions into controversies in which the problems are obscured and confused rather than analyzed. In a situation like this, public reflection on the possible meaning and function of the museum in our society seems imperative. Rather than drawing up lists of the possible works and artists to be contained in a permanent collection, rather than hurrying to have an architect appointed, we must first ask ourselves if the museum is necessary and, if so, what kind of a museum we are talking about, what message we can transmit, and on whose behalf are we acting.

NOTES

1. Mary Kelly, "Re-viewing Modernist Criticism," in Brian Williams, Art after Modernism (New York and Boston: The New Museum of Contemporary Art and David R. Godine, 1984): 100.

2. Ludmilla Jordanova, "Objects of Knowledge: A Historical Perspective on Museums," in Peter Vergo, The New Museology (London: Reaktion Books, 1989): 32-33.

3. Douglas Crimp, On the Museum Ruins (Massachusetts: MIT Press, 1993) passim.

4. Aurora Léon, El Museo, Teoría, Praxis y Utopía (Madrid: Cátedra, 1990): 168.

5. François Dagognet, Le Musée sans fin (Seyssel: Champ Vallon, 1993): 68-69.

Sense fi ni límits a la vista

THOMAS KEENAN

«Deixaria de celebrar la pèrdua, si pogués imaginar-me què la substitueix.» LYNNE TILLMAN

«MUSEU... Jugarem aquí cada dia fins a la fi del món.» MARCEL BROODTHAERS

Museu. ... del gr mouseion, seu de les Muses... *Musa. ... del gr mousa...*: prehel·lènic **montya*, f. Arrel indogermànica **mon- (:men- :mn-)* pensar, recordar, etc. Cadascuna de les nou deesses filles de Zeus i de Mnemòsine... *(OXFORD ENGLISH DICTIONARY)*

Projecte

El museu, tal com nosaltres l'entenem, està arribant a la seva fi? S'ha perpetuat més enllà de les seves definicions, des del classicisme fins a la postmodernitat? I, si és així, com evolucionarà en el futur? Evidentment, una reflexió sobre la possible desaparició del museu ha d'anar lligada a l'anàlisi dels seus objectius i propòsits, dels seus fins i els seus límits. El que hi ha en joc és la memòria i el futur de la nostra cultura. Però la «nostra» cultura i «el» museu –com a institució, com a idea i com a praxi– no són, ni haurien de ser mai, una sola cosa. De fet, resulta molt més interessant la manera en què aquesta institució ha anat evolucionant fins a esdevenir una expressió de múltiples desigs i objectius que ara, més que mai, semblen confrontats. Tradicionalment, el museu s'orientava cap a la preservació i la conservació del cànon de la història de l'art i de l'estètica. La modernitat li va assignar la tasca d'encarnar la utopia i la capacitat redemptora de l'art, i va eixamplar la noció d'allò que pertanyia al museu. Avui dia, el museu sovint mira de ser un espai on noves comunitats culturals i històriques posin en dubte els paradigmes estètics heretats. Tanmateix, aquestes definicions i intencions tan heterogènies no sempre s'han succeït l'una a l'altra, sinó que tot sovint coexisteixen en una institució que aspira a la consecució de totes elles. És possible, aquest museu?

El propòsit d'aquesta reflexió no és simplement imaginar el museu del futur ni recordar amb nostàlgia com era, o com podia haver estat, el museu del passat, sinó posar de manifest la necessitat d'elaborar una genealogia crítica del museu. Això implica, més que una recerca de les seves arrels –com si la història fos tan sols una progressió contínua a partir d'un origen–, una acurada investigació teòrica dels desenvolupaments desiguals del museu. Quins són els pressupòsits epistemològics d'aquesta institució? O, dit d'una altra manera, quina és la seva aposta política, econòmica i social? *Els límits del museu* no pretén, doncs, descriure situacions ni prescriure solucions, sinó més aviat analitzar les diverses maneres en què el museu és imaginat dins i fora de la història i de les institucions que l'han determinat en excés. (De la proposta per a *Els límits del museu*, John G. Hanhardt i Thomas Keenan.)

No Ends in Sight

THOMAS KEENAN

«*I would stop celebrating loss, if I could figure out what replaces it.*»
LYNNE TILLMAN

«*MUSEUM ... We play here daily until the end of the world.*» MARCEL
BROODTHAERS

Museum. ... Gr. mouseion, *a seat of the* Muses. Musee... *Gr.* mousa ...:
pre-Hellenic *montya, *f. Indogermanic root* *mon- (:men- :mn-) *to
think, remember, etc. One of nine sister-goddesses, the offspring of
Zeus and Mnemosyne....* (OXFORD ENGLISH DICTIONARY)

Project

*Is the museum as we have experienced it coming to an end? Has it outlived its defi-
nitions, from classical to postmodern, and, if so, what might become of it? Such a reflection
on the possible disappearance of the museum cannot be separated from an examination
of its aims and purposes, its ends, and so the question is that of the ends of the museum.
At stake is nothing less than the memory and the promise of our culture. But "our" cul-
ture and "the" museum –as an institution, an idea, and a practice– are not, could not be,
just one thing. In fact, what compels our attention are the ways in which this institution
has developed into an expression of multiple desires and goals, which now, more than
ever, seem at odds with one another. Classically, the museum was oriented toward the
preservation and conservation of the canon of art history and aesthetics. Modernism gave
it the task of embodying the utopian and recuperative power of art, and expanded our
notions of what belonged in it. Today, the museum often seeks to become a space whe-
re a new community of cultures and histories challenges inherited aesthetic paradigms.
These heterogenous definitions and intentions have not simply succeeded one another,
but instead often co-exist in an institution that envisions itself as directed toward the ful-
fillment of them all. Is this museum possible?*

*The purpose of this reflection cannot be simply to imagine a museum of the future,
nor to recall nostalgically what the museum once was or might have been. What is re-
quired is rather a critical genealogy of the museum. This implies not so much a search for
its roots, as if history were only a continuous progression from an origin, but a careful
theoretical investigation of the museum's uneven developments. What are the epistemo-
logical presuppositions of this institution, which is also to say, what are its social, economic,
and political stakes? The goal here is neither to describe situations nor to prescribe solu-
tions, but rather to analyze the ways in which the museum can be imagined within, and
without, the histories and institutions which have overdetermined it. (From the propos-
al for* The End(s) of the Museum, *John G. Hanhardt and Thomas Keenan.)*

Anacronisme

Alguna vegada els museus han semblat més anacrònics que ara? No em refereixo tan sols al fet de ser estatges i guardians del passat, sinó al fet que, en certa mesura, ells mateixos semblen relíquies del passat, fins i tot de diversos passats. Avui dia, hi ha tantes objeccions respecte a la funció d'aquestes institucions i tantes protestes en contra que la seva mateixa existència, la seva raó de ser, està en perill. Fer una llista de totes les crítiques que reben sona com una lletania: són avorrits, monòtons i, a més, s'ho fan pagar. Què és el que va malament en els museus? L'amenaça de la irrellevància pesa damunt els objectes que s'hi col·leccionen a l'era de la informació global i les tecnologies de l'entreteniment, de la televisió a la informàtica, i de vastes reserves de dades arxivades electrònicament. La seva complicitat i participació en el manteniment d'abruptes desigualtats de riquesa, el seu funcionament com a àrbitres que determinen el valor de les coses i la facilitat amb què contribueixen a la legitimació de capital transnacional i a la financerització del planeta els fan cada vegada més sospitosos. L'homogeneïtat cultural, el cànon compartit de valors i objectius i fins i tot el nacionalisme que –en aparença– pressuposen tot sovint semblen cada cop més insuportables, per no dir inútils, en una època de proliferació, fragmentació i mestissatge d'identitats i de caiguda de fronteres nacionals. Els museus difícilment aconsegueixen adreçar-se a un públic representatiu, i el somni d'una esfera pública comuna, o un públic en general, al qual tanmateix aspiren, s'ha posat en dubte, tant pels seus fonaments filosòfics com pel sorgiment d'esferes públiques oposades i de nous àmbits públics, sobretot els dels mèdia i la cultura de masses. El pressupòsit del museu d'un visitant o espectador immune a la diferència sexual, a l'inconscient o a la història amb les seves cicatrius sembla ingenu en el millor dels casos i autoritari en el pitjor, i certament insostenible en la seva ontologia de la consciència o de la subjectivitat. I el fet d'apel·lar al coneixement, a una entesa relativa quant als significats i a una relativa neutralitat de presentació, i l'estatus i el valor de l'objecte d'art com a tal, s'han posat en dubte des dels fonaments. Per a què serveixen els museus?

Aquestes crítiques tenen una força innegable i, certament, en un llenguatge o en un altre, afloren en els qüestionaments plantejats per les obres que integren *Els límits del museu*. Però tampoc no inclouen tot el que s'ha dit o s'ha fet aquí. Com cal interpretar el fet que les crítiques es produeixin al mateix lloc –el museu– que és objecte dels seus atacs? Els desafiaments van molt lluny, però no es limiten a proclamar que el museu està acabat. La pregunta de «per a què» poden servir els museus traslllueix una certa fidelitat, no tant a la idea que té el museu d'ell mateix sinó més aviat envers alguna cosa que encara és possible dins el seu espai. D'entrada, podem imaginar-nos la resposta de la institució a aquestes objeccions: les portarà fins al final.

Ha semblat *mai* tan anacrònic com ara, el museu? La manera de formular la pregunta, amb insinuacions d'absolut, pot desembocar en una versió apocalíptica del pensament: els museus han perdut contacte, finalment i decisivament, amb els principis que els animaven, han ultrapassat els seus objectius inicials i ja no es corresponen amb els seus propòsits. Han deixat enrere les seves raons, s'han transformat en una cosa que els ha empès massa lluny dels límits de les seves definicions originals. Més enllà del classicisme, la modernitat i fins i tot la postmodernitat, els museus han arribat a un punt mort, un lloc on es perd el contacte amb els seus designis. Els museus s'han esgotat.

Anachronism

Have museums ever seemed more anachronistic than now... not simply the houses and guardians of the past, but somehow themselves relics of the past, even of several pasts? Today, there are so many protests against and objections to what these institutions have become that their very existence, their raison d'être, *is imperiled. To list the critiques, one after another, is to sound a repetitive litany: boring, monotonous, but systematically taking its toll. What's wrong with museums? The objects they collect are threatened with irrelevance in the age of global information and entertainment technologies, from television to computers, and of vast reservoirs of electronically-archived data. Their complicity with and participation in the maintenance of dramatic inequalities of wealth, their functioning as arbiters of value, and the ease with which they can assist in the legitimation of transnational capital and the financialization of the globe, have rendered them increasingly suspect. The cultural homogeneity, the shared canon of values and ends, and even the nationalism that they often seem to presuppose seems increasingly insupportable, if not unavailable, in an age of proliferating, fragmented and hyphenated identities and crumbling national borders. Museums rarely manage to address anything like a representative public –and the dream of a common public sphere, or a public in general, to which they nevertheless appeal has been cast in serious doubt, both in its philosophical foundations and by the emergence of counter-public spheres and new public realms, especially those of the media and mass culture. The museum's presupposition of a visitor or a spectator uninflected by sexual difference, the unconscious, or history and its scars, seems naive at best and authoritarian at worst, and certainly untenable in its ontology of consciousness or subjectivity. And the claims to knowledge, to a relative agreement about meanings and a relative neutrality of presentation, and the status and value of the art object itself, have been challenged at their foundations. What are museums for?*

These critiques have undeniable force –indeed, in one language and another, they are at work in the arguments made by the work exhibited in The End(s) of the Museum. *But they are not all that is said or done here. What difference does it make that the critiques take place in this very place, the museum, that they seek to contest? The challenges are far-reaching, but they do not simply proclaim that the museum is finished. The question of what museums might be "for" testifies to a certain fidelity, not to the museum's thought of itself so much as to something that might remain possible within it. To begin with, we can imagine the institution's response to these objections: it will take them to their very end.*

Has the museum ever seemed so anachronistic? The tense of the question, with its gesture toward the ultimate, might lead to an apocalyptic version of the thought: museums have, finally and decisively, lost touch with their animating principles, surpassed their originating aims, and no longer correspond to their purposes. They have left their reasons behind, transformed themselves into things that have pushed them too far beyond the limits of their originary definitions. No longer classical, nor modern, nor even postmodern, they have reached an end, having arrived somewhere beyond or out of contact with their ends. Museums are exhausted.

This catastrophic (in more senses than one) reasoning can itself be animated by a variety of goals, even contradictory ones. It could find for itself echoes as diverse as a radically phenomenological thought of "the end of philosophy" or a popular post– Cold War notion of "the end of history." We can imagine conservative and radical versions:

Aquest raonament catastrofista (en més d'un sentit) es pot enriquir amb una varietat d'intencions, fins i tot contradictòries. S'hi poden trobar ecos tan diversos com el pensament fenomenològic radical de «la fi de la filosofia» o la noció popular sorgida després de la guerra freda de «la fi de la història». Podem imaginar-ne versions conservadores i radicals: potser els museus han perdut de vista alguns objectius que encara els són propis, o potser han deixat intel·ligentment de banda els que estaven desfasats. Els museus d'avui són tan sols una ombra dels museus d'ahir, diuen, els uns amb tristesa i els altres alleugerits. En tot cas, comparteixen una noció de temporalitat i teleologia que els retorna als mateixos orígens que el museu reclama per a ell: la pèrdua i la imminència de la fi.

Els museus es fonamenten en la pèrdua i la memòria: no hi ha cap museu que no estigui amenaçat de desaparició o d'incompletesa, cap museu lliure de l'ombra de la destrucció que plana damunt d'allò que procura mantenir i estabilitzar. O, per ser més exactes, podem dir que el museu troba en la pèrdua la seva *coartada* més poderosa. Quan una cosa s'acosta al final o corre el perill d'extingir-se, reclama memòria i protecció. Inevitablement, es nota un deix de cementiri i d'epitafi quan es parla del museu, fins i tot del més avantguardista o més actual dels museus contemporanis. La fi és l'objectiu o, més aviat, l'ajornament de la fi –a nivell de representació o de presentació–, però aquest ajornament depèn de la imminència del desastre. El museu pretén ser una institució de salvació i de refugi, una màquina per a la preservació i la transmissió, un arxiu d'allò que s'ha perdut o corre el perill de perdre's i un mecanisme de reanimació, una plataforma que li permeti comunicar-se de nou amb el present. La pèrdua i la por de la destrucció, sobretot després de posar-se de manifest la fragilitat de la identitat col·lectiva, és un estímul terrible per a la preservació i per a una ordenació higiènica del patrimoni i dels seus legataris; res no ens ho mostra amb tanta claredat com la violència que constantment acompanya les respostes a aquesta por, avui dia, a Bòsnia, a Ruanda o als corredors del poder dels estats occidentals. Els museus defensen tradicions, rememoren i representen, reuneixen en col·leccions i exposicions allò que ha de ser rescatat o exposat –com a tradició o avantguarda, centre o perifèria, ortodòxia o heterodòxia– perquè en perilla l'existència física o la significació. Els museus, més que ser un refugi per als objectes, són un refugi per als significats, i la seva tasca consisteix a articular-los, enllaçar-los i disposar-los en una xarxa de significació. El museu, seu de les muses, marca un espai i un temps per a la memòria, una memòria que apunta directament al futur. Això explica el fet que sovint siguin espais de lluita: ben arrelats o soscavats, edificats o bombardejats, mantinguts o abandonats. Els museus es nodreixen de l'amenaça i la pèrdua, i de la memòria que troba el seus orígens en aquesta experiència d'extinció.

Si més no, això és el que diuen, i sovint el que fan. Segons aquest escenari «finalista», només resta una opció. Si el museu està amenaçat, si ara corre el perill d'esdevenir anacrònic (i això no s'ha de donar per fet), significa que ha arribat el moment de fer un museu per als museus, un lloc que mostri i recordi la tasca realitzada pels museus, que enregistri els seus orígens i els seus propòsits, que cartografiï els seus èxits i els seus fracassos i reuneixi els vestigis de la seva existència, no sols com a lloança o com a lament, sinó també per fer-ne una avaluació crítica. Ara bé, continuant amb aquesta hipòtesi, els museus necessiten protecció i preservació, necessiten resguardar-se de la seva pròpia irrellevància o anacronisme. En certa mesura exigeixen ser recordats ells mateixos, quan ja han perdurat més enllà de la seva existència i són només vestigis espectrals d'una volun-

perhaps museums have lost sight of goals that ought still to be theirs, or perhaps they have wisely put those outdated ends behind them. There are only ghosts of museums now, they say, one sadly and the other with relief. In any case, they share a notion of temporality and teleology which returns them to precisely the origins which the museum claims for itself –loss and the imminence of the end.

Museums are built on loss and its recollection: there is no museum without the threat of erasure or incompletion, no museum not shadowed by the imagination of the impending destruction of what it therefore seeks to stabilize and maintain. Or, to be more exact, we can say that museum finds in loss its most powerful alibi. *Elsewhere, something is said to be nearing its end, threatened with extinction, and demands memory and protection. There is inevitably something of the cemetery and the epitaph where the museum is concerned –even in the most avant-garde or* au courant *of contemporary museums. The end is the goal, or rather, the postponement of the end –at the level of representation or presentation– but this deferral depends on the imminence of the disaster. The museum wants to be a salvational and sheltering institution, a machine for preservation and transmission, an archive of what is lost or at risk of disappearing and a mechanism for re-animating it, a platform that allows it once again to communicate with the present. Loss and the fear of destruction, especially after the exposure of the fragility of a collective identity, is a terrible stimulus to preservation and to a hygienic ordering of the patrimony and its legatees –nothing teaches us this as well as the violence that constantly accompanies responses to this fear, today in Bosnia, Rwanda, or the corridors of Western state power. Museums defend traditions, they remember and represent, gather together in collections and exhibitions what needs to be rescued or exposed –whether as tradition or avant-garde, center or margin, orthodoxy or heterodoxy– because it is endangered, in its physical existence or its significance. Museums shelter not so much objects as meanings, and their work is that of articulating, linking and arranging them in a network of significance. The museum, seat of the muses, marks a space and time for memory, a memory pointed straight into the future. That is why they are so often sites of struggle: founded or undermined, raised or shelled, funded or abandoned. Museums come down to threat and loss, and the memory that finds its origin in this experience of erasure.*

At least that's what they say, and often what they do. According to this "finalist" scenario, one option remains. If the museum is itself threatened, if it now runs the risk of anachronism (and this must not be taken for granted), then the moment has arrived for nothing less than a museum for museums, a site to mark and remember the work that museums have done, to record their origins and their purposes, chart their successes and failures, and gather together the traces of their existence –not merely to celebrate or to mourn, we hear the institution intone, but to evaluate them critically. Now, goes this story, museums themselves require protection and preservation, shelter from their own irrelevance or anachronism. Somehow they demand to be recalled in their turn, having outlived themselves, surviving now only as ghostly reminders of some increasingly forgotten will to remember. And nothing does this work of recollection better than the museum.

The dialectical inversion is predictable and powerful, the elegant maneuver of an institution founded on absence and dedicated to its negation and recovery in turn. At the end of the museum, a last museum. The speculative wager would put the entire institu-

tat de memòria cada cop més oblidada. I ningú no fa aquesta tasca de rememoració tan bé com el museu.

La inversió dialèctica és previsible i poderosa, una maniobra elegant d'una institució fonamentada en l'absència i dedicada a negar-la i a recuperar el que és absent. Quan el museu arriba als límits, sorgeix un últim museu. L'aposta especulativa posaria la institució sencera en joc, arriscaria tota la història i el significat del museu com a projecte, per recuperar aquella unitat, aquella totalitat determinada d'un propòsit que només es reconeix ell mateix quan s'enfronta al seu propi anorreament. Quan tot està perdut, es recupera la pèrdua i amb ella el tot. I l'instrument idoni per realitzar aquesta feina de negació, que és com dir la negació de la negació, és l'obra crítica que intenta confrontar el museu amb la seva fi. En la mesura que retorna el museu als seus orígens en la pèrdua, atorga a aquesta institució la mirada de l'autoreconeixement i la simetria de la recuperació: el museu ha mort, llarga vida al museu. A la fi, en la seva fi, el museu es reconeix i es reconstitueix com a institució pròpia d'aquesta pèrdua.

Dialèctica especulativa o *mise-en-abyme*? L'aposta i el *pathos* del desastre són estratègies desesperades d'una institució que ja no sap com pensar en ella mateixa, que retorna als seus orígens –és a dir, a l'origen– precisament quan té menys cosa a oferir. Hi ha altres maneres d'interpretar la crisi contemporània del museu, altres estratègies per pensar en les amenaces putatives que pesen sobre aquesta institució, i nous camins per defugir les reivindicacions de l'origen i l'hegemonia de la fi i de la finalitat. *Els límits del museu* apunta cap a moltes d'aquestes altres direccions, i no pretén tant posar en escena la crisi per a una possible recuperació especular com inscriure, dins la institució «com a tal», les maneres en què pot diferir d'ella mateixa, exposar-la a la seva (pròpia?) divergència de la seva fi, els seus objectius i els seus límits.

Pèrdua (sense fi)

Quina autoritat té, l'origen? Si, com sembla, el museu ha arribat a la fi –capturat per algun ideal concret de col·lecció i preservació, o lamentant el traspàs d'un somni abandonat d'utopia i de crítica, o reposseït per un multiculturalisme que es nega a desafiar el concepte de cultura des dels fonaments, o confús i dividit entre tots aquests aspectes–, aquest veredicte només es pot pronunciar si en continuem subscrivint les reivindicacions que fa dels seus orígens. Per què limitar la institució al seus objectius o als seus pretextos, i a la convergència d'aquests objectius amb un ideal de refugi? Si el museu ha sobreviscut, si ha aconseguit comunicar-se malgrat totes aquestes amenaces, potser el seu futur depèn precisament d'aquesta desviació (pèrdua, sí, però ara en un sentit afirmatiu), de la inevitabilitat de la deriva que ha allunyat la institució dels seus desigs originals (imaginats). No una pèrdua de l'origen sinó una pèrdua a l'origen, una pèrdua que no afecta l'origen (del museu, dels objectes que guarda i que fa parlar, del públic i el subjecte), sinó que més aviat el marca des del començament com a destinat a un futur obert, a una identitat dividida i a un camí errant.

Al final, com al començament, hi ha d'haver un ajornament. Al marge que una cosa estigui o no estigui determinada «en última instància», l'hora solitària de l'última instància no arriba mai, deia Althusser..., la qual cosa, si bé allibera un cert *pathos* humanitari, no ens treu cap pes de sobre, ja que aquest «mai» no sembla haver frustrat els tècnics i els teòrics de tantes solucions finals al llarg d'aquest segle tan bàrbar. Fill de Zeus i

tion at stake, risk the entire history and meaning of the museum as a project, in order to recuperate just that unity, that determinate totality of a purpose which only finally comes to recognize itself in the face of its annihilation. When all is lost, rescue the loss and with it the all. Nothing would be better suited to perform this labor of negation, which is to say, the negation of the negation, than the critical work that seeks to put the museum to its end. To the extent that it returns the museum to its origins in loss, it allows the institution the glance of self-recognition and the symmetry of recuperation: the museum is over, long live the museum. At the end, its own end, the museum recognizes and reconstitutes itself as the very institution of that loss.

Speculative dialectic, or mise-en-abyme? *The wager and the pathos of disaster are the desperate strategies of an institution which has run out of ways to think about itself, that returns to its origins –that is, to the origin– just when they have the least to offer. There are other ways to interpret the contemporary crisis of the museum, other strategies for thinking about the putative threats to the institution, and new ways to evade the claims of the origin and the hegemony of the end (in every sense).* The End(s) of the Museum *points in many of these other directions, aiming less to stage the crisis and make it available for specular recuperation than to inscribe, within the institution "itself," the ways in which it might differ from itself, expose it to its (own?) divergence from its ends.*

Loss *(without end)*

Just how authoritative is the origin? If the museum appears to be finished –captured by some reified ideal of collection and preservation, or mourning the passage of an abandoned dream of utopia and critique, or repossessed by a multiculturalism that refuses to challenge the concept of culture at its foundation, or torn between the confusion of all of these goals– this verdict can only be pronounced if we continue to subscribe to the claims it makes for its origins. Why limit the institution to its aims or its alibis, and to the convergence of these aims in an ideal of shelter? If the museum has survived, managed indeed to communicate in spite of these threats, perhaps it owes its future to this very deviation (loss, yes, but now in affirmative sense), to the inevitability of the dérive *that has led the institution away from its (imagination of its) originary desire. Not a loss of the origin but a loss at the origin, a loss that does not befall the origin (of the museum, of the objects that it shelters and allows to speak, of the public and the subject) but rather marks it from the start as destined to an open future, to a divided identity and an errant path.*

In the end, as at the beginning, there should be deferral. Whether or not something is determinate "in the last instance," the lonely hour of the last instance never comes, Althusser said... which, while it releases some of the humanitarian pathos, cannot come simply as a relief, since this "never" has not seemed in the least to frustrate the technicians and theorists of so many final solutions in this barbaric century. Offspring of Zeus and Mnemosyne, the museum remembers these catastrophes, these rises and falls, it mourns and marks them –violence with memory. If it has always been driven by this goal, this fear of the end that somehow also needs its imminence to keep going, then there has also always been another museum, other museums, at work within the dominant interpretation. The museum is incomplete, endless: its ends –the end itself– have never succeeded in governing it. No end of the museum, no apocalypse (not now, as Derrida so unfor-

Mnemòsine, el museu rememora aquestes catàstrofes, aquests alts i baixos, els plora i els marca: violència amb memòria. Si s'ha deixat portar sempre per aquest propòsit, aquesta por de la fi que en certa mesura necessita la seva imminència per mantenir-se viva, aleshores també hi ha hagut sempre un altre museu, uns altres museus, al costat de la interpretació dominant. El museu és incomplet, inacabable: les seves finalitats –la fi com a tal– no han aconseguit governar-lo mai. No hi ha fi del museu, doncs, no hi ha apocalipsi (no ara, com ha expressat Derrida) i, certament, no hi ha museu per als museus. Però no perquè el museu estigui viu, tingui bona salut o sigui una institució vital per al pròxim mil·lenni; no és això. I tampoc perquè el museu estigui mort i enterrat, es trobi a la recta final, perdut o desorientat. Sinó més aviat perquè tota la teleologia que anima aquest escenari, la noció de presència i la seva erosió i la seva conservació (en el temps, el llenguatge i la representació), es regeix per la mateixa metafísica que ha fet el museu qüestionable. Si el museu es troba en perill, es considera amenaçat per forces externes a ell (els mitjans de comunicació, la cultura de masses, la realitat virtual) o internament esgotat per una certa (i m'arrisco a escriure la paraula) descomposició, aleshores el to apocalíptic es produeix a partir de la noció a la qual el museu atribueix la seva animació en primer lloc, la noció que la presència de la intenció que l'origina satura la institució, li dóna la seva raó de ser i en defineix l'existència... en una paraula, la noció «del primer lloc» com a tal, que fa possible una institució organitzada entorn de l'afirmació i la recuperació de la pèrdua. Tots aquests possibles futurs del museu emergeixen en la deconstrucció del seu origen, en exposar-lo a la seva pròpia confusió i incompletesa, que aquesta vegada entenem no com a debilitat i mort imminent, sinó com a diferència i afirmació. La història, com el museu, es manté oberta.

Tenim, doncs, un museu sense fi, sense objectius a la vista. Això implica una institució separada dels seus propòsits fundacionals, deslligada dels seus objectius i les seves intencions, abandonada a la desorientació de la incertesa però amb la certesa de la catàstrofe? O bé, al contrari, suggereix un museu sense límits, amb una fam insaciable d'adquisicions i apropiacions, omnívor en la caça i en la recol·lecció, que persegueix aquests objectius sense traves, que dóna cabuda a tot el que és imaginable?

Cap dels dos. El museu sense fi ni objectius (a la vista) només pot ser una institució oberta, incompleta, que no sols manca de totalitat sinó que es resisteix a la totalitat. Dubta respecte a la utopia, sobretot respecte a les dilatades utopies de la infinitud absoluta i la manca total de restricció, de la no-limitació i el llibertinatge. Això són fantasies d'un subjecte o agent que es troba de sobte immers en una sobirania llargament esperada, sense normes ni lleis, o bé d'un imperi que considera que les fronteres no són sinó més territoris per conquerir, com va dir Marx en algun lloc. I el museu prou obert per plantejar dubtes sobre aquestes fronteres, aquests objectius i aquests límits, en especial sobre la fructífera reimaginació de les seves funcions originàries de col·leccionar, guardar i protegir de la pèrdua, ha de preguntar-se, abans que res, sobre aquest subjecte desenfrenat, el jo en la seva infinita voluntat de poder. La manca de propòsits és una pura incitació per a aquest subjecte, una oportunitat per a la transgressió decisiva, i no un gest crític. Exactament com la proclamació de *la fi*, d'una vegada per totes, no fa sinó estabilitzar per a un subjecte el seu present i la seguretat de la seva posició en aquest present. El museu posa en crisi aquesta noció de subjectivitat, i, amb ella, la tradició de refugi, fonament, pèrdua i presència.

gettably put it), and certainly no museum for museums. Not because the museum is alive and well, a vital institution for the next millennium –absolutely not. And not because the museum is dead and gone, on its way out, lost, or at a loss, either. But rather because the entire teleology that animates this scenario, the thought of presence and its erosion and its maintenance (in time, language, representation), is governed by the very metaphysics that has itself rendered the museum questionable. If the museum sees itself as imperiled, threatened by forces external to it (media, mass culture, virtual reality) or exhausted internally by a certain (let's risk the word) decomposition, then the apocalyptic tone is produced out of the thought to which it attributes its animation in the first place –the thought that the presence of the originating intention saturates the institution, gives it its raison d'être *and defines its existence... in a word, the thought of "the first place" itself –and which makes possible an institution organized around the positing and the recovery of loss. So many possible futures for the museum emerge in the deconstruction of this origin, in its exposure to its own confusion and incompletion –this time thought not as weakness and impending doom but as difference and affirmation. History, like the museum, remains open.*

For a museum without end, without ends in sight. Does this imply an institution cut adrift from its founding purposes, released from its goals and ends, abandoned to aimless uncertainty, but for the certainty of catastrophe? Or does it on the contrary suggest a museum unbound, voracious in acquisitions and appropriation, omnivorous in its hunting and gathering, let loose to pursue those ends with abandon, to shelter everything and anything imaginable?

Neither. The museum without ends (in sight) can only be open-ended, incomplete, not simply lacking in but resistant to totality. It hesitates about utopia, especially the yawning utopias of utter endlessness and irrestriction, sheer de-limitation and libertinage. These are the fantasies of a subject or agent freed into its long-awaited sovereignty, unshackled by norm or law, or of the empire that knows borders, as Marx said somewhere, only as more territories for conquest. And the museum open enough to raise questions about these borders and these ends, especially about its own rich reimagination of its origins in collecting and sheltering and the protection against loss, must first of all raise questions about that rampaging subject itself, the self in its auto-infinitizing will to power. The absence of purposes is merely an incitement for this subject, a chance for the decisive transgression, and not a critical gesture at all. Just as the proclamation of the end, *once and for all, merely stabilizes for a subject its present and the security of its position in that present. The museum puts precisely this thought of subjectivity –and with it that very tradition of shelter, foundation, loss, and presence– into crisis.*

For a museum of crisis, not another monument to crisis, not another effort to heal or reconcile the wounds and losses of history, to bring a shattered or eviscerated subject and public back together again, to overcome and transcend the divisions of our culture which is not one. The aim of reconciliation is indistinguishable from the dream of loss and its recovery, of a solution that will finally put an end to the danger. Neither art nor the museum will clear up the distortions, quiet the questions, provide critical distance and a harmonious reunion. Conflict and opacity live at the heart of the museum "itself," just as they structure society and culture and politics as impossible totalities, necessarily divorced from origins or conclusions.

Es tracta d'un museu de la crisi, no d'un altre monument a la crisi, no de cap altre esforç per curar o pal·liar les ferides i les pèrdues de la història, per recompondre un subjecte i un públic desmembrat o esventrat, per superar i transcendir les divisions de la nostra cultura, que no és una sola. El fet de buscar la reconciliació és indestriable del somni de la pèrdua i de la seva recuperació, d'una solució que al capdavall posaria punt final al perill. Ni l'art ni el museu no aclariran les distorsions, no apaivagaran els dubtes, no proporcionaran una distància crítica i una confluència harmoniosa. El conflicte i l'opacitat bateguen al cor mateix del museu, de la mateixa manera que estructuren la societat, la cultura i la política com a totalitats impossibles, necessàriament divorciades d'orígens o conclusions.

Poliinsaturats

Gràcies a déu (o al que sigui), aquí no hi ha cap final-isme, cap moviment concertat que intenti posar un punt final al museu, que aspiri, a partir d'una pertorbada fidelitat a un origen imaginari, transformar el museu en una última celebració de la seva pròpia pèrdua. Els esmortits ecos d'aquest discurs que són audibles avui dia provenen de la mateixa institució, l'única que sembla massa disposada a proclamar el seu propi anacronisme, a esbombar el seu caràcter amenaçat i a invocar els seus principis fundacionals com els mateixos perills amagats en què es fonamenta. El museu esborrat, com un dibuix a la sorra que s'emporta el mar? Derrida –ara ja fa més d'un quart de segle, a *Les fins de l'homme*– alertava del perill d'aquesta retòrica de la fi com l'estratagema exemplar d'un humanisme que ha arribat als límits. El museu que proclama a crits la seva pròpia devastació, d'un cap a l'altre, reposa confortablement al cor d'aquesta tradició.

Els límits del museu ofereix, d'una manera fragmentada, una altra història, una altra sèrie d'històries. Necessàriament incompleta i híbrida, desmembrada i sovint contradictòria, a molts nivells, la mostra –o més aviat l'exposició del museu al museu, sense simetria o especulació, sense cap fi, sinó a la manera de la figura retòrica destotalitzadora de la *mise-en-abyme*– insisteix en una afirmació del conflicte i de la crisi sense conciliació o reconciliació, sense finalitat ni recuperació de la fi o a la fi. Com el nen de l'etiqueta del pot de cacau que té un pot de cacau a les mans, on al seu torn es veu un nen que té un pot de cacau a les mans amb un nen amb un pot de cacau a les mans..., i així successivament, aquest abismament afirma, d'una manera illegible i insistent alhora, que no hi ha cap final a la vista. No es tracta, però, d'una imatge de la infinitud de l'etern retorn o d'un joc de miralls, sinó d'un rebuig afirmatiu d'aquesta totalitat confortant. Perdem l'estabilitat del nostre punt de referència, provant de llegir la *mise-en-abyme*, però sense aconseguir llegir-la o defugir el fet ineluctable que, tant si ens agrada com si no, ens haurà llegit i haurà llegit el «nostre» predicament. No hi ha res de nou, tanmateix, en aquest gest. L'estructura de destotalització o de crisi irrecuperable, del públic i del subjecte (amb d'altres paraules, del visitant) separat d'ell mateix, fa la institució necessària. Si poguéssim considerar la totalitat com un fet –la pèrdua i la seva recuperació, per exemple, o la contínua derivació a partir de l'origen, o la preservació de l'objecte i dels seus significats per al futur–, ja no caldrien els museus. Allò que els museus han tendit a tractar simplement com a pèrdua, la pèrdua d'alguna cosa que abans era present, constitueix una interpretació d'una altra separació, un moviment de diferència irreconciliable sense fi. Pèrdua o fi és el nom (més amunt n'hem dit *coartada*, que connota un «altre lloc» primordial) que rep una divergència o una discrepància respecte a la seva solució final, una solució que

Polyunsaturates

Thank goodness (or something), there is no end-ism here, no concerted movement that seeks to put an end to the museum forever, that aims out of deranged fidelity to some imagined origin to turn the museum onto itself in a final celebration of its own loss. To the extent that the glimmerings of such a discourse are audible today, they come from the institution itself, the one that seems all too eager to proclaim its own anachronism, to trumpet its threatened character and invoke its founding principles as the very shoals on which it founders. The museum, erased, like a figure drawn in the sand at the edge of the sea? Derrida –now more than a quarter century ago in Les fins de l'homme *(from which this project borrows its name)– alerted us to the danger of this rhetoric of the end as the exemplary ruse of a humanism at its limits. The museum that loudly proclaims its own devastation, from end to end, rests comfortably at the core of this tradition.*

The End(s) of the Museum *offers, in bits and pieces, another story, another set of stories. Necessarily incomplete and hybrid, disjointed and often contradictory, at many levels, the exhibition –or rather, the* exposition, *of the museum to the museum, without symmetry or speculation, without end, but rather in the manner of the detotalizing rhetorical figure of the* mise-en-abyme– *insists on an affirmation of conflict and crisis without conciliation or reconciliation, without finality or recovery of or at the end. Like the boy on the cocoa tin holding a cocoa tin, with a boy on it holding in his turn a cocoa tin with a boy on it..., and so on, this abyssal figure affirms, at once unreadably and insistently, that no end is in sight. The figure, though, is not that of the endlessness of the infinite regress or the specular play of mirrors, but an affirmative refusal of this comforting totality. We lose the stability of our point of reference, seeking to read the* mise-en-abyme, *but without managing to read it or to evade the ineluctable fact that, like it or not, it will have read us and "our" predicament. There is nothing new, in fact, about this gesture. The structure of detotalization or irrecoverable crisis, of the public and the subject (in another vocabulary, the visitor) split from itself, makes the institution necessary. If we could take the totality –the loss and its recovery for instance, or the continuous derivation from the origin, or the preservation of the object and its meanings for the future– for granted, we would have no need of museums. What museums have tended to treat simply as loss, the loss of something formerly present, is itself an interpretation of another separation, a movement of irreconcilable difference without end. Loss or end is the name (earlier we called it an* alibi, *which marks the gesture toward some primordial "elsewhere") given to a divergence or a discord in view of its eventual solution, one that projects back onto a past moment of imaginary unity the suppression of differences it seeks to achieve in the future. But the transparency of this resolution remains a ruse. The museum depends on the "originary" divergence, which makes possible –and problematic– all that it does: memory, community, and even critique. But it cannot guarantee them, and it cannot erase the opacity that makes them necessary. We speak precisely because we can never be sure of being understood. We act together in public, we enter the polis and claim our rights, because our common humanity is uncertain and always subject to contest. The dissonance, the distortion, the dissensus, dissemination and ambivalence that structure our speaking and acting make the museum –no matter what its aspirations, goals, or would-be origins– an institution of crisis. This puts it at risk, surely (it does not succeed in institutionalizing the irreconcilable), but this risk is its condition.*

projecta enrere, cap a un passat d'unitat imaginària, la supressió de diferències que inten-
ta aconseguir en el futur. Però la transparència d'aquesta solució continua essent un estra-
tagema. El museu depèn de la divergència «originària» que fa possibles –i problemàtiques–
totes les seves tasques: memòria, comunitat i fins i tot crítica. Però no les pot garantir, i
tampoc no pot esborrar l'opacitat que les fa necessàries. Parlem precisament perquè mai
no estem segurs que ens entenguin. Actuem conjuntament en públic, entrem a la polis i
reclamem els nostres drets, perquè la nostra humanitat comuna és incerta i està sempre
subjecta a discussió. La dissonància, la distorsió, el dissentiment, la disseminació i l'am-
bivalència que estructuren la nostra parla i la nostra actuació fan del museu –siguin qui-
nes siguin les seves aspiracions, objectius o suposats orígens– una institució de la crisi.
Això el posa en una situació de risc, evidentment (no *aconsegueix* institucionalitzar l'ir-
reconciliable), però aquest risc és la seva condició.

Els interrogants sobre els límits del museu depenen d'aquesta condició poliinsatura-
da, i per això no poden i no han de ser reduïts a una proclamació de la fi. La crisi del
museu salta a la vista, però ara calen interpretacions diverses d'aquesta crisi. Calen noves
lectures de les categories crítiques amb què obríem aquest assaig: objecte i mèdia, sub-
jecte i públic, memòria i història. El museu s'acosta a la fi en la mateixa mesura que l'es-
fera pública es troba perduda, i això és com dir que l'esfera pública ja està desapareixent
sempre –aquesta és la seva definició en la tradició democràtica, ja que els seus límits i
possibilitats estan sempre subjectes a la renegociació que intenta fer possible– gràcies a
la seva publicitació. «La dissolució dels marcadors de certesa», que, segons Lefort, defi-
neix l'emergència del públic i dels seus drets, la invenció democràtica, actualment afec-
ta el museu com a possibilitat i com a risc. D'una manera semblant, la memòria que opera
en el museu ha de trencar amb la seva tradició de rememoració, interiorització i monu-
mentalització i exposar-lo a l'anterioritat inassolible del passat i a la història traumàtica
que desafia tota comprensió. Cap reducció analítica del museu als seus orígens –tant si
es fa des de la bona consciència de la «nostra herència» o el fet culpable de «l'economia»,
com des de la santedat de l'estètica o el plaer del turisme– no és suficient per explicar la
seva estructura radicalment oberta. Vinculat al passat, però a un passat que no pot domi-
nar mai, el museu obre un trenc i una divergència que no toleren cap punt de sutura. «No
hi ha "estructures primàries"», deia Broodthaers en un context una mica diferent; com
sempre, però, escrivia sobre el museu: dedicat al primari, és tot superestructura, com-
pletament mediatitzada, insaturada per orígens, oberta a la fragilitat i la irreductibilitat
de la pèrdua que, confusament, intenta capgirar. «Jugarem aquí cada dia fins a la fi del
món», o, com ho va expressar més endavant, «tot el dia, fins a la fi del temps».

Les coses s'esfondren, va dir Chinua Achebe. Pramoedya, d'Indonèsia, parla sim-
plement de «coses esvanides». Aquest segle terrible que ara arriba a la fi, amb la marca
indeleble d'un Holocaust i de tants altres holocausts, demana memòria, però no un sim-
ple record commemoratiu. Cada vegada sembla més fora de lloc el fet de creure que l'ac-
te coratjós de rememorar pot evitar tragèdies en el futur. Com podríem recordar allò que
no sols s'ha perdut, sinó que s'ha esvanit completament? Podem imaginar-nos un museu
que no s'acontentés amb el *pathos* d'aquesta memòria destinada al fracàs, un museu que
volgués interrompre el curs de la història, amb totes les seves catàstrofes, en comptes de
limitar-se a recordar-les? Res no substitueix la pèrdua; lluny d'assenyalar la fi del museu,
aquesta és la raó de la seva existència, amb responsabilitats impossibles, sense fi.

The questions about the ends of the museum depend on this polyunsaturated con-dition, and that is why they cannot and must not be reduced to a proclamation of the end. The crisis of the museum is glaringly evident, but the work here calls for different interpretations of that crisis. It demands new readings of the critical categories with which we began: object and media, subject and public, memory and history. The museum is no more at its end than the public sphere is lost, which is to say, the public sphere is always already disappearing –that is its definition in the democratic tradition, since its bounda-ries and possibilities are always subject to precisely the renegotiation it seeks to render possible– by virtue of its publicity. "The dissolution of the markers of certainty," with which Lefort has defined the emergence of the public and its rights, the democratic inven-tion, today affects the museum as its possibility and its risk. Likewise, the memory at work in the museum must break with its recollective, interiorizing, monumentalizing tra-dition and expose it to the unreachable anteriority of the past and to the traumatic history that affronts understanding. No analytic reduction of the museum to its origins –wheth-er in the good conscience of "our heritage" or the guilty fact of "the economy," whether in the sanctity of the aesthetic or the pleasure of the touristic– suffices to come to terms with its radically open-ended structure. Related to the past, but to a past that it can never master, the museum rises over a gap and a divergence that tolerate no suture. "There are no 'primary structures,'" said Broodthaers in a somewhat different context, but, as always, he was writing about the museum: devoted to the primary, it remains all superstructure, utterly mediated, unsaturated by origins, open to the fragility and the irreducibility of the loss it, confusedly, seeks to reverse. "We play here daily until the end of the world," or, as he put it later, "all day long, until the end of time."

Things fall apart, said Chinua Achebe. Indonesia's Pramoedya wrote simply of "things vanished." This terrible century, now coming to an end, indelibly marked with a Holo-caust and with so many other holocausts, calls out for memory, but not simply for the remembrance content to commemorate. The confidence that the disaster might be avoid-ed in the future by the courageous act of recollection seems increasingly misplaced. What would it be to remember what is not simply lost but altogether vanished? Can we imag-ine a museum that would not content itself with the pathos of this memory destined to fail, a museum that wanted to interrupt the course of history and its catastrophes rather than simply recall them? Nothing replaces the loss –far from marking the end of the museum, this is why there are museums, with impossible responsibilities, and without end.

Actes d'encerclament: un recorregut per l'espai ideològic del museu d'art

JOHN G. HANHARDT

«El museu no funciona perquè no ho diu tot.» LE CORBUSIER,«Autres icônes: les musées», dins *L'Art décoratif d'aujourd'hui* (1925).

El museu ha passat a ocupar un lloc problemàtic en la cultura i el comerç de final del segle XX. Aquest segle ha estat testimoni de la consolidació del poder del museu i de la seva expansió arreu del planeta com a institució que confereix valor, cultural i monetari, a les obres d'art. Al mateix temps, però, ha emergit dins les pràctiques artístiques d'avantguarda una resistència a aquesta institucionalització de l'art i de la història de l'art. L'exemple provocatiu de Marcel Duchamp i l'«objecte trobat» confluirien, a l'horitzó, amb l'oposició a la valorització de l'objecte d'art dins la limitada economia del museu que es produeix amb posterioritat a la dècada dels seixanta. Aquesta operació del museu com a màquina cultural, que determina, mitjançant les seves col·leccions i el seu programa d'exposicions, la sort d'un discurs al si de la societat en general, suscita el rebuig de l'artista, que s'hi resisteix amb estratègies retòriques i materialistes. El projecte crític implícitament articulat dins les pràctiques artístiques consitueix l'objecte d'aquesta anàlisi dins la problemàtica més àmplia del significat del museu dins *Els límits del museu*.

Avui dia, el museu és una institució en transició que presencia la seva pròpia deconstrucció per mitjà de l'art que exposa, mentre que, alhora, aquest art continua obrint-se pas a través del museu dins l'academicisme i el col·leccionisme d'un món artístic cada cop més esquifit fomentat per una élite social. Aquesta deconstrucció crítica del museu té els seus orígens metafísics en un lloc valoritzat, molt lluny del món canviant que ens envolta actualment. El museu occidental constitueix un espai d'homogeneïtzació que nega la diferència i proclama un deute amb la capital cultural del comerç i del poder, alhora que rebutja, amb aquest procés, la validesa i el poder de l'art local i perifèric respecte a les pràctiques i els interessos del centre. És urgent i necessari que els museus d'art –ja siguin regionals, nacionals, estatals, privats o públics– reflexionin des d'una perspectiva crítica sobre el seu funcionament i la seva relació amb el món circumdant. Al mateix temps, cal que les pràctiques artístiques i els discursos teòrics i històrics que les fonamenten s'obrin a la diversitat de necessitats i de recursosos de l'expressió creativa.

El lloc del museu dins la circulació global de capital i la seva funció estratègica en la definició ideològica de la societat es posen de manifest en la ràpida i agressiva expansió de la cultura museística per la ciutat, en un esforç per preservar i crear un capital cultural que pugui atraure inversions, turisme i el tipus de reconeixement que garanteix a la metròpoli la continuïtat del desenvolupament i l'especulació. El museu, com la ciutat, participa en una economia capitalista global basada en l'adquisició de propietats negociables per obtenir beneficis.

El museu és un lloc per sentir-hi parlar de cultura i d'art en un procés que fa reals i substancials els seus mites: narratives de la memòria col·lectiva de la classe alta que esdevenen fets, opinions institucionalment establertes que esdevenen veritats. El museu, doncs,

Acts of Enclosure: Touring the Ideological Space of the Art Museum

JOHN G. HANHARDT

«*The museum is bad because it does not tell the whole story.*»
LE CORBUSIER, «Other Icons: The Museums,» in The Decorative Art of Today (1987).

The museum has come to hold a problematic place in late twentieth century culture and commerce. This century has witnessed the consolidation of the museum's power and its spread around the globe as the institution which confers value, both cultural and monetary, on works of art. And yet during this same time, there has emerged within avant-garde art practices a resistance to this institutionalization of art and art history. The provocative example of Marcel Duchamp and the "found object" would find, on the horizon, the post-1960s contestation of the valorization of the art object within the limited economy of the museum. This operation of the museum as a cultural machine, determining through its exhibition and collecting program the fate of a discourse within society at large, is what artists attempt to resist with rhetorical and materialist strategies. It is this critical project implicitly articulated within art practices which is examined within the larger problematic of the meaning of the museum in The End(s) of the Museum.

The museum today is an institution that stands by and witnesses its own deconstruction through the art it exhibits, while at the same time this art continues to move through the museum, into the academy and the collecting operation of a dwindling public artworld supported by a social elite. This critical deconstruction of the museum exposes its metaphysical origins in a valorized place, far removed from the changing world which surrounds us today. The Western museum stands as a homogeneous levelling space that denies difference and proclaims a debt to the cultural capital of commerce and power, in the process denying the validity and power of art local and peripheral to the center's practices and interests. There is an urgent need for regional, national, state, private, and public art museums to reflect critically on their operation and relation to the world around them. At the same time, art practices and their supporting theoretical and historical discourses must be opened up to the challenge of diverse needs and resources for creative expression.

The place of the museum in the global circulation of capital and its strategic role in the ideological definition of society is demonstrated by the rapid and aggressive expansion of museum culture into the city, in an effort to preserve and create cultural capital which attracts investment, tourism, and the kind of recognition that secures the metropolis as a means to further development and speculation. The museum, like the city, participates in a global capitalist economy based on the acquisition of property to be traded and developed for profit.

The museum is a place for hearing stories about culture and art in a process that makes their myths real and substantial: master narratives of collective memories of the upper class that become fact, institutionally established opinions that become truths –the

opera com un aparell ideològic de l'Estat que consolida el mite de la societat entorn d'imatges historitzades. Produeix textos que preserven i confereixen el poder de la veritat a les classes dominants. Dins aquesta economia de poder, la plus-vàlua de l'art, concretada en la sacralització de l'objecte artístic, sorgeix d'un text que es fonamenta en un discurs públic a través de l'expertesa i l'operació historiogràfica de les col·leccions i exposicions del museu. El museu es transforma en un lloc que atorga el poder de la propietat i el privilegi de l'art, així com el do de saber què és «art».

Actualment, el museu (i també la ciutat) és objecte d'una redefinició dins els circuits postindustrials del moviment electrònic de la informació i les estratègies comercials. Les economies corporatives occidentals rivalitzen per instal·lar les autopistes de la comunicació, que han de constituir el nou vincle global que permeti el retorn a les indústries familiars i la substitució de la ciutat com a nucli comercial i, per tant, cultural. L'expansió de l'espai i la força de treball en una xarxa global dispersa d'obrers de la informació es fonamenta en una economia postindustrial de velocitat i de canvi. *Els límits del museu* es planteja, en última instància, quins seran els nous espais i els nous llocs per al museu del futur. Podríem dir que els artistes representats en aquesta exposició es pregunten si el museu, tal com ha estat definit i dissenyat tradicionalment, esdevindrà un monument a ell mateix, una relíquia del passat, o bé el punt on convergiran el nou col·leccionista i el nou artista per examinar la nostra cultura visual tan canviant, una cultura que està redefinint el centre i la perifèria, en la qual el museu potser ha perdut l'orientació i el seu lloc.

La problemàtica del museu en relació amb l'art de final del segle XX, un art creat a les acaballes de la modernitat, es troba en la precarietat del lloc on es consuma l'adquisició de valor, fonamentada en un paradigma que s'està redefinint i transformant: la base material de l'art s'està desplaçant i fragmentant a través de les pràctiques d'instal·lacions multimèdia; l'objecte rarificat, sacralitzat, d'un valor únic, respon, segons aquests principis, a una definició limitada de l'obra d'art; la globalització de les cultures comunitàries i populars transforma i trenca les barreres que encerclen l'expressió cultural; i la mirada crítica dels experts es considera basada cognitivament en una visió del món limitada. Quan aquest mil·lenni s'acosta a la fi, el museu es pot entendre com un lloc per a la cultura estatal i corporativa, que continua cooptant els recursos d'un món real que s'hi resisteix. Els artistes, immersos en la recerca utòpica del real i l'imaginari com a expressió individual i col·lectiva, s'oposen a aquests intents de cooptació i de refús i, en la seva resistència, conceben un museu amb moltes parts. S'imaginen el museu com una idea i un ideal que es pot renovar aprofundint-ne els fonaments, basant la multiplicitat de les seves perspectives crítiques en la història de totes les cultures, enderrocant els seus murs institucionals i aportant una visió transcultural, transformadora, de renovació i d'esperança.

Els tres «recorreguts» que segueixen constitueixen reflexions sobre el museu propiciades per l'obra artistes que qüestionen, neguen i/o proclamen les idees i els valors de l'art dins la cultura del museu.

museum operates as an ideological state apparatus that consolidates the myth of society around historicized images. It produces texts that preserve and confer upon the controlling classes the power of truth. Within this economy of power, the surplus value of art, predicated on its sacralization of the art object, arises from a text grounded within a public discourse through the connoisseurship and historiographic operation of the museum collection and exhibition. The museum becomes a place for conferring the power of ownership and privilege of art, as well as the gift of knowing what is "art."

Today the museum (as well as the city) is undergoing a redefinition in the post-industrial circuits of the electronic movement of information and trading strategies. The Western corporate economies are vying to install the information highway as the new global link for a return to cottage industries and the replacement of the city as the hub of commerce and, with it, of culture. The spread of the workspace and workforce to a dispersed global network of information workers is predicated on a post-industrial economy of speed and change. On the horizon of The End(s) of the Museum is the question of what the new spaces and places for the museum of the future will be. Perhaps the artists represented in this exhibition can be read as asking whether the museum as traditionally defined and designed will become a monument to itself, a relic of the past, or the site where the new collector and artist will go to see and learn about our changing visual culture –a culture which is redefining the center and margin, and where perhaps the museum has lost its bearing and place.

The problematic of the museum as it relates to late twentieth century art, art created in modernism's wake, lies in the precarious place in which the investment in value is constructed, grounded upon a paradigm undergoing redefinition and transformation: the material basis of art is shifting and fragmenting through multimedia installation practices, the rarefied, sacred object of unique value has been exposed as a limited definition of the artwork, the globalization of community and popular cultures transforms and breaks down the barriers that enclose cultural expression, and the curatorial eye is now seen as cognitively based on a limited world view. At the close of the millennium the museum can be seen as a site for corporate and state culture, which continues to co-opt the resources of the real and resisting worlds. Artists, in their utopic quest for the real and imaginary as individual and collective expression, pique to these attempts at co-option and denial, and in their resistance, detail a museum of many parts. They conceive of the museum as an idea and ideal that can renew itself by sinking its roots, grounding its multiplicity of curatorial visions in all histories and cultures, breaking its institutional walls apart, and bringing with it a transformative, transcultural view of renewal and hope.

The following three "tours" are reflections on the museum through the work of artists who question, deny, and/or proclaim the ideas and values of art within museum culture.

Primer recorregut pel museu

«A diferència d'altres museus, on els edificis són monuments, el nostre edifici és com un fons, una plataforma per a l'art mediambiental, la natura i la història.» PETER EISENMAN en un comunicat de premsa de l'University Art Museum, California State University, Long Beach (1987).

Què esdevé monument? L'observació d'Eisenman, segons la qual el museu seria com un fons per a l'art en un lloc concret, presenta el programa d'exposicions com una agenda que exigeix simplement un espai neutral per situar-hi l'art, la natura i la història. Aquesta noció del museu com a receptacle de veritats en virtut del seu disseny i de la seva existència informa el nostre primer recorregut crític per l'espai museístic. La nostra trajectòria és física i ideològica alhora, conjumina les coordenades espirituals i històriques a través d'un mapa de desigs físics que han estat reiteradament remarcats pels artistes, fins al punt que n'ha emergit un conjunt de textos que qüestionen implícitament l'espai del museu.

Christian Boltanski ha creat, a partir dels laberints de la seva memòria i de fragments d'història, projectes que marquen amb fites materials i físiques la presència de la memòria, sovint amb l'ajuda de la fotografia, i que reconeixen la figura humana com a personificació de la memòria i del sentit de pertinença. L'art de Boltanski recull els records particulars dels altres, reuneix els vestigis de famílies, persones i desigs en un gest que, físicament i psíquicament, imita, en una acció autoreflexiva, les accions definidores i encercladores del museu, totes les estratègies del museu per aïllar l'objecte, traient-lo del seu context original de funcionament i de significat. Quan Boltanski descol·loca l'objecte personal, reconeix el seu emplaçament original com el museu que li pertoca. *Inventari de l'home de Barcelona* situa els objectes d'una casa de Barcelona dins l'espai del museu i, amb aquest desplaçament, afegeix als objectes la dimensió d'un marc museològic i el distanciament que propicia l'espai expositiu. Transformant l'ordinari en extraordinari, Boltanski nega a aquests objectes els seu significat original, ja que el fet de situar-los, nus, sota la dura mirada del museu els confereix una aurèola de fragilitat. El museu només pot aportar el significat contextual del seu propi espai i sembla feble davant la força de Boltanski.

El fet d'extreure objectes privats i personals de casa i inserir-los dins l'espai del museu adopta una altra dimensió a l'obra d'Ilya Kabakov *Incident en el museu o Música aquàtica,* que desmantella un museu i reconstrueix el real com si fos un lloc imaginari dins la Fundació Antoni Tàpies. L'estratègia borgesiana de Kabakov travessa la realitat d'un museu històric polititzat, que després ell recrea en un museu occidental quan ja s'ha esvanit l'esperança política i ideològica del comunisme soviètic, com un panteó en ruines del naturalisme estalinista. La forta narrativa que es desprèn d'aquesta teatral instal·lació de Kabakov ofereix un metacomentari sobre la incapacitat del museu de conservar la seva pròpia història i el seu lloc dins la intenció reconstituïda del museu com a espai ideològic.

L'objecte com a Altre, que trenca les cadenes que l'ancoren al seu significat original, ha esdevingut un moviment retòric definidor per a Marcel Broodthaers. Els seus objectes, diapositives, instal·lacions, pel·lícules i plaques situen la paraula «museu» i el món del museu dins una complexa i estratègica reapropiació que redefineix les possibilitats del museu. Aquesta obra insereix objectes en una cadena de significat imaginària a través d'emplaçaments estratègics i de la transformació del seu espai circumdant. Les estratègies discursives dels conjunts d'objectes de Broodthaers demostren la manca de fonament

First Tour through the Museum

<blockquote>«Unlike other museums where the buildings are monuments, our building acts as a background, as a platform for environmental art, nature, and history.» PETER EISENMAN in a press release from the University Art Museum California State University, Long Beach (1987).</blockquote>

What becomes a monument? Eisenman's remark extolling the museum as a background for site-specific art presents the curatorial program as an agenda that merely requires a neutral space in order to present art, nature, and history. It is this notion of the museum as a container of truths by virtue of its design and existence that informs our first critical tour through the space of the museum. Our trajectory is both physical and ideological, one that negotiates spiritual and historical coordinates, through a map of psychic desires that have been marked and remarked upon by artists, creating a set of texts that implicitly question the space of the museum.

Christian Boltanski has created, by way of the labyrinths of his memory and history pieces, projects that mark with material and physical posts the presence of memory, often in the evidence of the naïve photograph, direct in its acknowledgement of the human figure as personifying memory and the sense of belonging. Boltanski's art is one of collecting the particular memories of others, gathering the traces of family, peoples, and desires in a gesture that physically and psychically mimes, in a self-reflective action, the defining and enclosing actions of the museum –all the strategies of the museum that isolate the object, removing it from its original place of functioning and meaning. In Boltanski's re-movement of the personal object, he acknowledges its original location as its own museum site. Inventory of the Man from Barcelona *places the objects from a home in Barcelona into the space of the museum, and in this move, invariably adding to the objects the dimension of museological framing and the distancing of the objects in the exhibition space. By making the ordinary extraordinary, Boltanksi denies these things their original meanings as they exude an aura of fragility and stand naked under the museum's harsh gaze. The museum can provide only the contextual meaning of its own space and appears weak in contrast to Boltanski's power.*

The removal of private objects from the home and self into the space of the museum takes on another dimension in Ilya Kabakov's Incident at the Museum or Water Music, *which removes a museum and reconstitutes the real as an imagined site within the space of the Fundació Antoni Tàpies. Kabakov's Borgesian strategy moves across the reality of a politicized historical museum, which he then recreates in a Western museum at the end of the political and ideological rainbow of Soviet-state Communism, as a decaying and collapsing repository of Stalinist naturalism. This powerful narrative within Kabakov's theatrical installation offers a meta-commentary on the incapacity of the museum to retain its own history and place within the reconstituted intention of the museum as an ideological space.*

The object as Other that dislodges itself from the signifying anchor of its original meaning has become a defining rhetorical move for Marcel Broodthaers. His objects, slide pieces, environments, film, and plaques place the wor(l)d of the museum within a complex and strategic reappropriation that redefines the possibilities of the museum. This work drops objects into an imaginary signifying chain of meaning through strategic place-

del significat del museu. Broodthaers es resisteix al significat en un esforç per negar al museu la seva autoritat per santificar l'objecte, i ho fa identificant el procés de denominació com l'únic acte propi del museu i de l'historiador de l'art. L'acte de posar nom a l'objecte, separat de l'original, i de denominar el museu com a nom creen un projecte metacrític que qüestiona el paper de l'historiador de l'art i del comissari d'exposicions com a responsables de la denominació i santificació de l'objecte artístic.

Aquesta estratègia fa un pas endavant amb l'aportació de Joan Fontcuberta, que considera la complexa situació de l'artista com a creador d'objectes de creació imaginària. En aquesta instal·lació en forma d'arxiu que es troba a la Fundació Antoni Tàpies, i també a la Fundació Joan Miró i al Museu Picasso, els tres artistes –Tàpies, Miró i Picasso– hi són representats amb diverses mostres de fotografies que formen part, segons tots els indicis, de la producció artística de cada un d'ells. *L'artista i la fotografia* és una altra negació del museu dins el museu mitjançant la identificació errònia de l'obra d'un artista, i tanmateix, en l'acte d'imaginar-la, crea una simulació del possible. En el cas de Tàpies, per exemple, el vestigi fotogràfic com a memòria del passat de Tàpies se situa en el mateix museu de l'artista; d'aquesta manera, Fontcuberta desentralla el sistema d'expertesa i d'autenticació des del mateix cor de la institució museística.

La major part de la literatura sobre el museu com a institució es dedica a celebrar l'edifici com a arquitectura i l'arquitectura com a museu. El monumental *The Museum Transformed* de Douglas Davis (d'on provenen les citacions que encapçalen les seccions d'aquest assaig) constitueix una celebració d'aquesta mena, una representació del museu com a document i del fet de contenir i d'exhibir art com un acte espectacular de possessió i d'ostentació. Louise Lawler soscava aquesta celebració crítica de l'espai museístic amb una estratègica sèrie de fotografies sobre els actes d'encerclament que suposen el col·leccionisme i les exposicions del museu. *Estimulació externa* consisteix en una selecció de fotografies de pintures distribuïdes com si estiguessin penjades en un espai domèstic, un espai que esdevé el museu de l'espai vivencial *(Salon Hodler)*. La col·lecció privada com a museu arriba al clímax amb la confrontació del col·leccionista i el museu a la instal·lació que ocupa l'ala Lehman del Metropolitan Museum of Art. El col·leccionista Robert Lehman va exigir que les obres que havia donat al museu s'exhibissin en un espai que reproduís la disposició original de la col·lecció a casa seva. En aquest cas, el col·leccionista modern defineix el valor i el significat de les obres d'art per la manera en què els seus interiors domèstics emmarquen la col·lecció. La construcció d'edificis museístics per part de col·leccionistes privats converteix el museu contemporani en una *Wunderkammer* del col·leccionista, que especula amb adquisicions i inversions. L'hàbil comentari de Lawler, amb una selecció de temes i una representació de les obres d'art i dels col·leccionistes que col·loca les seves adquisicions «sota el vidre» dels petjapapers, posa un marc brillant a l'acte de col·leccionar i constitueix una projecció de l'arquitectura del museu com a receptacle transparent i tanmateix resistent.

ments and the editing of their surrounding space. The discursive strategies of Broodthaers' ensembles of objects testify to the baseless meaning of the museum. Broodthaers resists meaning in an effort to deny the museum its authority to sanctify the object, by engaging in and identifying the very process of naming as the sole act of the museum and art historian. Broodthaers' naming of the object, itself removed from the original, and his naming of the museum as name, creates a meta-critical project that questions the art historian/curator as namer and sanctifier of the art object.

This strategy is taken another step in Joan Fontcuberta's complex negotiation of the artist as creator of objects that are imagined to have been made. In this archival instal-lation within the Fundació Antoni Tàpies, and also in the Fundació Joan Miró and the Museu Picasso, the three artists –Tàpies, Miró and Picasso– are represented by different displays of photographs identified as their respective artistic productions. The Artist and The Photograph *is another denial of the museum within the museum by misidentifying the artist's work, and yet, in the act of imagining it, creating a simulation of the possi-ble. In the case of Tàpies, for instance, a trace of the photograph as the memory of his past is here positioned within the artist's own museum, as Fontcuberta unravels the cura-torial system of connoisseurship and authentication of authorship within the very institution of the museum.*

The vast majority of literature on the museum as institution is largely a celebration of the building as architecture and architecture as a museum. Douglas Davis' monumental The Museum Transformed *(from which the quotations which introduce the sections of this essay are taken) is such a celebration, a representation of the museum as a document and the housing and display of art as a spectacular act of ownership and display. Louise Lawler undermines this critical celebration of the museum space in a strategic series of photographs that represent the enclosing acts of museum display and collecting.* External Stimulation *installs a selection of photographs of paintings as hung in a domestic space, a space which itself becomes the museum of the living space (Salon Hodler). The private collection as museum reached its apogee with the conflation of the collector and museum in the installation of the Lehman Wing at The Metropolitan Museum of Art. Collector Robert Lehman stipulated that his gift of art to the museum must be installed in a space which recreated the manner in which he originally displayed his collection in his own home. Here the value and meaning of the artworks are defined by the modern collector through the way in which the collector's domestic interiors frame the collection. Today's creation of museum buildings by private collectors is recasting the contempo-rary museum as a* Wunderkammer *of the collector as speculator in acquisition and investment. Lawler's skillful commentary, through the selection of subjects and repre-sentation of the artworks and collectors which places their acquisitions "under glass" in the paperweights, is a brilliant enframing of the act of collecting and projection of the architecture of the museum as a transparent yet resistant container.*

Segon recorregut pel museu

«Els objectes que hi ha a les vitrines dels nostres museus estan santificats... Han estat declarats bells i s'han posat com a model, i d'aquí sorgeix aquesta fatal cadena d'idees i les seves conseqüències.»
LE CORBUSIER, «Autres icônes: les musées», dins *L'Art décoratif d'aujourd'hui* (1925).

A través de diversos projectes, els artistes contemporanis han intentat oposar-se a aquesta cadena tancada d'idees enllaçada pel museu i dins el museu que estableix una causalitat ideològica externa a la història de l'art. Rebutjant la santificació del museu, recreant els seus espais en altres medis i amb formes resistents a l'acte d'encerclament museològic, està sorgint una nova generació d'artistes que trenca amb el moviment conceptual. La ruptura del cercle hermenèutic d'interpretació i autenticació dins el museu es va iniciar amb l'anàlisi de la postura fenomenològica de l'espectador, amb la creació d'un diàleg entre aquest, l'obra d'art, l'espai expositiu i el temps d'experimentació de l'obra. Aquesta estratègia conceptual desbloquejava el museu, i en reconeixia la presència en l'experiència de transacció amb el text de l'obra d'art. En aquesta teorització del «recorregut pel museu», el text de l'obra d'art es defineix a través del *loop* cognitiu del propi compromís de l'espectador amb el significat del text.

L'elaboració de l'experiència del text estètic dins el món artístic pot adoptar una forma que s'oposi a la presència directa del fet visual. L'exposició de so com a discurs estètic que reconeix la materialitat dels espais quotidians és la principal característica dels projectes acústics (audioart) de Bill Fontana. El seu projecte *Font del temps* recull el sons d'uns llocs determinats i els transporta a la Fundació Antoni Tàpies. *Font del temps* crea una presència immaterial d'altres llocs als espais oberts de la Fundació Antoni Tàpies. Fontana ens fa conscients de la presència del so separant el so de la seva font natural, i així aconsegueix que ens fixem en l'espai on es troben les peces. La poètica de la instal·lació de Fontana parteix d'un refús radical del visual i d'una concepció de l'experiència acústica com una mena de rearticulació subversiva dels sons de la vida quotidiana que passen desapercebuts.

L'estona que passem a la galeria, observant objectes i experimentant-los sensorialment, constitueix una complexa transacció, emmarcada per les parets del museu en la seva condició d'experiència formal i textual, de valoració jeràrquica i de desenvolupament codificat de l'objecte en el seu context històric. Janine Antoni reflexiona sobre l'objecte com a procés de participació directa mitjançant l'acte mateix de la seva creació i els vestigis que deixa aquest acte. En el seu projecte *Loving Care*, assistim a la transformació del terra i les parets de la galeria en superfícies per dibuixar-hi. El procés es realitza en una performance en la qual Antoni fa servir el cabell de brotxa humana: el suca en una galleda de tint de cabell que després aplica al terra. En aquest cas, les accions de l'artista pinten l'espai i converteixen les parets del museu en la superfície de l'obra d'art. Les parets del museu, que contenen, acullen i santifiquen l'obra d'art, esdevenen literalment el suport de la creació i la recepció de *Loving Care*, en la mesura que Antoni fon el procés amb la recepció. El resultat és una abstracció dinàmica que segueix el moviment del cos de l'artista i deixa com a vestigis la documentació videogràfica de la performance i la pintura, enregistrament i resultat del procés dual de creació i recepció de l'art com a obra.

Second Tour through the Museum

«*The objects that are put in the showcases of our museums are sanctified... They are pronounced beautiful and held up as models, and thus is established that fatal chain of ideas and their consequences.*»
LE CORBUSIER, «*Other Icons: The Museums,*» *in* The Decorative Art of Today (1987).

Through various projects, contemporary artists have attempted to resist that deadening chain of ideas linked by and within the museum which establishes an ideological causality out of art history. Resisting the sanctification of the museum, recreating its spaces in other media and in forms that resist the act of museological enclosure, a new generation of artists is building on the breakthroughs of the conceptual art movement. The break through the hermeneutic circle of interpretation and authentication in the museum began with an attention to the phenomenological stance of the viewer by establishing a dialogue between the viewer, the artwork, the viewing space, and the time in which the work is experienced. This conceptual strategy unlocked the museum, acknowledging its presence in the experience of the transaction with the text of the artwork. In this theorization of "museum viewing," the text of the artwork defines itself through the cognitive loop of the viewer's own engagement with the meaning of the text.

The elaboration of one's experience with the aesthetic text within the artworld can be created to resist the direct display of the visual. The exhibition of sound as an aesthetic discourse that acknowledges the materiality of everyday spaces has been the major feature of Bill Fontana's audio art installation projects. His project Time Fountain *transmits the sounds from various locations to the Fundació Antoni Tàpies.* Time Fountain *creates an immaterial presence of other places in the gallery's open spaces. Fontana makes us aware of the presence of sound by removing sounds from the site of their origins and thus calls our attention to the very space in which we encounter the pieces. The poetic of Fontana's installation is built on a radical refusal of the visual, and an engagement of the auditory experience as a kind of subversive re-articulation of the unheard sounds of daily life.*

The time we spend within the gallery observing objects and sensorially experiencing them is a complex transaction, largely framed within the museum as a formal, textual experience, as a hierarchical valuation, and as a coded development of the object in its historical context. Janine Antoni reflects on the object as a process to directly engage in through the very act of its creation and the trace that this act leaves. In her project Loving Care, *we see within the space of the gallery the treatment of the floor and wall surfaces as areas primed for marking. The process is realized in a performance in which Antoni uses her hair like a human brush, dipping it into a pail of hair coloring that she then applies to the floor. Here the actions of the artist paint the space, rendering the walls of the museum as the surface of the artwork. The walls of the museum that contain and house and sanctify the artwork literally support the making and reception of* Loving Care *as Antoni collapses process into reception. The result is a dynamic abstraction that traces the movement of the artist's body and leaves the video documentation of the performance and the painting as trace in a record and result of the dual creation and reception of art as work.*

La natura de l'objecte quan representa els actes de recepció està dramàticament conceptualitzada en l'obra de Francesc Torres *Pilots primigenis*. L'automòbil, símbol del capitalisme industrial, és la peça central de la instal·lació de Torres, que constitueix un model de la momificació museística de la tecnologia i la mistificació de l'artefacte cultural. Com s'esdevé en altres projectes de Torres, *Pilots primigenis* combina elements de construcció social per fabricar una fantasia de les màquines desitjables de la tecnologia, expressió del *mysterium* edificat al centre de la ideologia. Els avions de paper, que simbolitzen els moviments artístics i les ideologies, es revesteixen de fragilitat i transparència gràcies al material amb què estan construïts, el vidre, i a la seva inclusió dins l'arxiu del museu. Les afirmacions i falsificacions ideològiques i els programes polítics que en resulten, com la seductora superfície dels cotxes esportius d'alta tecnologia i la pàtina eròtica de què els revesteix el mercat, avalen la inclusió d'aquests objectes com a peces de museu. L'espectador d'aquesta meditació postindustrial ocupa un lloc pròxim al primat, precursor de l'home i que hi és present com a element animal codificat segons uns paràmetres genètics humans. La instal·lació que fa Torres dels processos polítics i de treball com a producció i recepció contribueix a definir una intervenció teatral en el circuit tancat de la recepció i el consum d'una obra d'art. El cotxe aïllat dels carrers del desig i el primat que normalment veiem al museu d'història natural fan present als visitants el seu propi desplaçament dins el museu com a institució, i el seu emplaçament dins el museu com a espai d'exposició.

Els residus de la vida quotidiana fora de les parets del museu entren en joc a *Fins i tot a la Xina*, de Jamelie Hassan. Hassan es refereix subtilment al desplegament visual museològic amb el seu cub transparent, que esdevé un contenidor per a deixalles de la cultura consumista occidental, amb productes sorgits de les fàbriques de l'Orient Llunyà que són l'expressió de l'expansió global de l'hipercapitalisme. Hassan incideix en aquestes oligarquies industrials, que han imposat un capitalisme salvatge regit per la lliure empresa i els sous misèrrims, i han creat un espai d'explotació laboral fora de la vista del consumidor occidental. El públic que visita la Fundació Antoni Tàpies pot afegir qualsevol cosa i endur-se'n clips de cabell del contenidor museístic de Hassan, una acció que dóna fe de la seva presència com a consumidors d'art. El consumidor i el museu formen part del mateix discurs circular d'objectes i desigs que bateguen davant dels ulls i en la nostra economia personal de desig i de consum.

The nature of the object as it stages the acts of reception has been dramatically conceptualized in Francesc Torres' Primal Pilots. The automobile as the icon of industrial capitalism becomes the centerpiece in Torres' installation, which is a model of the museumification of technology and the mystification of the cultural artifact. As with Torres' other projects, Primal Pilots combines the elements of the social construction to fabricate a fantasia of the desiring machines of technology, expressive of the mysterium constructed at the center of ideology. The airplanes which signify art movements and ideologies are rendered as fragile and transparent through the material of glass and their placement in the archive of the museum. The claims and falsifications of ideology and the political programs built out of them, like the seductive surface of the high-tech sports car and the erotic sheen which the marketplace confers on it, gain for their objects entrance as museum pieces. The spectator of this post-industrial meditation assumes a place next to the primate, precursor to the human and standing in as the animal coded into the human gene pool. Torres' installation of political and labor processes as production and reception makes for a theatrical intervention in the loop of the reception and consumption of an artwork. The automobile removed from the streets of desire and the primate last seen in the natural history museum remind visitors of their own dis-placement within the museum as institution and emplacement into the museum as exhibition space.

The residues of daily life outside the walls of the museum are put into play in Jamelie Hassan's Even Onto China. Hassan subtly refers to museological display in her transparent cube, as it becomes a container for remnants of the mass-produced consumer culture of the West, with its articles fabricated in the globally spanning hyper-capitalism of a Far Eastern factory —these industrial oligarchies with their low wages and free-wheeling, free-enterprise zones which have created a labor-exploitive space out of sight of the Western consumer. The hairpins in Hassan's museum-based container can be taken from and added to by visitors to the Fundació Antoni Tàpies as evidence of their presence as witnesses to the consumption of art, acknowledging how the consumer and museum are part of the same circulating discourse of objects and desires that move before our gaze and into our personal economy of desire and consumption.

Tercer recorregut pel museu

«Tot el que veiem podria ser diferent del que és.» LUDWIG WITTGENSTEIN, *The Limits of My Language Are the Limits of My World.*

El museu transforma els objectes exposats en els seus espais per mitjà del context del llenguatge. Les cartel·les, guies, textos de paret, títols d'exposicions i el mateix nom del museu contextualitzen i defineixen el que veiem i com ho veiem. A més, els patronats identifiquen una posició i una ideologia que es posa de manifest a través del suport prestat a una exposició. La varietat de textos que informen i conformen la institució museística són reconeguts i criticats dins el text dels projectes presentats per diversos artistes, que se centren en els discursos retòrics i de poder que s'apleguen entorn de la idea i el nom del museu d'art.

La funció del museu consisteix a fer entenedor l'art als ulls del consumidor, concretat en la figura del públic que circula per les seves sales, tot presentant el punt de vista de l'exposició a través dels criteris dels experts i, en conseqüència, edificant una estètica. Andrea Fraser ha creat una sèrie de projectes que s'apropien diversos sistemes i metodologies produïts i utilitzats amb ben poca (auto)crítica pel museu i consumits pel visitant del museu. Fraser ha resituat aquests textos, guies, cintes de vídeo i visites guiades com a exemples dels circuits de poder a l'interior del museu, les eines utilitzades per contextualitzar i contenir l'obra d'art. En els seus projectes, Fraser examina el museu com a instrument de poder, i al llarg d'aquest procés estableix una metacrítica de l'epistemologia de l'educació museística. Al seu vídeo, Fraser crea un diàleg autoreflexiu amb Tàpies sobre la situació de l'artista i dels museus a Barcelona.

La posició de l'obra d'art dins el museu, i la creació d'una col·lecció permanent que serveixi de referència i de base per a l'autoritat del museu, és el tema de l'obra de Sophie Calle *Absència,* que documenta casos de robatoris d'obres d'art de diversos museus. La peça combina la documentació fotogràfica, que constitueix una representació realista de l'escenari del crim, on es demostra l'absència d'una obra d'art de les parets del museu, amb un text explicatiu que descriu l'obra d'art robada. En aquest cas, el que importa és l'absència de l'obra mestra, el record de l'obra d'art. La història i la documentació aportada per Calle de l'obra desapareguda transformen l'exposició en un museu com a obra d'art en una cosa problemàtica i inestable, tan transitòria com el museu mateix.

El museu com a institució educativa i disciplinària, que condiciona el sentit estètic, la perspectiva crítica i la disciplina de l'apreciació i de la història de l'art, constitueix el nucli de dos projectes: *Tres cubs units/Disseny interior per a una sala de projecció de vídeos,* de Dan Graham, i *L'Estat institucional,* de Julia Scher. Aquestes obres radicalment diferents subverteixen la definició externa del museu. A l'obra de Graham *Tres cubs units,* espais encerclats de parets de vidre operen com a contenidors transparents i opacs alhora perquè l'espectador pugui mirar vídeos dins d'una màquina arquitectònica metamuseística. L'espai televisual de Graham elabora un discurs multidisciplinari basat en les cintes de vídeo. El metamuseu de Graham emmarca l'acte de mirar en una estructura que admet la transparència de les intencions del museu. Aquesta intenció, l'assumpció d'una funció disciplinària per part del museu, s'analitza des d'una perspectiva crítica al projecte central de Julia Scher, que qüestiona el mite del museu a través d'una videoconne-

Third Tour through the Museum

"Whatever We See Could Be Other Than It Is." LUDWIG WITTGENSTEIN,
The Limits of My Language Are the Limits of My World.

The museum transforms those objects exhibited within its spaces through the context of language. The museum label, gallery guides, wall texts, titles of exhibitions, and the very name of the museum contextualize and define how and what we see. In addition, funders and patrons identify a position and ideology that is at stake through their support of an exhibition. The various texts that inform and shape the institution of the museum are acknowledged and critiqued within the text of various artists' projects, by foregrounding the rhetorical and power discourses that constellate around the idea and name of the art museum.

The museum's function is to make the art understandable to the consumer in the figure of the audience that circulates through its galleries, by presenting the exhibition's point of view through a curatorial argument, and thereby also constructing a aesthetic. Andrea Fraser has created a series of projects that have appropriated various systems and methodologies un(self)critically produced and employed by the museum and consumed by the museum-goer. Fraser has repositioned these texts, guidebooks, videotapes, and gallery tours as exemplary of the circuits of power in the museum, the instruments used to contextualize and contain the artwork. In her projects Fraser examines the museum as an instrument of power, and in the process establish a meta-critique of the epistimology of museum education. In her videotape Fraser creates a self-reflective dialogue with Tàpies through the place of the artist/museums in Barcelona.

The artwork's position within the museum, and the arrangement of a permanent collection as a reference and basis for the museum's authority is the subject of Sophie Calle's Last Seen... *, which documents cases of artworks stolen from museums. The piece combines the evidence of photographs, as realistic representations of the scene of a crime, depicting an artwork's absence from its original space on a museum wall, with an explanatory text which describes the missing artwork. Here the real is the absence of the masterpiece, the memory of the artwork. The insertion of Calle's history and documentary evidence of the missing artwork renders the museum display as artwork problematic and impermanent, as transitory as the museum itself.*

The museum as an institution of training and discipline, conditioning the aesthetic gaze, the curatorial eye, and the discipline of art appreciation and history, is reconstituted in two projects, Dan Graham's Three Linked Cubes/Interior Design for Space Showing Videos *and Julia Scher's* The Institutional State. *These radically different works subvert the outward definition of the museum. In Graham's* Three Linked Cubes, *glass-enclosed spaces function as both transparent and opaque containers for the spectator to view videotapes within a meta-museum-architectural machine. Graham's televisual space creates a multidisciplinary discourse on videotape. Graham's meta-museum renders the act of viewing a framework that acknowledges the transparency of the museum's intentions. That intention, the disciplinary roleplaying of the museum, is critically conveyed in Julia Scher's central project of unravelling the myth of the museum in her video linkup and*

xió telefònica entre la Fundació Antoni Tàpies i els Serveis de Salut Mental de Sant Joan de Déu (Sant Boi). Aquesta connexió estableix una equació entre els espais disciplinaris de l'educació i la rehabilitació. L'objectiu liberal utòpic de la institució psiquiàtrica com a centre de rehabilitació i el museu com a benefactor cultural es posen al descobert en el projecte de Scher. *L'Estat institucional* treu a la llum les arrels de l'edifici on s'ha ubicat la Fundació Tàpies, que abans acollia una editorial on es combinava l'aprenentatge amb la «feina dura».

Graham i Scher, amb les seves estratègies arquitectòniques, ofereixen un comentari crític autoreflexiu tot establint línies de poder discursiu a través de les fantasies culturals i artístiques que existeixen, com si fossin fantasmes, a les màquines institucionals d'escolarització de la societat: el museu, l'hospital psiquiàtric i la fàbrica.

Juxtaposat a aquestes dues obres, a l'auditori de la Fundació es presenta *Between the Frames*, un ambiciós muntatge videogràfic realitzat per Muntadas que passa revista a la multiplicitat d'aspectes que conformen el món de l'art. *Between the Frames* esdevé una referència textual i una guia del museu i del món de l'art, que projecta explicacions verbals a través de la imatge. Les vuit parts d'aquest comentari visual sobre la gent i les institucions se situen entre, d'una banda, l'art i l'artista i, de l'altra, el públic (marxants, col·leccionistes, galeries, museus, docents, crítics, mitjans de comunicació, etcètera), des d'un punt de referència continu a *Els límits del museu*. Aquests documents de «caps parlants» del món artístic institucional, que es produeixen dins el propi marc estructural de Muntadas, ens retornen i ens orienten cap a la realitat i la dinàmica de les economies actuals de la cultura i la societat.

Recorregut final pel museu

> «Hem de mantenir l'esperança que, amb cada projecte, l'arquitecte avança cap a la construcció d'un futur millor. Aquest és el sentit de progrés que, malgrat les febleses, desviacions i mancances de la nostra obra, jo anomeno galileià: *experiri plavet* (experimentar és agradable)...» ALDO ROSSI, dins *Aldo Rossi: Buildings and Projects* (1985).

El museu d'art del segle XX està arrelat en el projecte occidental de progrés nascut amb la Il·lustració. El museu va esdevenir un mitjà per concretar simbòlicament el poder de la classe dirigent a través de l'exhibició dels seus tresors amb voluntat d'edificació pública. Al segle XVIII, les riqueses d'Europa s'acumulaven en mans de les famílies reials, però durant el segle XIX l'impuls espectacular del capitalisme va fer possible la creació de grans fortunes particulars. Per això, els museus del principi eren llocs per a l'exhibició del poder econòmic, mentre que els museus posteriors van ampliar les seves funcions i es van transformar en institucions educatives que exercien una influència i un poder culturals creixents. Les grans col·leccions privades i, més endavant, les col·leccions públiques van esdevenir el receptacle de la investigació i l'erudició, dedicades a preservar i promulgar valors culturals establerts.

Els límits del museu ha mirat de seleccionar projectes artístics que posin de manifest els puntals ideològics i materialistes del museu construït d'una manera idealista. Avui dia cal preguntar-se com operen els museus d'art clàssic i contemporani com a paradigmes

exchange of the Fundació Antoni Tàpies with the Sant Joan de Déu Psychiatric Hospi-
tal (Sant Boi, Barcelona). This linkage establishes an equation between the disciplinary
spaces of education and rehabilitation. The liberal utopian goal of the psychiatric insti-
tution as rehabilitation center, and museum as cultural benefactor, is laid bare in Scher's
project. Her installation The Institutional State *exposes the roots of the Fundació Antoni*
Tàpies' site, a building which originally housed a publishing house that combined lear-
ning with "hard work."

Graham and Scher, through their architectural strategies, supply a self-reflective and
critical commentary by establishing lines of discursive power through the cultural and
artworld fantasies that exist as ghosts in the institutional schooling machines of society:
the museum, psychiatric hospital, and factory.

Juxtaposed against this, in the auditorium of the Fundació, we find Muntadas'
Between the Frames, *the ambitious multi-part videotape survey of the artworld's many*
aspects, which becomes a textual reference and guide to the museum and the artworld,
spinning through its motions on words of explanation and fancy. The eight parts of this
visual commentary about the people and the institutions located between the art/artist
and the audience –dealers, collectors, galleries, museums, docents, critics, media, and
an epilogue– form a continuous reference point to The End(s) of the Museum. *These*
straightforward "talking head" documents of the institutional artworld, playing within
Muntadas' own structural framework, return us to and orient us within the realities and
dynamics of the present-day economies of culture and society.

Concluding Tour out the Door of the Museum

> *"We must keep on hoping that with every project the architect is buil-*
> *ding toward a better future. This is the sense of progress that, not-*
> *withstanding the weaknesses, deviations, and shortcomings of our*
> *work, I call Gallilean:* experiri plavet *(to experience is pleasing)...."*
> ALDO ROSSI, *in* Aldo Rossi: Buildings and Projects *(1985).*

The twentieth century art museum is rooted in the Western project of the progress
of Enlightenment. The museum became a means to concretise symbolically the power of
the ruling class by displaying its riches as a publicly edifying project. In the eighteenth
century, European wealth was concentrated in the hands of royal families, while in the
nineteenth, great fortunes were amassed through the spectacular growth of capitalism.
Thus the early museum was a place for the exhibition of economic power and the later
museum extended its role to become an educational institution that increasingly exerted
cultural influence and power. The great private and later public collections became repos-
itories of scholarship and connoisseurship, dedicated to the preservation and promulgation
of established cultural values.

The End(s) of the Museum *has sought to select art projects that reveal the ideologi-*
cal and materialist underpinnings of the idealistically constructed museum. We must ask
ourselves today how classical and contemporary art museums function as paradigms of
academic historiography, validating the precious and unique art object as the commod-

de la historiografia acadèmica, per convertir l'objecte d'art, preciós i únic, en el bé de més valor i rellevància cultural. L'operació epistemològica del museu, l'organització dels objectes segons el període històric i la procedència, les jerarquies de valor, han relegat les cultures no occidentals i les formes alternatives a l'àmbit de l'antropologia o d'històries marginals. Tanmateix, aquesta marginalitat oficialment i institucionalment sancionada ha influït en la redacció de la història de l'art.

L'autèntic museu de l'era postmuseística ha de transformar els seus recursos expositius en un «Laboratori d'Idees», en un espai conceptual capaç de desafiar els mecanismes d'encerclament que han esdevingut arguments cognitius per a l'erudició irreflexiva i l'apropiació cultural. Aquest museu redefinidor s'hauria de desenvolupar com un projecte multidisciplinari i rebre contribucions des de tots els àmbits disciplinaris i escoles de pensament. Modelat segons les formes radicals de les instal·lacions, aquest museu esdevindria un espai d'instal·lacions multimèdia, que es reformaria ell mateix segons les idees i els temes d'una estètica que es redefineix a través del mateix espai que l'acull i que l'ha creada.

El museu ha de redefinir la noció de l'art com a propietat i la seva valoració en un mercat centralitzat de béns i idees capitalitzades. El museu ha de ser un text obert ple de possibilitats, un espai de cultura híbrid lligat a les comunicacions i a la tecnologia per mitjà de projectes que qüestionin constantment els seus límits i els seus objectius. D'aquesta manera, el museu es pot redefinir per encarar el pròxim mil·lenni i contribuir a repensar l'art i la cultura.

ity of greatest value and cultural meaning. The epistemological operation of the museum, its organization of objects by historical period and nation state, its hierarchies of mastery and surplus value, have relegated non-Western culture and oppositional forms to the domain of anthropology or marginal histories. It is this officially and institutionally sanctioned marginality that has influenced the writing of art history.

The true post-museum must transform its exhibition resources into a "Laboratory of Ideas," a conceptual space that can challenge the very framing devices that have become cognitive arguments for unreflective connoisseurship and cultural appropriation. This redefining museum would develop as a multidisciplinary project, welcoming contributions from all the disciplinary fields and schools of thought. Modelled on the radical forms of installation art, this museum would become a multimedia installation space, reforming itself to the ideas and issues of an aesthetic that refines itself through the very space of its making and housing.

The museum must redefine the notion of art as property and its valuation in a centralized marketplace of capitalized goods and ideas. The museum must be an open text of possibility, become a hybrid space and culture engaged in communication and technologies, through projects that constantly question its ends. In this way the museum can redefine itself for the next millennium and contribute to the rethinking of art and culture.

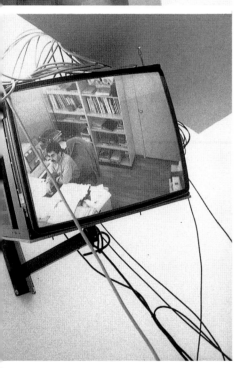

ART, AS PART
TIME, CULTUR
SOCIETY, SHAR
IS AFFECTED B
STRUCTURES A
LIKE OTHER EC
POLITICAL ANI
SYSTEMS IN OUI

Janine Antoni

ANTHONY IANNACCI

La lluita de les dones artistes durant els anys setanta i vuitanta ha creat un espai en el qual els artistes més joves, que treballen dins el context de la seva pròpia diversitat, han tingut la possibilitat de fer-se més visibles. Molts d'aquests artistes més joves són dones que exploren el feminisme i la feminitat des d'unes perspectives impensables per a les seves predecessores. Mentre que artistes com Hannah Wilke i Carolee Schneemann, per exemple, utilitzaven el seu cos per subratllar la presència de les dones dins l'art contemporani i desmembrar la vella equació que igualava dona amb natura i home amb cultura, i, més endavant, artistes com Barbara Kruger, Sherrie Levine i Jenny Holzer han qüestionat l'autoritat masculina i la política de sexes amb textos i imatges, avui dia les dones artistes tenen el privilegi de poder servir-se del propi cos per representar el desig sense córrer el risc que el món de l'art les deixi de banda. Aquestes dones més joves sovint s'exhibeixen elles mateixes, és a dir, la seva persona física, com a peça central de l'experiència artística, i així inauguren un discurs summament arriscat i desafiant, tant pel que fa a allò que es percep com a sexualment explícit com pel que fa a les maneres d'articular el desig.

Com d'altres artistes joves actuals, Janine Antoni intenta identificar la seva producció amb les complexitats de l'erotisme femení, amb els desigs i els somnis de les dones. Antoni té una veu directa i personal que analitza la feminitat a través de la identificació amb l'erotisme i que, sens dubte, es fa sentir. Antoni porta l'espectador fins als límits de la interpretació quan posa de manifest les disfuncions existents dins la bellesa institucionalitzada, i presenta una visió inquietant de l'evolució de la psique femenina.

Clarament influïda per l'art feminista dels setanta, l'obra de Janine Antoni té una qualitat visceral que es remunta al període en què tractava simultàniament nocions d'autobiografia, el cos com a subjecte i objecte, l'especificitat de l'experiència de dona com a contingut i la performance com a procés.

L'obra de Janine Antoni parteix dels rituals corporals quotidians i converteix les activitats més bàsiques (menjar, banyar-se, fregar, dormir) en un procés escultòric. D'aquesta manera, imita alguns rituals essencials de les belles arts, com per exemple cisellar (que ella executa amb les dents), pintar (que ella practica amb el cabell i les

The struggle by women artists during the 1970's and 1980's has created an arena within which younger artists, working within the context of their own diversity, have been given the possibility to become more visible. Many of these younger artists are women exploring feminist issues and femininity in ways which were not possible for their predecessors. While artists like Hannah Wilke and Carolee Scheneemann, for example, used their own bodies to underscore the presence of women within contemporary art and to dismember the old equation that aligned women with nature and men with culture, and, later, artists like Barbara Kruger, Sherrie Levine, and Jenny Holzer question male authority and gender politics with words and images, it is a newly acquired privilege for women artists to be able to use their own bodies to represent desire without running the risk of being dismissed by the art world. These younger women often put themselves, that is their own physical person, on display and in doing so enter into a very risky and challenging discourse with both what is perceived as the sexually explicit and the ways in which women articulate desire.

Like other young women working today, Janine Antoni attempts to identify her production with the complexities of female eroticism, women's desires and dreams. She has created a very personal and very direct voice that speaks through an identification with eroticism to confront her femininity and in doing so does not allow itself to go unheard. Antoni pushes viewers to the limits of interpretation as she uncovers the dysfunctions within the administration of beauty and presents a disquieting vision of the evolution of the female psyche.

Clearly indebted to feminist art of the 70's, Antoni's work maintains a visceral quality reminiscent of the period while simultaneously dealing with notions of autobiography, the body as both subject and object, the specificity of female experience as content, and peformance as process.

Antoni's work is grounded in everyday body rituals and in converting the most basic sort of activities –eating, bathing, mopping, sleeping– into sculptural process. In doing so she imitates basic fine art rituals such as chiseling (which she has done with her teeth), painting (which she has done with her hair and eyelashes), modeling and molding (which she done with her body). Her choice of

JANINE ANTONI

pestanyes), modelar i buidar (que ella realitza amb el cos). La tria de materials d'Antoni té una relació directa, real, amb les activitats que esdevenen el seu procés escultòric. Aquests materials (sabó, llard, xocolata, tint de cabell, camises de dormir i mantes, per exemple) estableixen un contacte íntim amb el cos i contribueixen a redefinir o situar el cos al centre de la producció cultural. Per a Janine Antoni, aquests materials també estan estretament vinculats al paper de la dona dins la societat, i per això el sexe de l'espectador influeix en la lectura de l'obra. A la performance titulada *Loving Care* (1993-1995), per exemple, Janine Antoni frega el terra amb el cabell després d'aplicar-hi tint de la marca *Loving Care* de color negre; d'aquesta manera, converteix un ritual quotidià «femení» en un excèntric comentari sobre el lloc de la dona dins la pintura abstracta. En una altra obra titulada *Eureka* (1993), on Janine Antoni se submergeix en una banyera plena de llard i hi deixa l'empremta del seu cos, una simple activitat quotidiana s'utilitza com a procés de creació escultòrica i serveix per reflexionar sobre les condicions de vida de la dona.

Mitjançant els conceptes de regressió infantil, fixació oral, fetitxisme i repetició compulsiva, Janine Antoni insinua la manera en què les pressions socials distorsionen l'experiència del propi cos que tenen les dones, sobretot en l'àmbit dels trastorns de la conducta alimentària, com és el cas de l'anorèxia nerviosa i la bulímia. Per a Antoni, la idea és l'experiència i el significat es revela a través de l'acció i del procés. L'artista ha afirmat que no va concebre *Gnaw* (Rosec) (1992), la instal·lació escultòrica creada per a la Biennal del Whitney Museum, com una peça sobre els trastorns alimentaris, sinó que simplement li venia de gust rosegar una peça enorme de xocolata.

Gnaw consistia en dos cubs de gairebé 275 quilos, l'un de xocolata i l'altre de llard, col·locats sobre un pedestal de marbre. Totes dues obres tenien una íntima

materials maintain direct, real-world, relationships to the activities which become her sculptural process. Those materials, soap, lard, chocolate, hair dye and her night garments and blankets, for example, all come into intimate contact with her body and help to redefine or locate her body within cultural production. For Antoni, these materials also have a specific relationship to women in our society, and thus the gender of the viewer informs the reading of her work. In, for example, a performance entitled Loving Care *(1993-1995) Antoni mopped the floor with her hair after dousing it with black Loving Care hair dye. Here she turned an everyday "female" ritual into an oddball comment on the place of women in abstract painting. Again with a work entitled* Eureka *(1993), where Antoni had herself lowered into a bathtub filled with lard, displacing a measure of her own body weight in fat, a simple everyday activity is used as the process of making sculpture and commenting on the wider conditions of women's lives.*

Through notions of infantile regression, oral fixation, fetishism and repetition-compulsion Antoni deliberately suggests how the experience women have of their own bodies is distorted by the pressures of society, especially as manifested in eating disorders such as anorexia nervosa and bulimia. For Antoni the idea is the experience and meaning is revealed through the action and process. She has said that she did not begin Gnaw *(1992), the sculptural installation which she created for the Whitney Museum's Biennial, as a piece on eating disorders, instead, she claims, she simply wanted to chew on a huge piece of chocolate.*

Gnaw *consisted of two nearly 600-pounds cubes: one of brown chocolate and one of lard and both exhibited on marble pedestals. Each of these works maintained a strong connection to the minimalist cube, but had undergone an unseen process that left obvious signs:*

ROSEC-MOSTRA DE PINTALLAVIS (detall), 1992
GNAW-LIPSTICK DISPLAY (detail), 1992

LLEPAR I ENSABONAR (detall), 1993
LICK AND LATHER (detail), 1993

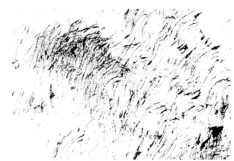

PETONS DE PAPALLONA (detall), 1993
BUTTERFLY KISSES (detail), 1993

connexió amb el cub minimalista, però havien passat per un procés de transformació invisible que hi havia deixat senyals evidents. Antoni s'havia dedicat a rosegar obsessivament els angles superiors de cada cub, de manera que hi faltaven grans parts de xocolata i de llard. Al cub de llard, més tou, s'hi veien empremtes de la galta, el nas i la boca; al cub de xocolata, l'empremta de les dents. El procés de mossegar i decidir si s'empassava o escopia la xocolata o el llard situava Antoni en una posició pròxima a la bulímia, i, d'altra banda, després va saber que la xocolata conté feniletilamina, una substància química produïda pel cervell quan una persona s'enamora. Seguint aquesta idea, va modelar la xocolata que havia escopit fins a fer-ne rèpliques, a base de xocolata i saliva, de la típica caixa de bombons en forma de cor. Antoni també va barrejar el llard que havia mastegat i escopit amb pigments i cera d'abelles i en va fer prop de tres-cents pintallavis d'un roig brillant. Aquests subproductes van donar lloc a *Lipstick/Phenylethylamine Display* (Mostra de pintallavis i feniletilamina), una reflexió sobre la manipulació dels desigs de les dones a mans de la publicitat i la cultura consumista. La presència contundent dels cubs de xocolata i de llard plens de mossegades i, d'altra banda, els cors i els pintallavis perfectament modelats amb un títol ben suggerent, remetien a la idea del desig induït artificalment i subratllaven la connexió entre la sobrealimentació en secret i el desig secret d'amor.

Barrejant l'avidesa de bombons i el desig d'amor, la por del greix i la voluntat de transformar el cos passant pel calvari de la indústria de la bellesa, *Gnaw* i *Lipstick/Phenylethylamine Display* exploren la manera de construir i presentar autoimatges de la nostra cultura. Com *Loving Care* i *Eureka*, aquesta obra continua l'anàlisi de la conducta com a motiu escultòric, a través del qual Antoni examina les diverses maneres com el cos crea significat dins la societat contemporània. En el cas de *Gnaw*, el cos serveix de mitjà d'expressió i alhora és la prova d'aquesta expressió. La boca de l'artista esdevé un mitjà infantil per familiaritzar-se amb el material i, simultàniament, una eina perquè aquest material quotidià no artístic es transformi en escultura. Utilitzant el seu cos en qualitat d'eina i de mitjà, Janine Antoni crea significat, i aquest procés comporta una metàfora de l'emplaçament del cos dins un context cultural més ampli.

El procés destructiu i íntim alhora (mossegar, mastegar i escopir) presentat en cada un dels cubs es pot interpretar també com un atac a la geometria i a la racionalitat intransigents del minimalisme. Antoni subratlla el fet que, mentre que els seus predecessors minimalistes van intentar crear una aurèola muda o sense paraules al voltant de la seva obra, amb l'objectiu d'invocar una experiència transcendent universal, ella

Antoni had nibbled obsessively on the upper corners of each cube for days, biting away large sections of chocolate and lard. Chin, nose and mouth impressions were visible in the soft lard, while rows of teeth marks could be seen on the surface of the chocolate cube. The process of biting and deciding whether to swallow or spit out the chocolate and animal fat placed Antoni in the position of the bulimic, and she then learned that chocolate contains phenylethylamine, a chemical produced by the brain when one falls in love. In keeping with this idea she molded the chocolate she had spat-out into perfectly shaped chocolate and saliva replicas of the heart-shaped vaccum-formed packaging for candies. Antoni also combined the masticated and then spat-out animal fat with pigment and beeswax to make some 300 hand-made bright red lipsticks. These by-products became Lipstick/Phenylethylamine Display *and alluded to the manipulation of women's desires in advertising and consumer culture. The potent presence of the chewed chocolate and lard and the perfectly molded hearts and lipsticks with their telling title underscored an idea of artificially induced desire and outlined a connection between secret overeating and desire for romance.*

By mixing notions of craving sweets and desiring love, fearing fat and wanting to transform the body through the labor of maintaining beauty, Gnaw *and* Lipstick/Phenylethylamine Display *explore how our culture builds and presents self-images. Like* Loving Care *and* Eureka, *this work continued Antoni's exploration of behavior as a sculptural motif through which she examines the ways in which our bodies create meaning within contemporary society. With* Gnaw *the body serves as both the means of expression and the evidence of that expression. Here the artist's mouth becomes, simultaneously, an infantile means of familiarizing herself with the material and the tool with which the every-day, non-art material becomes sculpture. Through the use for her own body as both tool and means, she creates meaning and this process carries with it a metaphor for the placement of the body in a larger cultural context.*

The simultaneously destructive and intimate process, the biting, mastication and spitting-out, present in each of these cubes, can be seen as an attack upon the intransigent geometry and rationality of minimalism. Antoni underlines the fact that while her minimalist forefathers strived to attain a mute or language-less aura around their work meant to invoke a trascendent, universal experience, she literally fills her mouth with the artificiality of the cube to redirect our attention to her body within this activity.

Gnaw *clearly illustrates the influence of minimalism on Antoni's work, but her absurd, even funny, choice of*

literalment s'omple la boca amb l'artificialitat del cub perquè tornem a fixar l'atenció en el cos mentre realitza aquesta activitat.

Gnaw il·lustra clarament la influència del minimalisme en l'obra d'Antoni, però l'absurda i fins i tot divertida tria de materials i de procediments que fa l'artista l'exclou de les pràctiques minimalistes. Bona part de la seva obra està en deute amb la idea d'apropiació, sobretot d'una apropiació feminista de l'art masculí. Tanmateix, els cubs d'Antoni han estat buidats, rosegats, escopits, fosos i remodelats, i aquest procés pot fer pensar de nou en un enfocament minimalista, però les apropiacions d'Antoni han anat més enllà de la racionalitat del minimalisme. A *Loving Care,* per exemple, utilitzava l'expressionisme, i a *Lick and Lather* (Llepar i ensabonar) (1993), presentada a l'Aperto de l'última Biennal de Venècia i a Nova York el 1994, Antoni feia referència al classicisme del segle XIX.

Per la tria de materials que conté, *Lick and Lather,* com *Gnaw,* opera dins una dicotomia de llum i foscor, ja que depèn, en gran mesura, del procés físic i de la presència de l'artista. Janine Antoni torna a fer servir xocolata, però en aquest cas ha substituït el llard pel sabó. A *Lick and Lather,* Antoni va fer un motllo de la part superior del seu cos per poder realitzar catorze còpies exactes del seu cap de mida natural, amb una base esculpida que imités la forma d'un bust clàssic. Set d'aquests bustos es van fondre en xocolata, i els set restants en un sabó blanc brillant; després, tots els bustos es van col·locar sobre pilars blancs. A la instal·lació de la Biennal de Venècia, els catorze bustos es van disposar en sentit circular, mirant cap a l'interior del cercle. A la instal·lació de Nova York, més recent, es van arrenglerar en dues fileres paral·leles, l'una de xocolata i l'altra de sabó. Com es desprèn del títol de l'obra, mitjançant un procés escultòric que consisteix a llepar i ensabonar, Antoni va transformar la seva imatge. L'artista va ensabonar-se ritualment amb els bustos de sabó durant una estona determinada, que variava de l'un a l'altre, fins que van quedar desfigurats en un grau diferent. Pel que fa als bustos de xocolata, van ser llepats hores i hores, segons es pot deduir, en un procés literal de devoració de la pròpia imatge. Els processos de llepar i ensabonar van erosionar els trets facials i van crear distorsions que variaven d'un bust a l'altre. En un cas, per exemple, els trets facials estaven completament esborrats; en un altre, l'artista semblava haver-se rabejat amb el nas, o bé s'enlletgia a propòsit a base de fer desaparèixer el llavi inferior i la barbeta. Si bé algunes estàtues poden induir a riure, d'altres, on Antoni es presenta sense ulls o sense orelles, per exemple, són molt angoixants.

materials and process underscore her exclusion from minimalist practices. Much of her work is indebted to the idea of appropriation, specifically to a feminist appropriation of male art. Antoni's cubes have been poured, chewed, spit out, melted down and recast and this again calls to mind the minimalist approach to fabrication, but Antoni's appropriations have reached beyond the rationality of minimalism. In Loving Care, *for example, she used expressionism and in* Lick and Lather *(1993), presented at the Aperto of the last Venice Biennale and again in New York in 1994, Antoni relied upon 19th century classicism.*

Through her choice of materials, Lick and Lather, *like Antoni's earlier* Gnaw, *works within a dichotomy of dark and light as it relies heavily on the physical process and presence of the artist. Here again Antoni uses chocolate, but in this case the lard has been replaced by soap. For* Lick and Lather *Antoni made a mold directly from her upper body to create 14 exact life-size replicas of her head, each with a sculpted base to imitate the form of classical bust. Seven of these busts were cast in deep brown chocolate, while the other seven cast in glistening off-white soap, and all were then placed on white pillars. For the Venice installation the 14 busts were arranged in a circle and the 14 empty gazes were directed towards the circle's center. The more recent New York installation consisted of two parallel rows of busts: one in chocolate and the other in soap. As the work's title implies, through a sculptural process of licking and washing Antoni transformed her image. Each of the soap heads was ritualistically washed for differing periods of time, and this process left their features in varying stages of recognition. The chocolate heads, on the other hand, were licked for what appears as endless hours as Antoni literally devoured her own image. The actual licking or lathering eroded the features creating distortions that varied from bust to bust. In one, for example, the features were completely erased, in another the artist has given herself what appears to be an exaggerated nose-job, or seems to have purposely made herself unattractive by licking away her under lip and chin. While some of the statues might initially induce laugther, others, where Antoni presents herself in a state of eyelessness or earlessness for example, are highly disturbing.*

The relationship between the materials and processes in Lick and Lather *create dichotomies that move beyond dark and light to open discourses on notions of cleanliness and filth, bathing and eating, order and sexual activity. Antoni's presence as both artist and woman are literally at the center of this work and through this presence she calls to mind a vision of herself as both bulimic and obsessive/compulsive. This work underscores her*

EUREKA, 1993

ABALTIMENT, 1994
SLUMBER, 1994

La relació entre materials i processos a *Lick and Lather* crea dicotomies que van més enllà de l'oposició llum/foscor i introdueixen nocions com són netedat i brutícia, rentar-se i menjar, ordre i activitat sexual. La presència d'Antoni, com a artista i com a dona, constitueix literalment el nucli de la seva obra, i a través d'aquesta presència invoca una visió d'ella mateixa com a ésser alhora bulímic i obsessiu/compulsiu. Aquesta obra subratlla la seva participació en l'impuls narcisista que sovint impregna el procés artístic i il·lustra obsessions i estereotips femenins distorsionats. A *Lick and Lather*, l'artista s'esborra literalment ella mateixa a través d'un procés carregat, simultàniament, de metàfores sexuals, d'obliteració i de destrucció, per crear una obra sobre les complexitats del narcisisme i les lluites entorn de la identitat sexual que tot sovint comporta.

Pel que fa al treball més recent de Janine Antoni, *Slumber* (Abaltiment) (1994), el jo físic de l'artista esdevé subjecte i objecte de l'obra d'una manera tan immediata que fa pensar en les performances realitzades per les seves predecessores feministes ara fa vint anys. Amb *Slumber*, però, Antoni destrueix totes les distincions entre performance, presència i procés, i així obre un nou camí dins el llenguatge feminista de l'art. Antoni va instal·lar un llit a la galeria amb un dosser de fils de llana d'unes trescentes setze troques penjades al damunt. Als peus del llit, hi va col·locar un gran teler d'auró. Mentre va durar l'exposició, quan el públic ja havia marxat, l'artista dormia a la galeria connectada a un electroencefalògraf que enregistrava el seu REM (moviment ràpid dels ulls). Cada dia la màquina produïa un gràfic acurat de la seva activitat onírica, un mapa de la seva vida fisiològica, establia una connexió física amb el seu inconscient. De dia, Antoni teixia una manta, amb esquinços de la seva camisa de dormir entrellaçats amb la llana, copiant les ziga-zagues del seu REM amb tanta precisió com si fossin ratlles d'un estampat. En aquest cas, es pot dir literalment que Janine Antoni feia escultures amb els seus somnis. Després, quan ja no hi havia ningú i a mesura que la manta creixia, la feia servir per tapar-se.

participation in the narcissistic impulse that often creates the artistic process and illustrates distorted female stereotypes and obsessions. With this work the artist literally erased herself through a process that simultaneously carries with it metamorphs of love making, obliteration and destruction to create a work about the complexities of narcissism and the struggles over sexualized identity often carried with it.

For her most recent work, Slumber *(1994), Antoni's physical self becomes both subject and object of the work in a most direct way that quickly brings to mind her feminist predecessors working with performance some 20 years ago. But with this work Antoni detroys all distinctions between performance, presence and process and in doing so breaks new ground within art's feminist language. Antoni installed in the gallery a bed with a canopy of strands of wool form some 316 spools hung above. At the bed's foot she positioned a large maple loom. For the duration of the exhibition, while the public was no longer present, she slept in the gallery attached to a Rapid Eye Movement machine that recorded her dream patterns. Each day machine produced an accurate graph of her dreaming activity, a map of her physiological life and a physical link to her unconscious. By day, Antoni wove a blanket with the wool mixed with shreds of her nightdress following the zig-zagging on her REM chart as precisely as the lines on a dress pattern. Here Antoni literally sculpted with her dreams. She then, in total privacy, covered herself with the blanket each night as it grew in length.*

Antoni's work is often a documentation of a private ritual governed by compulsion and repetition. It often signifies, through the ritual, the obsessiveness of labor. She presents materials that have come into intimate contact with her body, but often denies the viewer any clear representation of her body. We see teeth marks on blocks of gnawed chocolate and lard, tongue trails across the chocolate self-portraits, the artist's bed and charts of her dreams. However, the physical presence of the subject who made these markings is denied. Through this strategy

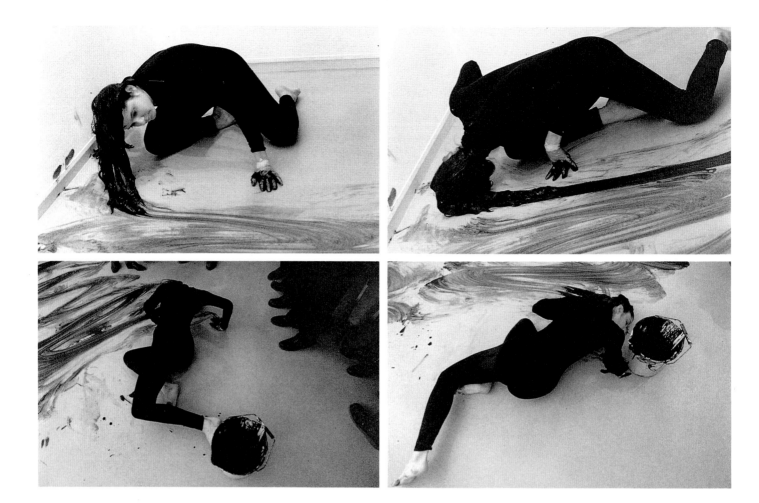

Sovint, l'obra de Janine Antoni constitueix una documentació d'un ritual íntim regit per la repetició compulsiva. Així doncs, sovint significa, a través del ritual, el caràcter obsessiu del treball. Presenta materials que han estat en contacte íntim amb el seu cos, però sovint nega a l'espectador qualsevol representació clara d'aquest cos. Veiem l'empremta de les dents en uns blocs de xocolata i de llard, el rastre de la llengua pels autoretrats de xocolata, el llit de l'artista i els mapes dels seus somnis. Tanmateix, se'ns nega la presència física del subjecte que ha realitzat totes aquestes marques. Amb aquesta estratègia, Antoni crea una relació fetitxitzada entre l'espectador i el procés de l'artista. Podem convocar visions de la seva boca, per exemple, si l'aïllem com un cisell, però aleshores l'obra n'ha perdut tota la presència física. Amb aquesta visió fetitxitzada de la presència de la dona, Antoni desafia no sols la noció del fetitxisme femení, sinó també la posició de la dona dins l'art. La seva obra insisteix en la presència de l'autora i, per tant, transporta l'espectador més enllà de la representació del cos, l'endinsa en un món regit per l'experiència personal de l'artista executada a través del desig.

Antoni places viewers in a fetishized relationship to her process. We can conger up visions of her mouth, for example, isolating it as a chisel but then any physical presence of it has been removed from the work. By presenting this fetishized vision of a female presence, Antoni challenges not simply the notion of female fetishism but the position of women within art. Her work insists on the presence of the author and in doing so carries the viewer beyond a representation of the body and into a world governed by the artist's personal experience as executed through desire.

LOVING CARE, 1993-1995
Fundació Antoni Tàpies

Inventari
de l'home de Barcelona

Inventory
of the Man from Barcelona

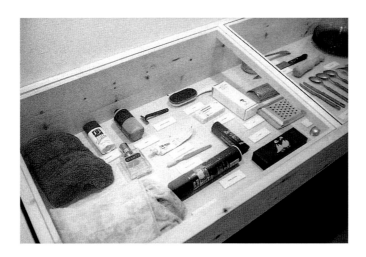

INVENTARI DE L'HOME DE BARCELONA, 1973-1995. Fundació Antoni Tàpies
INVENTORY OF THE MAN FROM BARCELONA, 1973-1995. Fundació Antoni Tàpies

CHRISTIAN BOLTANSKI

CHRISTIAN BOLTANSKI

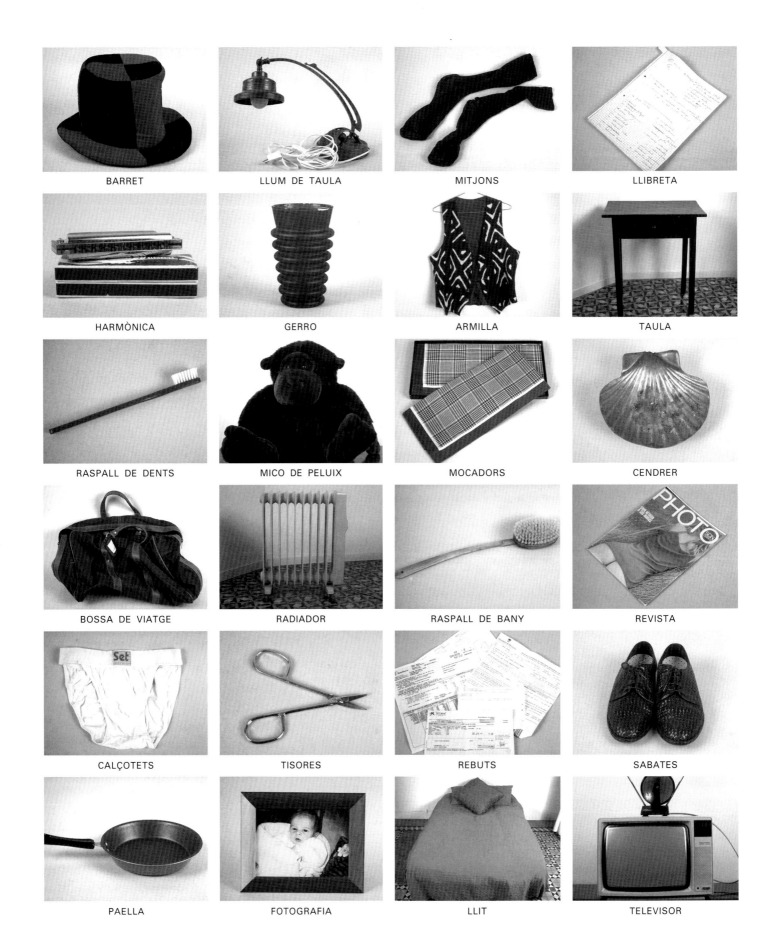

BARRET

LLUM DE TAULA

MITJONS

LLIBRETA

HARMÒNICA

GERRO

ARMILLA

TAULA

RASPALL DE DENTS

MICO DE PELUIX

MOCADORS

CENDRER

BOSSA DE VIATGE

RADIADOR

RASPALL DE BANY

REVISTA

CALÇOTETS

TISORES

REBUTS

SABATES

PAELLA

FOTOGRAFIA

LLIT

TELEVISOR

CHRISTIAN BOLTANSKI

MENJAR PER A GATS	BUTACA	CINTURÓ	DRAP DE CUINA
BOSSA PER A LA COMPRA	AGULLA	CADIRA	GOUACHE
GERRO	TAULA METÀL·LICA	ASSECADOR DE CABELL	LLIBRETA
LLUM DE TAULA	ESCURADENTS	SABATILLES	JOC DE CARTES
NAVALLA	PROJECTOR	FOTOGRAFIA	ROBA

CONTESTADOR AUTOMÀTIC	PENJADOR	APUNTS D'ECONOMIA	MANYOPLA DE CUINA

CHRISTIAN BOLTANSKI

PLANXA

PA TORRAT

JOC DE TAULA

CADIRA

RATLLADOR

ESCULTURA

CLAU

GERRO

PALETS DE COTÓ

PANTALONS

AMPOLLA

MITJONS

FOTOGRAFIA

CAIXA

PA

CÀMERA

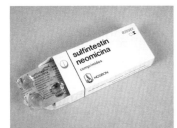

MEDICAMENT

CATIFA DE BANY

PILOTA

ESTOIG

RAJOLA DE XOCOLATA

OBJECTE DECORATIU

CAMISA

TELÈFON

CHRISTIAN BOLTANSKI

BINOCLES

NINA

MÀQUINA D'AFAITAR

CAIXA

DISC COMPACTE

GAVARDINA

TAULA

GERRO

ESTUFA ELÈCTRICA

CREMA D'AFAITAR

TISORES

RASPALL

BULLIDOR

CAMISA

CULLERA

OBJECTE DECORATIU

LLIBRE

CAFETERA

FOTOGRAFIES

BUTACA

NINA DECORATIVA

CARTERA

POSTALS

AMPOLLA DE CONYAC

CHRISTIAN BOLTANSKI

Musée d'Art Moderne
Département des Aigles

Aquest museu fictici, fundat el 1968 a Brussel·les arran de les pressions polítiques del moment, tanca les portes durant la Documenta, sobretot perquè la manifestació de Kassel té l'aspecte general d'un museu fictici.

Founded in Brussels in 1968 under the pressure of the political views of the moment, this fictional museum closed its doors at Documenta, and particularly aptly because the Kassel event itself had the general appeal of an imaginary museum.

Section d'Art Moderne
«Primer pis de la Neue Galerie»

Que això no impedeixi obrir la finestra i veure la ciutat de Kassel i el seu magnífic Hèrcules. On és el Museu? Escrit en lletres molt grosses sobre aquesta finestra (acompanyat d'una inscripció Fig. 0) sembla ser només una paraula que significa un horror qualsevol del buit. Donem un cop d'ull a les fotografies. Afegim que la secció es converteix en una subsecció de la secció «Mitologies personals» de la Documenta. Una situació que jo havia acceptat, en imaginar aleshores que l'hauria trasbalsat en profit de la meva reputació. De tota manera em conformo, ja que per al comerç (el meu) resulta beneficiós proclamar-se deutor d'una relació il·lusòria o real entre la pràctica artística i la bogeria. Una estupidesa inaudita, erigida momentàniament, passa per davant de la meva intenció primera, que era la d'insistir de manera crítica en la noció de propietat privada.

This should not stop you opening the window and seeing the city of Kassel with its remarkable Hercules. Where is the Museum? Written in over-large letters on the window (marked with an inscription Fig. 0) it appears to be no more than a word signifying a horror of the void. Just take a look at the photographs. One can add that this section is a sub-section of Documenta's "Personal Mythologies" section. A situation which I accepted, imagining at that time that I would turn the thing upside down to the advantage of my reputation. However, I console myself that it is good for business (mine) to readily claim that there is a link, whether illusory or real, between the practice of art and madness. A monumental, unheard-of stupidity won out over my first intention, which was to criticize the idea of private property (Propriété privée).

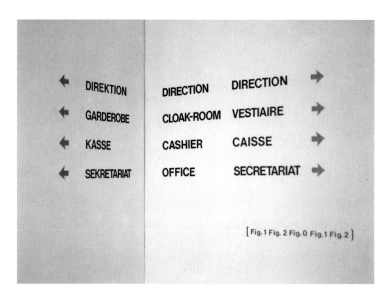

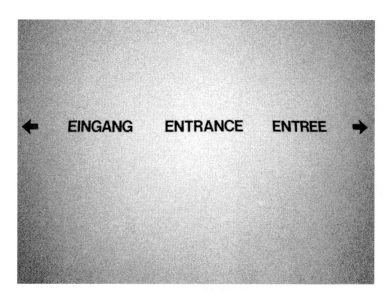

MARCEL BROODTHAERS

MARCEL BROODTHAERS

Musée d'Art Ancien
Département des Aigles
Galerie du XXème Siècle

Écrire Peindre Copier figurer Parler former Rêver Échanger faire informer Pouvoir

La posició de Marcel Broodthaers, la seva actitud antifetitxista i antiesteticista és evident al llarg de la seva carrera. No obstant, les característiques de Documenta 5 el van obligar a realitzar una pirueta per poder completar i acabar el seu projecte, i mostrar d'aquesta manera la seva essència, transformant l'inicial *Musée d'Art Moderne, Département des Aigles, Section d'Art Moderne* en *Musée d'Art Ancien, Département des Aigles, Galerie du XXème siècle.* Per fer-ho, va tancar el seu museu, va canviar la senyalització, entre altres coses, i va pintar sobre les parets negres un barco blau.
(Manuel J. Borja-Villel)

Marcel Broodthaers' stance, his anti-fetishism and his anti-aestheticism have been obvious throughout his career. The characteristics of Documenta 5 were such that he was forced to do an abrupt about face in order to be able to complete and conclude his project, revealing its very essence by transforming the original Musée d'Art Moderne, Département des Aigles, Section d'Art Moderne *into the* Musée d'Art Ancien, Département des Aigles, Galerie du XXème Siècle. *That is how he closed his museum, changing, among other things, the signs and painting on its black walls a blue boat.*
(Manuel J. Borja-Villel)

MUSEUM FÜR ALTE KUNST
D^r des Aigles
GALERIE des 20. Jahrhunderts

Le noir, c'est la fumée

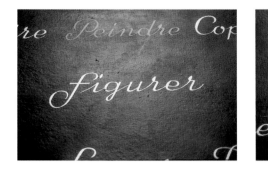

Deu mil francs de recompensa

La figura de l'Àguila

Aquesta manera de pretendre englobar unes fòrmules artístiques tan allunyades entre elles com poden ser un objecte i un quadre tradicional, ¿no recorda l'encontre d'una màquina de cosir amb un paraigua sobre una taula de dissecció?

Una pinta, un quadre tradicional, una màquina de cosir, un paraigua, una taula, poden trobar el seu lloc al museu, a seccions diverses segons una classificació. Veiem les escultures en un espai reservat, les pintures en un altre, les porcellanes i les pises... els animals dissecats... Cada espai, al seu torn, pot ser destinat a una secció: les serps, els insectes, els peixos, els ocells... que també es poden dividir en departaments: lloros, martinets, àguiles.

El *Musée d'Art Moderne* a Brussel·les, el 1968, amb caixes d'embalatge que havien servit per al transport d'obres d'art i portaven les inscripcions i marques del lloc de destinació. Era la *Section XIXème Siècle* inaugurada amb un discurs del Dr. J. Cladders de Mönchengladbach?

Les peregrinacions i transformacions d'aquest museu estan documentades a diverses publicacions. L'etapa de Düsseldorf el 1972[1] fa el balanç. La *Section des Figures* aplegava pintures, escultures i objectes procedents de nombrosos museus. Cada peça anava acompanyada de la menció: «Això no és un objecte artístic», tant si es tractava d'una gerra sumèria procedent del Louvre com d'un totem del British Museum o un anunci retallat d'un diari (cada peça representava una àguila).

«Això no és un objecte artístic» és una fòrmula que s'obté amb la contracció d'un concepte de Duchamp i un concepte antitètic de Magritte. Això em va permetre decorar l'urinari de Duchamp amb la insígnia de l'àguila fumant una pipa. Em sembla que ja he subratllat el principi d'autoritat que converteix el símbol de l'àguila en el coronel de l'Art.

Aquest museu no és tampoc un objecte d'art, una pipa?

«Això no és un objecte artístic»: la fórmula és una Figura 0. Cada peça d'aquesta exposició de Düsseldorf és una Figura 1 i una Figura 2. Cada etapa d'aquest museu també entra en aquest sistema rudimentari. Tornem a allò que hem escrit més amunt, on una capsa

Ten Thousand Francs Reward

The Figure of the Eagle

This sort of claim to embrace artistic forms as far distant from one another as an object can be from a traditional painting –doesn't it remind you of the encounter of a sewing machine and an umbrella on an operating table?

A comb, a traditional painting, a sewing machine, an umbrella, a table may find a place in the museum in different sections, depending upon their classification. We see sculpture in a separate space, paintings in another, ceramics and porcelains..., stuffed animals.... Each space is in turn compartmentalized, perhaps intended to be a section –sankes, insects, fish, birds– susceptible to being divided into departments –parrots, gulls, eagles.

In 1968, the Musée d'Art Moderne *in Brussels, with its packing crates once used for shipping works of art, bearing inscriptions and marked with places of destination –wasn't this the* Section XIXème Siècle, *inagurated with an address by Dr. J. Cladders of Mönchengladbach?*

The wanderings and transformations of this museum have been documented in different publications. The Düsseldorf version in 1972[1] defined its course. The Section des Figures *grouped together paintings, sculptures, and objects with a provenance from numerous museums. Each piece was accompanied by a label saying "This is not a work of art" –whether the object was a Sumerian vase with a provenance from the Louvre, a totem from the British Museum, or an advertisement cut out of a magazine (each piece depicted an eagle).*

"This is not a work of art" is a formula obtained by the contraction of a concept by Duchamp and an antithetical concept by Magritte. It allowed me to decorate Duchamp's urinal with the emblem of an eagle smoking the pipe. I think I underline the principle of authority that has made the symbol of the eagle the colonel of art.

Does this museum continue to avoid becoming a work of art, a pipe?

"This is not a work of art": the formula is a Figure 0. Each piece in the exhibition in Düsseldorf was a Figure 1 or a Figure 2. Every new stage of this museum enters this rudimentary system in the same way. Let's go back to

de cartró es converteix en l'equivalent d'una màscara, etc. Un mirall amb una àguila al damunt –una antiguitat del segle XVII– està en possessió d'una associació museogràfica de Gant. Un mirall oficial, per dir-ho així, que retorna la imatge virtual d'aquestes àguiles que conten, amb els seus caps múltiples, la Història de les armes des del punt de vista de l'Art. Aquest mirall és el contrasentit. Per més que estigui dominat pel missatger de Júpiter, és un mirall de caça, és un reclam.

De quin museu és conservador, vostè?

De cap, tret que pogués definir el paper i el contingut d'un museu l'estatut del qual no es llegiria a les aventures d'aquests Pieds-Nickelés de Forton o en aquesta imatge del Bosch que descriu com s'extirpava una pedra del cap d'aquells que sofrien de melancolia.

(Avui dia, l'eina científica ha substituït els martells que estaven en mans dels Paracels del segle XVI.)

El *Musée d'Art Moderne* aleshores seria el del sentit. Aleshores faltaria saber si l'art existeix en algun lloc fora d'un pla negatiu.

MARCEL BROODTHAERS
segons una entrevista d'Irmeline Lebeer, 1974 (extracte)

1. Amb l'ajut de Karl Ruhrberg i Jünger Harten i de l'oficina de la Kunsthalle.

what we describe above, where a cardboard box becomes the equivalent of a mask, etc. There is a mirror decorated with an eagle –a late eighteenth-century antique– which belongs to a museum association in Ghent. An official mirror, if that's the phrase, which reflects the virtual image of those eagles whose multiple heads recount the history of arms as an aspect of art. This is the mirror of misunderstanding [contresens]. *Even though Jupiter's messenger perches on top, it's a trick mirror.*

Finally, of which museum are you the director?

Of none at all, unless I were able to define the role and the contents of a museum whose statutes could no longer be read about in the adventures of Forton's Pieds-Nickelés or in that painting by Bosch which describes how stones were removed from the heads of those suffering melancholy.

(Nowadays the scientific tool has replaced the hammer in the hands of the Paracelsuses of the sixteenth century.)

The Musée d'Art Moderne *would then be the museum of meaning. It remains to be seen if art exists anywhere else than on the level of negation.*

MARCEL BROODTHAERS
after an interview by Irmeline Lebeer, 1974 (excerpt)

1. With the support of Karl Ruhrberg and Jürgen Harten and the Kunsthalle administration.

MUSÉE D'ART ANCIEN, DÉPARTEMENT DES AIGLES, GALERIE DU XXÈME SIÈCLE
Documenta 5, Kassel, 1972

Absència

El 18 de març del 1990 van ser robats de l'Isabella Stewart Gardner Museum de Boston cinc dibuixos de Degas, una copa, un àguila napoleònica i sis quadres de Rembrandt, Flinck, Manet i Vermeer. Vaig demanar als conservadors, guàrdies i altres empleats que em descrivissin, davant dels espais buits, el record que conservaven d'aquells objectes absents.

Last Seen...

On March 18, 1990, five drawings by Degas, one vase, one napoleonic eagle and six paintings by Rembrandt, Flinck, Manet and Veermer were stolen from the Isabella Stewart Gardner Museum in Boston. In front of the spaces left empty, I asked curators, guards and other staff members to describe for me their recollection of the missing objects.

Sempre me'n recordaré d'aquest quadre perquè no el podia veure. Estava exposat a l'altura de la cintura, darrere d'una cadira, amb un vidre, però prop de la finestra, de manera que el reflex impedia veure'l ♦ Recordo que allà hi havia un quadre, però no podria descriure què representava. Recordo que tenia un marc d'or, molt ample, treballat, decoratiu ♦ En primer pla hi havia una figura fosca, em sembla que era un piano, amb una gran peça de roba, una catifa oriental que el cobria i un instrument com un violoncel parcialment tapat per la catifa. Al centre hi havia tres personatges. Un era una noia que tocava el clavecí i portava una brusa groga amb mànigues amples i una faldilla blanca. També hi havia un home que tocava el llaüt, que et donava l'esquena, assegut en una cadira, amb una jaqueta vermella, em sembla. A la dreta, la dona que cantava anava de blau. Semblava embarassada i tenia la mà sobre el ventre inflat. Al fons hi havia dos quadres penjats. Un era una vista fosca i salvatge d'un bosc. L'altre, just damunt del cap del cantant, era *La proxeneta* de Van Barburen. Representa una vella que és una mena d'alcavota, que ven una noia molt escotada a un home de negocis distingit, que se la mira amb ulls de luxúria, i és un contrapunt molt dur a l'escena virginal i reservada del concert. Tens aquest racó fosc, bastant inquietant, i després el concert tan bonic i també aquest quadre molt viu i molt picaresc a l'interior d'un quadre molt tranquil i sensible ♦ Era una cosa molt tranquil·la. Jo m'el mirava cada matí abans d'anar a treballar ♦ Venia de nit, molt tard, i m'aturava davant del quadre ♦ Hi ha una dona asseguda al clavecí, està tan concentrada en els seus pensaments que no està realment present. L'altra, que sosté un trosset de paper, és deliciosament senzilla. I després, d'esquena, hi ha aquest individu misteriós, aquest senyor de cabells llargs que no coneixerem mai. Toca un instrument que sembla una guitarra i que és gairebé fàl·lic, sobretot perquè la dona embarassada és al seu costat ♦ Era un quadre que semblava molt innocent, tot i que els especialistes li diran que contenia molta energia sexual. Però jo només m'escoltava el piano i la veu de la dona ♦ Els colors més llampants eren el negre i el blanc de les rajoles, però el punt més viu era aquell groc del vestit de la noia. Pura pintura groga ♦ El blanc i el negre del terra saltaven a la vista, però a mi em cridava l'atenció el vermell del respatller de la cadira, aquell rectangle de llum vermella, al centre del quadre, com un ull de toro ♦ I, és clar, la llum. Era la millor possible. La llum venia d'esquerra a dreta, era fantàstic ♦ Jo el trobava molt insuls. Els colors estaven ofegats. No es veien les cares dels personatges i no se sabia ben bé què passava. No sé si és perquè Vermeer és un pintor dolent o perquè ell volia que fos així ♦ Aquest quadre produïa una extraordinària sensació d'intel·ligència i d'ordre. Com una classificació científica. Jo el veia més aviat com una successió de plans. Gairebé s'hauria pogut retallar. Les formes eren arrodonides, però l'organització era molt plana ♦ Puc recordar la profunditat que tenia. És Vermeer. Ja sap, Vermeer és Vermeer i allò era un Vermeer ♦ El més bonic d'aquest Vermeer és que tens el silenci en un concert. Observes una gran tranquil·litat i en canvi saps que estan fent música ♦ Podia sentir-los cantar, però tot semblava molt privat, tranquil i pur. Et senties com un intrús i no hauries volgut que sabessin que els estaves mirant ♦ No m'agradava gaire, no era el meu estil.

I'll always remember this painting because I couldn't see it. It was displayed at waist height, behind a chair, covered with glass but next to the window so that the glare caught the glass ♦ I remember there was a painting there but I couldn't describe what was in it. I remember it had a gold frame, very thick, carved, ornate ♦ In the foreground, there was a dark shape, I believe it was a piano, with a large textile, an oriental rug, covering it and an instrument, like a cello, partly tucked under the rug. In the middleground were the three figures. One was a girl playing the harpsichord and she wore this yellow bodice with puffed sleeves and a white skirt. Then, there was a man playing the lute, with his back to you, sitting in a chair, wearing a red coat, I think. On the right, the woman singing was in blue. She looked pregnant and held her hand just above her swollen belly. There were two paintings hanging in the background. One of them was a wild, dark, savage picture of a forest. The other, just above the head of the singer, was The Procuress *by Van Baburen. It's a picture of an older woman, who is sort of a pimp, selling this young woman with a lot of cleavage to a distinguished businessman who is looking very salaciously at her, and it's such a rude counterpoint to this very pristine, demure scene of the concert. You had this dark shadowy corner that was somewhat ominous, then this lovely afternoon concert, and then this very lusty, bawdy picture within this very sedate and sensitive one ♦ It's a peaceful thing. I used to look at it every morning before work ♦ I used to come here at night, late at night and just go up there and stand ♦ There was a woman sitting at the harpsichord. She is so lost in her world of ideas that she's not even present. The other one, who is holding this ethereal scrap of paper, is exquisitely homely. And turning his back to us, sits the mysterious individual, this long-haired gentleman whom we will never know. He plays a guitar-like object and it's almost sort of phallic, especially since this pregnant woman is standing there ♦ It seemed like a very innocent painting although the scholars would say that it had a lot of sexual energy in it. But, I just heard the piano and the woman's voice ♦ The colors that were the most dramatic were the black and the white in the tiled floor but the brightest point was this yellow in the girl's dress. Just sheer yellow paint ♦ The black and white of the floor just jumped at you, but it's the red back of the chair that would catch my attention, this rectangle of red light, in the center of the picture, like a bull's eye ♦ And, of course, there's the lighting. It was just about as good as you can get. The light that came from left to right was just stunning ♦ I thought it was very flat. The colors were muted. You couldn't see the faces of the characters and I was unsure of what was really going on. I don't know if it's because Vermeer was a bad painter or because he intented it to be that way ♦ There was a tremendous sense of intelligence and order in that work. Like a scientific grid. I saw it more as a series of planes. You could almost slice it. The forms were very rounded and yet, the organization was very flat ♦ I can remember its depth. It's Vermeer. You know, Vermeer is Vermeer and it was a Vermeer ♦ The beautiful thing about this Vermeer is that you have silence in a concert. You are looking at such stillness and yet, you know that they're making music ♦ I could hear them singing but it seemed very private, quiet and pure. You felt like an intruder and you wouldn't want them to know you were watching ♦ I didn't like it much, not my style.*

SOPHIE CALLE

VERMEER, EL CONCERT, 1991. Fotografia i text, 169,5 x 129 cm (fotografia), 86 x 78 cm (text). Galerie Chantal Crousel, París, 1994
VERMEER, THE CONCERT, 1991. Photograph and text, 169,5 x 129 cm (photograph), 86 x 78 cm (text). Galerie Chantal Crousel, Paris, 1994

N'hi dèiem el Koo. Era l'objecte més antic del museu, potser del 1200 a.C. i era brillant. Es feia servir per a les cerimònies i recordo que jo pensava que el broc era tan ample que quan bevien devien vessar-se el vi per la cara ♦ Era acanalat i bastant alt, d'unes 14 polzades i tenia una forma elegantíssima, amb aquell broc fabulós ♦ Era com una copa, amb el fons ample i el coll delicat. D'un material més aviat fi, de coure, em sembla. De tons mats. Era només una cosa antiga, que havien fabricat amb molt de compte, fa temps ♦ Una copa de més de 2000 anys. Em sembla qe era blava... blava i daurada... era molt maca, com aquestes coses que veus al bufet de la teva mare, o al camp. Com que la meva mare tenia antiguitats a casa, em recordava un gerro dels seus ♦ Semblava pesar molt i només de veure'l no es podia dir si era antic o no, perquè semblava estar en perfecte estat ♦ Només pensava que era un objecte magnífic, però aquí no estava ben col·locat, sota aquesta mena d'espanyol amb cara de guillat. Semblava molt antic i gairebé primitiu, sota aquest home amb aire seriós. Semblava realment vell, gastat i fet a mà ♦ Primer no m'agradava la col·locació de la gerra xinesa, em semblava que aquestes flors de plàstic al costat quedaven horroroses. Dominaven a nivell de color. De manera que no mirava el Koo com potser l'hauria pogut mirar. No m'agradava mirar en aquella direcció ♦ Jo hauria passat pel davant... la meva consciència masculina només s'hauria fixat en els mobles. Seguramen no l'hauria vist si la dona de la meva vida no m'hi hagués fet fixar ♦ Em sembla que el que més m'agradava eren els dibuixets com remolins, amb unes formes de núvols incises a la peça. Era una peça senzilla i lírica... d'unes 12 polzades d'alçada, de bronze i fosc... molt fosc, però brillant per dintre ♦ No m'havia intrigat mai, era diferent, però no m'intrigava.

We used to call it the Koo. It was the oldest object in the museum, maybe 1200 B.C., and it just shimmered. It was used for ceremonial purposes and I remember always thinking that the mouth was so wide that when you would drink from it you would have had wine dribbling down your chin ♦ It was fluted and quite tall, about 14 inches, and it just had the most elegant shape with this fabulous mouth ♦ It was like a beaker, bigger bottom and a very delicate neck. Pretty thin material, cooper, I think. Very dulled in terms of tonality. It was just an ancient thing that was made very carefull a long time ago ♦ A vase over 2.000 years old. I think it was blue... blue and gold... looked very nice, like something you would see in your mother's cupboard or something in the country. Because my mother had antiques at home it kind of made me think of one of her vases ♦ It seemed very heavy and you couldn't tell that it was so old just looking at it because it looked in perfect condition ♦ I just thought it was a beautiful out of place that was somehow put under this kind of kooky looking Spanish guy. So ancient and almost primitive looking under this very severe man. It really looked old, worn and handmade ♦ First of all, I didn't like the placement of the Chinese beaker. I thought those plastic flowers next to the vase were just hideous. They were so dominant, if you want to consider color. So, I really didn't look as hard at the Koo as I perhaps could have. I didn't like glancing over there ♦ I would have gone right by it... my obtuse masculine consciousness would have just been honing in on the furniture. I would have probably missed it, had it not been for the lady in my life pointing it out ♦ I guess I loved mostly the little swirling designs, cloud like forms that were incised in the piece. It was so simple and lyrical... about 12 inches high, bronze and dark... so dark but shiny inside ♦ It never intrigued me, it was just different, but never intrigued me.

EL KOO, 1991. Fotografia i text, 113 x 141 cm (fotografia), 51 x 51 cm (text). Galerie Chantal Crousel, París, 1994
THE KOO, 1991. Photograph and text, 113 x 141 cm (photograph), 51 x 51 cm (text). Galerie Chantal Crousel, Paris, 1994

El petit autoretrat, el petit? Estava penjat entrant a l'esquerra de la porta. I era un aiguafort. Magnífic, molt típic de Rembrandt. Un esbós molt lliure, però impressionant. Només el cap... gairebé flotava... et mirava directament als ulls. Semblava molt segur d'ell mateix... massa i tot, en cert sentit. Feia unes 4 x 4 polzades i estava cobert per un vidre ♦ Ah! el retrat petit, m'agradava molt, aquell. És una cosa així com un home tranquil, em sembla, un home del camp, i em sembla que passeja. Porta una camisa i un barret, un barret increïble. Sembla feliç i satisfet, allà, potser en un poble d'Itàlia, no ho sé... semblava italià ♦ El petit autoretrat, jo no el trobava gens bonic, però tenia un aire com de hippy, no troba? Jo sempre en deia el hippy original ♦ Molt petit, una peça diminuta. La majoria de la gent ni el veia, quan entraven. Només era un retrat sense rostre, sense fons, sense detalls de roba, només amb molts cabells, unes ombres molt boniques obtingudes amb l'encreuament de les faccions de la cara i un barret amb una ploma ♦ Ah! Aquest el recordo per la mirada de Rembrandt. Semblava sorprès. Em sembla que tenia els ulls molt oberts, com si aixequés les celles ♦ Jo hi passava molta estona, amb aquest quadre. I m'agradava mirar-me'l perquè em feia la impressió que ell també m'estava mirant. Estava molt treballat, gravat i regravat. Em sembla que tenia tres bigotis, i m'agradava el lloc on era, penjat al costat de l'armari ♦ No era una cosa que em mirés gaire. Potser perquè era en un costat... petit i modest... en un marc petit de fusta. M'agradava molt per les dimensions ♦ Ja l'havien robat a finals dels anys seixanta i el va trobar un marxant de New Rochelle, Nova York, que ens el va tornar. Jo em sentia molt protector, amb aquest quadre. Solia passar-hi per davant i li somreia o li feia un cop d'ull, per estar segur que el quadre encara era allà. És una cosa de bàrbars, això d'endur-se'l amb el seu petit marc ♦ No recordo res sobre aquest quadre, només que era petit i que era un autoretrat de Rembrandt ♦ Diguem que era un esbós de l'artista.

The little self-portrait, the little one? It was hanging to the left of the door as soon as you walked in. And, it was an etching. Beautiful, very much like Rembrandt. Very scribbly, very loose, but very effective. Just his head... almost like floating... looking directly at you. He had a really confident look... almost noble in a way. It was, gosh, maybe 4 inches by 4 inches and behind glass ♦ Oh, the little portrait, I liked that one. Well, he's kind of a peaceful, country kind of a guy, I guess, walking around, with his shirt on and his hat, a famous hat on. Looks like he's happy and contented there, maybe in a village in Italy somewhere... looks Italian ♦ The little self-portrait, I didn't think there was anything beautiful about it but he looked just like a hippie, did you notice? I always called it the original hippie ♦ Very small, small piece. Most people didn't even notice it when they came in. It was just a portrait of his face, no background, no detail of clothing, just lots of hair, nice crisscross shading and a hat with a feather ♦ Oh, that I remember because of Rembrandt's look. His eyes were kind of startled. I think his eyes were wide open as if he had maybe raised his eyebrows ♦ That's something that I used to spend a lot of time with. And I just loved to peer at it because it seemed like he was peering back. It was etched over and over again. There were three moustaches, I think, and I loved where it was on the edge of the cupboard ♦ It wasn't really something that I looked at very much. Maybe because it was just here on the side... little and modest... in a small wooden frame. I just liked it because of the size ♦ It had been stolen previously in the late 60's and had been retrieved by an art dealer in New Rochelle, New York and returned. I felt sort of ultra-protective of that one. I used to go by and just give it a smile or a glance or something, just to make sure it was still there. It seems like a barbarous act to me to disturb him in his little frame ♦ I don't really remember anything about it except that it was small and it was a Rembrandt self-portrait ♦ I think it was a sketch of, I'd say, the artist.

REMBRANDT, AUTORETRAT, 1991. Fotografia i text, 90 x 70 cm (fotografia), 39 x 37 cm (text). Galerie Chantal Crousel, París, 1994
REMBRANDT, SELF-PORTRAIT, 1991. Photograph and text, 90 x 70 cm (photograph), 39 x 37 cm (text). Galerie Chantal Crousel, Paris, 1994

Era un paisatge magnífic, amb un obelisc a la llunyania, un arbre immens al centre i un camí per on caminaven dos homes i un ase... i semblava que amenaçava tempesta. Els núvols giraven al voltant de l'arbre, però els personatges no semblaven adonar-se'n, avançaven com si al cel no hi passés res. Tots els colors es barrejaven els uns amb els altres, el negre i el marró, el verd i el daurat ♦ Era només color, un color difús, hi havia llum pertot arreu. Me'n recordo d'un verd crom amb un groc llimona i també un ocre grogós que cobria com un vernís aquests colors més vius. Em sembla que hi havia una mica de vermell en algun lloc i un blanc blavós al cel, els núvols. Hi havia sobretot colors, i s'havia de mirar a través dels colors per captar la imatge ♦ És un paisatge molt ric, molt festiu, unes tonalitats vellutoses i moltes línies agitades, però no resulta turbulent, hi ha un sentiment de soledat perquè hi ha un obelisc que destaca sobre una carena, com una mena de presència solitària. Tota la resta és naturalesa, una presència grandiosa de la naturalesa ♦ Jo sempre he experimentat una sensació d'abandó en mirar-lo. Recordo que vaig mirar l'obelisc i vaig pensar que era un objecte molt estrany. Semblava no ser enlloc, resplendent. Només recordo que aquest quadre era molt fosc, amb aquest únic punt de llum. No recordo si hi havia gent, però això no semblava important ♦ En primer pla, al centre, un pagès discuteix amb un cavaller acompanyat pel seu gos. El sol torna a sortir després de la tempesta i el que destaca més és el color daurat de tot plegat. Recordo un obelisc que era una mica borrós, en uns tons difusos, amb un únic toc de blanc ♦ Si haig de ser franc, no recordo aquest quadre, però em sembla que hi havia molta vegetació al fons i altres coses ♦ No em va agradar mai, el Flinck. No tenia prou vida. Era apagat. Animat, però apagat. No era prou bo per ser obra de Rembrandt ♦ M'agrada molt el fet que durant un temps s'atribuís a Rembrandt. Quan es va aclarir que l'autèntic autor era Flinck, ningú es va sentir decebut, el públic va respondre pensant: Bé, era gairebé un Rembrandt! ♦ El quadre era rectangular i no gaire gros. Hi havia un paisatge, hi havia un be, un gos... sí, hi havia un gos. Sembla que estiguessin caçant o una cosa així. No me'n recordo de res més, tot i que va ser aquí durant 25 anys. Miri, quan no t'interessa l'art... ♦ No vaig dedicar gaire temps a aquest quadre, jo sempre em mirava el Vermeer de l'altra banda.

It was a beautiful landscape with an obelisk in the distance, a huge tree in the middle ground and a road, along which walked two men and a donkey… and it looked as if there was a storm brewing. Clouds were swirling up around the tree, but the figures in the landscape seemed as if they weren't noticing, they were just meandering along as if nothing was going on up in the sky. All the colors blended into each other, black and brown and green and gold ♦ It was just, a diffused color, there was light all through it. I remember a chrome green with a lemon yellow and also a yellow ocher that diffused almost a glaze on top of those brighter tones. I think there was a tiny bit of red someplace and a white blue in the sky, clouds. There was mostly color and you'd have to see through it to get the picture ♦ It is a landscape very rich, very festive, mellow tones and lots of swirling lines, but it's not turbulent, it has a solitude about it because there's an obelisk that stands out on a ridge, I think, as a sort of lonely presence. Then everything else is nature, an overwhelming presence of nature ♦ I always got a feeling of abandonment from it. I remember looking at the obelisk and thinking that it was just an odd object. It was kind of out in the middle of nowhere glowing. I just remember the painting as being very dark and just having that one point of light. I don't recall if there were people but it didn't seem to matter ♦ Only the obelisk in the middle. Highly enigmatic. It could be just another colorful landscape without it. But with it, there's that element of enigma, this anomaly ♦ In the center foreground, a countryman converses with a horseman accompanied by his dog. The sun is breaking through after the storm and what most stands out is the overall golden color of it. I remember an obelisk that was kind of muddied, certainly a muddied hue, with just the hint of white ♦ To be honest, I don't remember that piece but I think there were a lot of greens in the distance and stuff ♦ The Flinck, I never liked it. I never had enough life to it. It was dull, busy but dull. I didn't look nice enough for Rembrandt's work ♦ I like the fact that it had, at one point, been attributed to Rembrandt. When it was determined that the actual painter was Flinck, no one seemed disappointed, the public responded thinking: Oh! It was almost a Rembrandt ♦ The picture was rectangular and not so big. There was a landscape, there was a sheep, a dog… Yes, there was a dog there. Like they were out hunting or something. That's all I remember although I've been here for 25 years. When you're not interested in art, you know… ♦ I didn't spend much time with this painting. I was always looking at the Vermeer on the other side.

FLINCK, PAISATGE AMB OBELISC, 1991. Fotografia i text, 169 x 129 cm (fotografia), 68 x 85,75 cm (text). Galerie Chantal Crousel, París, 1994
FLINK, LANDSCAPE WITH AN OBELISK, 1991. Photograph and text, 169 x 129 cm (photograph), 68 x 85,75 cm (text), Galerie Chantal Crousel, Paris , 1994

La veritat és que no era un objecte que em mirés gaire. Sempre em mirava la bandera i m'agradaven les abelles al fons de la bandera, de manera que no parava atenció a l'àguila. I és clar, ara que ja no hi és, la veig més que abans, perquè la seva absència es nota molt ♦ Hi havia una bandera napoleònica i una àguila al mateix mànec de la bandera, molt daurada ♦ Era només una cosa dalt de la bandera. No m'impressionava gaire. El que sí que m'agradava era el color, el color daurat era bonic ♦ L'àguila només era de llautó. Suposo que era de llautó. Me'n recordo que era aquí, que era una part de l'objecte i ara el trobo espantós sense l'àguila. Tot plegat té un aspecte horrorós, amb aquest miserable trosset de fusta aquí. De manera que ara el trobo a faltar ♦ Jo em pensava que no tenia valor. Que només era una coseta aquí dalt. Ningú no ho vigilava. Si trobem el que va robar aquesta àguila, trobarem el que va robar els quadres ♦ Tenia el costum de mirar-me aquesta bandera de regiment perquè m'agrada Napoleó. A la senyora Gardner també li agradava Napoleó. Suposo que li agradaven els homes forts i baixos, qui sap... però aquesta àguila a la punta... una àguila que potser ha matat... que podria haver estat daurada amb bronze? Segurament jo sabia que era allà i l'havia vist brillar, però no me la mirava. Mirava més aviat les abelles ♦ Jo crec que aquesta àguila se la van endur com a trofeu personal per tot el que el lladre va aconseguir fer en aquestes sales. Doncs sí, em sembla que era una àguila d'or.

It's not an object that I really looked at. I always looked at the flag and I loved the bumblebees in the field of the flag so, I didn't pay attention to the finial. And, of course, now that it's not here, I see it more because its absence is so big ♦ There was a Napoleonic flag and an eagle that was sitting right on the same pole with the flag. Very gold ♦ It was just a thing on top of the flag. I wasn't too impressed with that. I liked the color though, the gold color was pretty ♦ The finial was just brass. It was brass, I assume. I remember it being there, that it was a part of the piece and now I think it looks hideous without it. The whole thing looks ugly with that little piece of wretched wood. So, I miss it ♦ I thought it was of no value. It was just a topping, such a little thing. No one would guard that. If we can find that eagle, we can find out who took the paintings ♦ I used to look at the regimental flag because I love Napoleon. Mrs. Gardner also liked Napoleon. I guess she just had this thing for strong, short men, who knows? ...but, that finial on the top... an eagle that may have been killed... may have been bronzed? I pobably knew that it was there and had seen it as a glimmer but I wasn't looking at that. I looked more at the bees ♦ I think this finial was taken as a personal trophy for what this person had accomplished in these rooms ♦ Well, I think it was a gold eagle kind of thing.

ÀGUILA, 1991
Fotografia i text, 83 x 60 cm (fotografia), 49 x 49 cm (text)
Galerie Chantal Crousel, París, 1994

EAGLE, 1991
Photograph and text, 83 x 60 cm (photograph), 49 x 49 cm (text)
Galerie Chantal Crousel, Paris, 1994

Ce n'est pas vraiment un objet que je regardais. Je regardais plutôt le drapeau, j'aimais les bourdons dans le champ du drapeau de sorte que je ne prêtais pas attention à l'aigle. Bien sûr, son absence est tellement sensible, que maintenant qu'il n'est plus là , je le vois davantage ◆ Il y avait un drapeau napoléonien et un aigle était posé sur la hampe ◆ C'était juste quelque chose au sommet du drapeau. Ça ne m'impressionnait pas trop. J'aimais bien la couleur pourtant, la couleur dorée était jolie ◆ L'aigle était en laiton. Je suppose que c'était seulement du laiton. Je me souviens qu'il était là , que c'était une partie du laiton. Je me souviens que je le trouve hideux sans. L'ensemble a l'air horrible avec ce misérable petit morceau de bois. Alors il me manque ◆ Je pensais que ça n'avait pas de valeur. C'était juste une toute petite chose. Personne ne surveillait ça. Si nous trouvons cet aigle, nous trouverons qui a volé les peintures ◆ J'avais l'habitude de regarder ce drapeau de régiment parce que j'aime Napoléon. Madame Gardner aussi aimait Napoléon. Je suppose qu'elle aimait les hommes forts et petits, qui sait. mais cet aigle au sommet... un aigle qui a peut-être été tué... qui a pu être doré au bronze? Je savais probablement que c'était là et je l'ai vu luire, mais je ne le regardais pas. Je regardais plutôt les bourdons ◆ Je crois que cet aigle a été emporté comme trophée personnel de ce que le voleur a accompli dans ces salles ◆ Eh bien, je crois que c'était une sorte d'aigle en or.

Era un home jove, d'uns trenta i pocs anys, que mirava l'espectador sostenint una copa de xampany, em sembla, i que estava escrivint alguna cosa. Portava un barret de copa negre i un vestit negre. A dalt a l'esquerra hi havia una vista de l'exterior del restaurant, però no es veia gaire ♦ No el recordo gens ni mica. Però sí que recordo que hi havia un tipus amb un barret de copa i potser duia bigoti ♦ Era un escriptor local que dinava cada dia al cafè Tortoni i sempre es deixava el barret posat. Manet solia dinar allà i un dia li va dir: «Li faria res que el pintés?» ♦ És més aviat petit i hi ha un home ben vestit amb un barret de copa, té un llapis i beu absenta. No recordo gaire el fons perquè li mirava sobretot els ulls ♦ Era vibrant i l'home assegut al cafè et mirava amb uns ulls plens de satisfacció i plaer ♦ Tenia una mirada inquisitiva. No era un home amb responsabilitats ni autoritat. Apreciava la vida, però tampoc era únicament un vividor. Es notava que tenia una ànima que treballava ♦ Semblava mirar cap a la llunyania. Mirava fora del quadre, però no a tu, com en un somni ♦ Estava penjat just a sobre de l'impressionant retrat de la mare de Manet, però era molt més entranyable i accessible ♦ Jo, la mare, l'odiava. Semblava molt dominant ♦ Aquest senyor tan fogós resultava molt petit al costat de *Madame*. A mi m'atreia més la soledat de la dona. Recordo que havia comentat *Madame Manet* amb els visitants i després els vaig dir: «Ah! per cert, no es descuidin de donar una ullada a aquest senyor» ♦ A part de la pell, que la tenia molt blanca, els colors eren més aviat rústics: marró fosc, blau fosc i molt de negre ♦ Recordo un to marró-vermell, a part del rosa pàl·lid del rostre i les mans ♦ És una obra molt entranyable. Em recorda una cosa del segle posterior, un cartell anomenat *Café*, a la paret del dormitori del meu col·legi, pintat per un artista que tenia el mateix estil ♦ Estava firmat per Manet, a baix, a l'esquerra.

It was a young man, probably early thirties, facing the viewer, holding a glass of, I think, champagne, probably just writing out something, wearing a dark top hat and a dark jacket. On the left-hand upper corner, there was a view of the outside of the restaurant but little could be seen ♦ I don't remember it at all. Except, I remember there was a guy with a top hat and maybe a moustache ♦ He was a local writer that lunched in the café Tortoni everyday and always left his hat on. Manet used to eat there frequently and one day, he said: "Do you mind if I paint you?" ♦ It's kind of small and it's like a man, all dressed-up with a top hat, holding a pencil and drinking absinthe. I don't remember the background much because I used to just look at his eyes ♦ It was vibrant and the gentleman sitting there in the café looked at you with eyes of enjoyment and pleasure ♦ He had an inquisitive, questioning look in his eyes. This was not a man who was carrying major responsibility or authority. He was enjoying life but he was not just a pleasure seeker. There was also a mind at work there ♦ It seemed like he was looking far away. Looking out but not at you, as if in a dream ♦ It hung right underneath the powerful portrait of Manet's mother, but it was much more appealing and accessible. The mother, I hated her, she looked so domineering ♦ This dapper gentleman was so small in relation to Madame. *I was more drawn to the solidity of the woman. I remember commenting to people about* Madame Manet *and then saying: "Oh! By the way, don't forget to glance at this gentleman." ♦ Except for his very white skin, the colors were mostly rustic: dark browns, dark blues and a lot of black ♦ I remember a predominant russet tone apart from the pale rose colored face and hands ♦ It's very moving work. It reminds me of something from a hundred years later, a poster called* Café, *on the walls of my dormitory at college by an artist who used the same kind of style ♦ It was signed Manet, at the foot, on the left.*

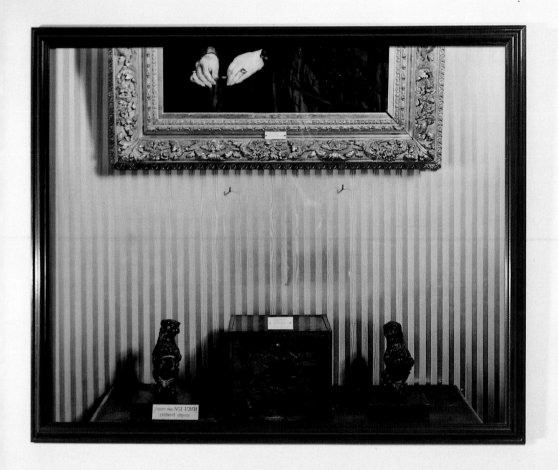

MANET, CHEZ TORTONI, 1991. Fotografia i text, 136 x 164 cm (fotografia), 41 x 50 cm (text). Galerie Chantal Crousel, París, 1994
MANET, CHEZ TORTONI, 1991. Photograph and text, 136 x 164 cm (photograph), 41 x 50 cm (text). Galerie Chantal Crousel, Paris, 1994

Font del temps

Aquesta obra s'ha dissenyat per a l'exposició *Els límits del museu* de la Fundació Antoni Tàpies, i està instal·lada a l'atri vertical central de la Fundació.

Al nivell superior de l'atri, amb una cúspide gairebé triangular que s'obre cap al cel, s'hi ubiquen dos sons delicats i repetitius: el del mecanisme de rellotgeria del campanar de Gràcia i el de la *Font de mercuri* d'Alexander Calder que hi ha a la Fundació Joan Miró.

Aquests dos sons floten sobre l'espai arquitectònic de la Fundació Antoni Tàpies i també s'escolten, simultàniament, en un espai del Museo Nacional Centro de Arte Reina Sofía de Madrid. L'acústica ressonant d'aquest espai expandeix les dues fonts sonores alhora per mitjà de l'eco. Aquest eco es recondueix a la Fundació Antoni Tàpies, on s'escolta a través d'uns altaveus col·locats un nivell per sota de la cúspide, als angles de la balconada interior. Les persones que s'acostin a la barana de la balconada, amb les orelles entre els dos nivells, sentiran la diferenciació espacial de l'expansió temporal.

A la planta baixa, al bell mig de l'atri, hi ha un banc de fusta on s'ha col·locat un altaveu de baixa freqüència. Així s'amplifica un so ambiental que normalment penetra a l'edifici, les baixes freqüències del metro que hi passa per sota. Un micròfon situat al túnel del metro transmet l'estructura temporal repetitiva que alterna so i silenci segons el pas dels trens a l'altaveu de baixa freqüència. Ara bé, com que només es reprodueixen les baixes freqüències, és més una sensació física que no pas un so. Les persones que seguin al banc notaran aquestes vibracions, que també fan vibrar lleugerament l'edifici. Aquesta vibració és una memòria acústica dels trens que passaven per davant de l'edifici cent anys enrere.

Time Fountain

This work is designed for the exhibition The End(s) of the Museum *at the Fundació Antoni Tàpies, where It is installed in the vertical central atrium.*

In the higest level of the atrium, with its almost triangular shaped apex to the space, two delicate repetitive sounds are placed: the clockwork mechanism of the Campanar de Gràcia and the Mercury Fountain of Alexander Calder from the Fundació Joan Miró.

These two sounds float above the architectural space of the Fundació Antoni Tàpies. At the same moment in time they are heard in Madrid, in a large staircase of the Museo Nacional Centro de Arte Reina Sofía. The reflective resonant acoustics of this space expand the two sound sources in time by making them echo. This echo is brought back to the Fundació Antoni Tàpies, where it is played from loudspeakers mounted one level below the apex, in the corners of the balcony. People standing by the railing of the balcony, with their ears clearly between the two levels, hear the spatial differentiation of the time expansion.

On ground level, directly in the center of the atrium, is a wooden bench that contains a low frequency loudspeaker. This extends an ambient sound that normally penetrates the building, the low frequencies of the nearby subway. A microphone in the subway tunnel transmits the repetitive alternating time structure of sound and silence from the subway trains to the low frequency loudspeaker. Since only the low frequencies from the subway are played in the Fundació Antoni Tàpies, they are more of a physical sensation than a sound. People sitting on the bench can feel these vibrations, which also slightly shake the building. This shaking is an acoustic memory of the locomotives passing in front of the building 100 years ago.

FONT DEL TEMPS, 1995
TIME FOUNTAIN, 1995

BILL FONTANA

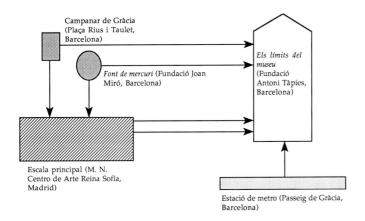

Campanar de Gràcia
(Plaça Rius i Taulet,
Barcelona)

Font de mercuri (Fundació Joan
Miró, Barcelona)

Els límits del museu (Fundació Antoni Tàpies, Barcelona)

Escala principal (M. N.
Centro de Arte Reina Sofía,
Madrid)

Estació de metro (Passeig de Gràcia,
Barcelona)

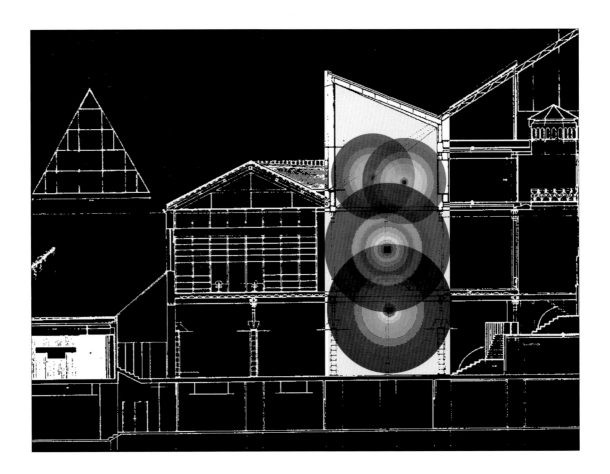

L'atri vertical central de la Fundació Antoni Tàpies té tres nivells.

Com a espai acústic, jo l'utilitzo com a metàfora de la simultaneïtat a base d'ubicar sons vius d'altres indrets a cada nivell.

The vertical central atrium of the Fundació Antoni Tàpies has three levels.

As an acoustic space, I use it as a metaphor for simultaneity, by placing live sounds from other locations on each level.

La *Font de mercuri* d'Alexander Calder és una escultura cinètica que funciona amb el fluir de centenars de litres de mercuri.

És sonora...

The Mercury Fountain *by Alexander Calder is a kinetic sculpture powered by hundreds of gallons of flowing mercury.*

It is sounding...

Aquest so és un secret silenciós, ocult darrere parets de vidre transparent.

This sound is an unheard secret, hidden behind transparent glass walls.

L'escala principal del Museo Nacional Centro de Arte Reina Sofía de Madrid és un espai acústic extraordinari, ja que puja sis pisos deixant un forat vertical al mig lliure d'obstacles, que jo faig servir de cambra de reverberació. L'escala no s'utilitza normalment com a espai expositiu, sinó com a lloc de pas. Ara bé, quan al museu d'art visual s'hi exposa una escultura sonora, aquests espais són més interessants que les sales habituals.

En aquesta instal·lació, el so en viu del rellotge i de les campanes del campanar de Gràcia se sent des d'un altaveu col·locat a dalt de tot de l'ull de l'escala, mentre que el so de la *Font de mercuri* d'Alexander Calder se sent des d'un altaveu col·locat a baix. Quan el públic puja i baixa per l'escala, aquests dos sons es barregen i reverberen. Uns micròfons penjats a mitja altura n'envien els ecos a la Fundació Antoni Tàpies de Barcelona.

The Main Staircase of the Museo Nacional Centro de Arte Reina Sofía in Madrid is an extraordinary acoustic space, as the six-storey stairs circulate around a long and unobstructed vertical central shaft, that I use as a reverberation chamber. This staircase is not normally used as an exhibition space; it is only a vertical passage. When the visual art museum becomes the site for a sound sculpture, such spaces are more interesting than the normal galleries.

In this installation, the live sound of the clockwork and bells from the Campanar de Gràcia is heard from a loudspeaker placed in the top of the shaft, while the live sound of Alexander Calder's Mercury Fountain *is placed in the bottom of the shaft. As people ascend and descend the stairs, these two sounds mix and reverberate. In the middle of the shaft microphones send the echoes back to Barcelona at the Fundació Antoni Tàpies.*

El mecanisme de rellotgeria del campanar de Gràcia consisteix en uns engranatges de coure que es mouen i s'aturen, amb una estructura temporal que alterna so i silenci. Durant els silencis, es pot escoltar la remor que prové de la plaça Rius i Taulet de Gràcia. Aquesta alternança es trenca cada quinze minuts amb el repic de les velles campanes, que assenyalen el pas del temps.

The clockwork mechanism of the Campanar de Gràcia consists of brass gears moving and stopping, with an alternating time structure of sound and silence. During the silences, the ambient murmur of the Plaça Rius i Taulet of Gràcia can be heard. The alternating clockwork sound is punctuated every 15 minutes by the old bells, marking the passage of time.

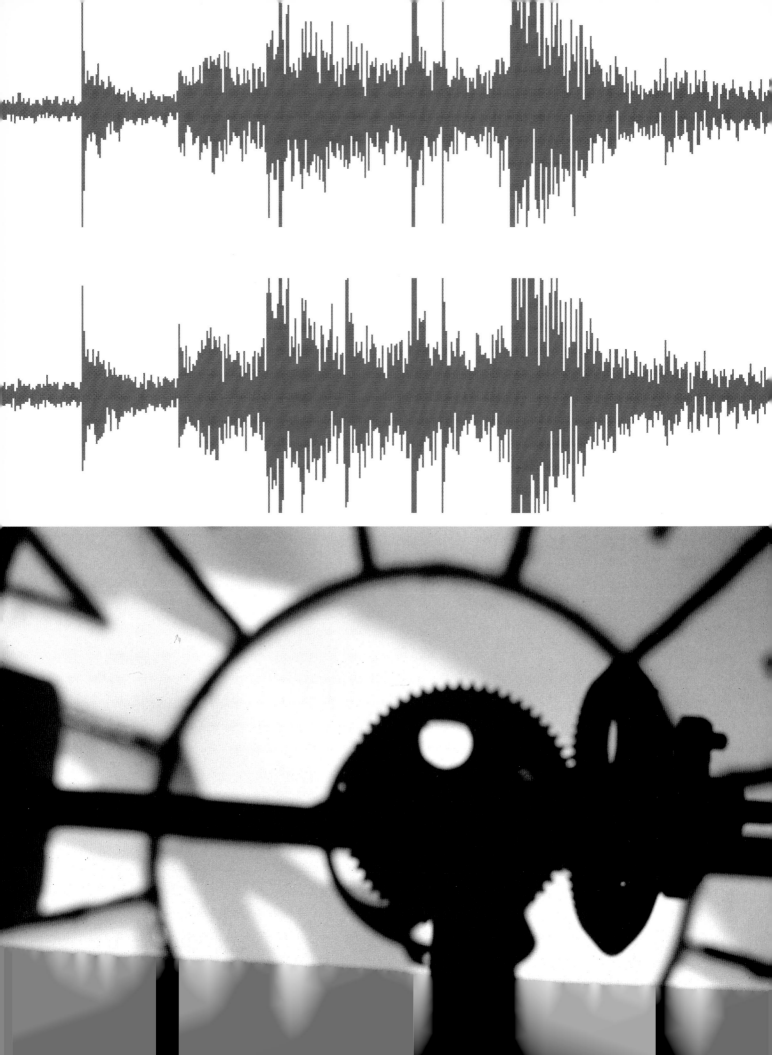

El so com a imatge virtual

Sound as Virtual Image

Si mirem al nostre entorn, pràcticament tot el que hi veiem, deixant de banda els reflexos de la llum i les ombres, correspon exactament al lloc que es mira. Escoltar, però, no té el mateix sentit de correspondència espacial que la percepció visual. En el cas de la percepció visual, mirem directament allò que és vist; en l'acte d'escoltar, ens orientem cap on és el so, i no necessàriament cap al lloc d'on prové. En la percepció visual, sempre hi ha una simultaneïtat entre l'observador i l'objecte observat. En el cas del so, sovint es produeix un lapse temporal, ja que podem sentir una font sonora abans o després de veure-la. En la percepció auditiva, de vegades no veiem el que estem sentint. Com que el so s'experimenta en una corba de 360 graus, sentim residus de molts sons que se superposen en cada moment donat. Si fóssim capaços de girar-nos mentalment cap a tot el que sentim, assoliríem un sentit de correspondència espacial comparable a la percepció visual. Ara bé, com que culturalment no estem educats per assignar aquesta orientació mental al so, el lapse temporal entre el que veiem i el que sentim i les disparitats resultants entre els nostres sentits de correspondències espacials visuals i auditives han contribuït en gran mesura a la nostra ceguesa (sordesa) cultural actual: el concepte de soroll.

Aquest sentit de correspondències espacials és indicatiu de la manera en què, com a cultura, convertim la percepció en significat. El fet de mirar transforma l'objecte de visió en una cosa separada i identificable, dotada de la possibilitat lògica de ser considerada per ella mateixa. Això s'expressa per mitjà d'un nom. Els noms que tenim s'han desenvolupat a partir d'experiències visuals funcionals; els sistemes semàntics clarifiquen i destrien aquestes experiències.

«... si la descripció general del món és com una plantilla del món, els noms la claven al món de tal manera que queda completament tapat.» (Wittgenstein, *Investigacions filosòfiques*)

El llenguatge ha estat la línia de demarcació. Determina el lloc on utilitzem el nostre focus mental. Ha estat l'espai mental on es clarifiquen les coses.

«Una imatge ens havia captivat, i no ens en podíem deseixir perquè es trobava en el nostre llenguatge i el llenguatge ens la repetia inexorablement.» (Wittgenstein, *Investigacions filosòfiques*)

We look around and almost everything we see, except for light reflections and shadows, corresponds exactly to the place being looked at. Listening does not have the same sense of spatial correspondences as visual perception. With visual perception, we look directly at what is being seen, in listening we orient ourselves to where the sound is, not necessarily to where it is coming from. In visual perception, there is usually simultaneity between the viewer and the object of perception. With sound there is often a time lag, since we can often hear a sound source before or after we see it. In aural perception, we sometimes do not see what we are actually hearing. Because sound is experienced in a 360 degree way, we hear overlapping residues of many sounds at any given moment. If we were trained to turn mentally towards everything we hear, we would achieve a sense of spatial correspondence comparable to visual perception. Since as a culture we are not trained to bring this mental orientation to sound, the time lag between what we see and what we hear and the resulting disparities between our senses of visual and aural spatial correspondences have contributed greatly to our present cultural blind(deaf) spot –the concept of noise.

This sense of spatial correspondences is indicative of how as a culture we turn perception into meaning. Looking makes the object of vision discrete and identifiable, possessed with the logical possibility of being considered by itself. This becomes expressed as a name. The names we have are developed out of functional visual experiences; semantic systems make those experiences clear and distinct.

"If the general description of the world is like a stencil of the world, the names pin it to the world so that the world is wholly covered by it." (Wittgenstein, Philosophical Investigations)

Language has been the line of demarcation. It determines where we employ our mental focus. It has been the mind space where things become clear.

"A picture held us captive, and we could not get outside it for it lay in our language and the language seemed to repeat it to us inexorably." (Wittgenstein, Philosophical Investigations)

As a visually oriented culture our essential responses to the everyday world are semantic. Everyday sounds are regarded as not having semantic significance (noise).

Com a cultura orientada cap al fet visual, les nostres respostes essencials al món quotidià són de caràcter semàntic. Els sons quotidians es consideren com si no tinguessin cap significat semàntic (soroll). La contaminació acústica (amb l'excepció de sons perillosament forts, com els que es deriven de la proximitat a un avió o a una maquinària pesant) es pot explicar com un problema semàntic. Com que els sons s'han de semantitzar per ser significants, les nostres principals preocupacions acústiques com a cultura han estat el llenguatge i la música.

«Els colors es troben presents "naturalment" en la natura, però no hi ha cap so musical en la natura, excepte d'una manera purament accidental i inestable; només hi ha sorolls. Els sons i els colors no són entitats de la mateixa categoria, i l'única comparació legítima és entre colors i sorolls, és a dir, entre els modes visual i acústic de la natura... la natura produeix sorolls, no sons musicals; aquests darrers són únicament una conseqüència de la cultura, que ha inventat els instruments musicals i el cant. Però, fora del cas del cant dels ocells... l'home no estaria familiaritzat amb els sons musicals si no els hagués inventat.» (Claude Lévi-Strauss, *Le cru et le cuit*)

El món del so quotidià és ple d'ambigüitat semàntica. La majoria de gent viu aquesta experiència sense reconèixer pautes en el so quotidià. El soroll és la interpretació resultant que es dóna a l'experiència normal dels sons no semantitzats. L'ambigüitat semàntica del so canviarà quan la societat desenvolupi la capacitat de percebre pautes o qualitats recognoscibles com a part d'un context de significat, com per exemple els vocabularis sonors de la música contemporània i l'art acústic.

El problema del soroll s'ha desenvolupat històricament a partir d'una acumulació de dissenys erronis causada per una manca de reflexió sobre l'acústica produïda per tot allò que passa en l'entorn humà. La contaminació acústica és un problema circular: ningú no para atenció als sons que omplen la vida quotidiana i, com és d'esperar, no forma part del disseny de res el fet de considerar-ne les conseqüències acústiques. Aquest problema és una taca de ceguesa (sordesa) cultural que s'autoperpetua en la consciència col·lectiva.

La tasca de l'art i el disseny acústics consisteix a desafiar totes les antigues definicions històriques de soroll i les preconcepcions resultants que té la majoria de persones sobre els sons que les envolten.

La meva obra durant els últims vint-i-cinc anys s'ha centrat en la recerca del significat estètic dels sons en un moment particular en el temps. Això m'ha portat a crear una sèrie de projectes que tracten l'entorn urbà i natural com a font d'informació musical en viu. L'assumpció més bàsica que faig és que a qualsevol moment hi haurà

Noise pollution (with the exception of sounds that are dangerously loud close proximity to a jet aircraft or heavy machinery) can be explained as a semantic problem. Because sounds must be semanticized in order to be meaningful, our main aural concerns as a culture have been language and music.

"Colors are present 'naturally' in nature, there are no musical sounds in nature, except in a purely accidental and unstable way; there are only noises. Sounds and colors are not entities of the same standing, and the only legitimate comparison is between colors and noises –that is between visual and acoustic modes of nature.nature produces noises not musical sounds: the latter are solely a consequence of culture, which has invented musical instruments and singing. But apart from the instance of bird song man would be unacquainted with musical sounds if he had not invented them." (Claude Lévi-Strauss, The Raw and the Cooked)

The world of everyday sound is full of semantic ambiguity. Most people approach this experience without recognizing patterns in everyday sound. Noise is the resulting interpretation given to the normal experience of unsemanticized sounds. The semantic ambiguity of sound will change when society develops a capacity to perceive patterns or qualities that are recognizable as part of a context of meaning, such as the sound vocabularies of contemporary music and acoustic art.

The problem of noise has developed historically from an accumulation of bad designs caused by a lack of thinking about the acoustical by-products of everything that happens in the human environment. Noise pollution is a circular problem: people don't pay attention to the sounds they hear and live with every day and therefore it is not a part of the design of anything to consider its acoustical consequences. This problem is a self-perpetuating cultural blind(deaf) spot on the collective consciousness.

The task of acoustic art and acoustic design is to challenge fundamentally all the old historical definitions of noise and the resulting preconceptions that most people have about the sounds they live with.

My work over the past 25 years has been an ongoing investigation into the aesthetic significance of sounds happening at a particular moment in time. This has led me to create a series of projects that treat the urban and natural environment as a living source of musical information. The most basic assumption I am making is that at any given moment there will be something meaningful to hear. I am in fact assuming that music –in the sense of meaningful sound patterns– is a natural process that is going on constantly.

alguna cosa significativa per sentir. Assumeixo, doncs, que la música –en el sentit de pautes sonores significants– és un procés natural que s'esdevé contínuament.

Gairebé tots els meus projectes s'han creat en espais públics urbans, on una situació arquitectònica fa de focus físic i visual de sons que són reubicats en funció d'aquestes situacions. Normalment, a l'exterior d'un edifici o d'un monument s'hi col·loquen altaveus que s'utilitzen per «deconstruir» i transformar la situació creant una realitat virtual transparent de so.

El meu projecte més recent a París, *Illa del so,* es va instal·lar a l'Arc de Triomf. L'Arc de Triomf és una illa enmig d'una immensa plaça circular. Dic que és una illa arquitectònica urbana no perquè tingui aigua al voltant, sinó perquè hi té un mar de cotxes. El flux constant de centenars de cotxes movent-se en sentit circular constitueix l'experiència visual i acústica dominant quan algú se situa sota el monument i contempla París des d'allà. Aquesta escultura sonora explorava la transformació de l'experiència visual i acústica del trànsit. A la façana del monument, s'hi van instal·lar altaveus que transmetien sons blancs naturals del mar des de la costa de Normandia. La presència de les ones trencant-se i escumejant creava la il·lusió que els cotxes no feien soroll. Això contradeia els aspectes visuals de la situació. El so del mar és un so blanc natural i té la capacitat psicoacústica d'emmascarar-ne d'altres, no perquè sigui més fort, sinó per la seva harmoniosa complexitat.

El fet de situar una obra d'art acústic dins l'espai d'un museu d'art planteja algunes qüestions interessants. Els museus són institucions dedicades a l'experiència visual, retinal. La idea d'ubicar una escultura sonora, que no es pot veure amb els ulls, dins d'un espai museístic és una contradicció aparent, cosa que explica el poc interès que el tipus d'obra que jo creo desperta en la majoria de museus. Les escultures sonores col·locades a l'exterior d'un edifici assumeixen els aspectes visuals de l'arquitectura i del paisatge urbà que les envolta i creen una tensió perceptiva entre el que es veu i el que se sent. Les escultures sonores situades a l'interior d'un museu, sense elements visuals aparents, creen una tensió diferent. S'han creat a partir de sons provinents de llocs que coneixem, imaginem i reconeixem com a situacions visuals. Si algú va més enllà de l'estranyesa que suscita sentir els sons despullats i s'atura a escoltar, els aspectes visuals de l'escultura sonora es troben en la imaginació d'aquesta persona, en el seu espai mental personal per crear imatges virtuals.

Most of my projects have been created in urban public space, where an architectural situation is used as the physical and visual focal point of sounds that are relocated to these situations. Loudspeakers are normally mounted on the exterior of a building or a monument and are used to deconstruct and transform the situation by creating a virtual transparent reality of sound.

My most recent project in Paris, Sound Island, *was installed at the Arc de Triomphe. The Arc de Triomphe is an island at the center of an immense traffic circle. It is an urban architectural island surrounded not by water, but by a sea of cars. The constant flow of hundreds of encircling cars are the dominant visual and aural experience one has when standing under the towering monument, looking out at Paris. This sound sculpture explored the transformation of the visual and aural experience of traffic. Live natural white sounds of the sea from the Normandy coast were transmitted to loudspeakers installed on the facade of the monument. The presence of the breaking and crashing waves created the illusion that the cars were silent. This was accomplished in contradiction to the visual aspects of the situation. The sound of the sea is natural white sound, and has the psycho-acoustic ability to mask other sounds, not by virtue of being louder, but because of the sheer harmonic complexity of the sea sound.*

The placement of a work of acoustic art inside the space of an art museum raises some interesting issues. Museums are institutions devoted to the visual, retinal experience. The idea of placing a sound sculpture which cannot be seen with the eyes inside a museum space is an apparent contradiction, which is why so few museums have ever been interested in the type of work I am doing. Sound sculptures placed on the exterior of a building take on the visual aspects of the architecture and the urban landscape in which they are placed and create a perceptual tension between what you see and what you hear. Sound sculptures placed inside a museum, with no apparent visual element, create a new tension. They are made from sounds that come from places that we know, imagine and recognize as visual situations. If someone goes beyond the strangeness of hearing the naked sounds and takes the time to listen, the actual visual aspects of the sound sculpture lie in this person's imagination, in their personal mental space to create virtual images.

L'artista i la fotografia

The Artist and The Photograph

Picasso, Miró i Tàpies són tres artistes de renom internacional als quals la seva ciutat d'origen o d'adopció, Barcelona, ha dedicat un museu monogràfic. Aquesta procedència com a denominador comú, un mateix esperit d'avantguarda i l'escalonament de les seves carreres al llarg d'aquest segle han propiciat que la seva obra es presentés conjuntament en moltes exposicions. Aquestes exposicions, d'altra banda, han passat revista a la pluralitat de disciplines i procediments conreats al llarg de la seva trajectòria, fruit tant de la voluntat d'experimentació com d'una viva curiositat pels diferents mitjans i materials. A més de la pintura, doncs, que ha estat el seu territori predilecte, Picasso, Miró i Tàpies han realitzat gravats, escultura, ceràmica, cartells, tapissos, escenografies i vestuaris per a obres de teatre, etc.

Sorprèn, però, la poca atenció que s'ha dedicat a la seva relació amb un dels mitjans més influents de l'estètica i la sensibilitat modernes: la fotografia. Tots tres artistes han fet incursions dins el camp de la fotografia, però per diverses raons aquests treballs són poc coneguts. En realitat, aquests contactes amb el mitjà fotogràfic no han d'estranyar ningú, ja que als cercles avantguardistes hi sovintejaven els fotògrafs. Les actituds obertes, l'afany de recerca i la lògica col·laboració entre els uns i els altres permeten deduir tota la resta.

El Museu Picasso, la Fundació Joan Miró i la Fundació Antoni Tàpies participen en la presentació simultània de tres petites mostres dedicades a l'obra fotogràfica, o relacionada amb la fotografia, d'aquests tres artistes. *Diurnes: apunts de treball*, al Museu Picasso; *Miró fotògraf*, a la Fundació Joan Miró; i *Suite Montseny: fotopintures,* a la Fundació Antoni Tàpies constitueixen, per la seva modèstia, més que exposicions per elles mateixes, projectes per a futures exposicions, que resultin d'estudis més aprofundits i que, per tant, permetin establir balanços més exactes, per no dir definitius. Amb aquesta mostra només es pretén donar un tast inicial, que, en sintonia amb l'interès creixent per la fotografia, tregui a la llum algunes provatures de Picasso, Miró i Tàpies amb la màquina de retratar o bé a la cambra fosca. A les seves mans, la fotografia esdevé un instrument intensificador de la mirada o un suport que genera noves recerques plàstiques. En definitiva, es demostra que la lent, la llum i els materials fotosensibles, com el pinzell i el pigment, no són sinó eines que possibiliten el treball de l'artista.

Picasso, Miró and Tàpies are three world-renowned artists whose native or adopted city –Barcelona– has museums devoted to each of them. Barcelona is their common denominator and because they all shared the same avant-garde spirit and their overlapping careers span virtually the entire century, their work has often been jointly exhibited. Moreover, these exhibitions have explored the broad range of disciplines and procedures they cultivated throughout their lives, as much because of their desire to experiment as because of their lively curiosity about different media and materials. Though painting was and is their predilection, Picasso, Miró and Tàpies have all produced prints, sculptures, pottery, posters, tapestries, theater sets, costumes, and other forms of art.

But surprisingly little attention has been paid to their forays into the field of photography –one of the media that has had the greatest impact on modern aesthetics and sensitivity. All three artists have experimented with photography, but for a number of reasons their work in this field is little known. And yet, there is nothing odd about their contacts with photography, considering that photographers often frequented avant-garde circles. Receptive, eager to experiment, it was only logical that painters and photographers should collaborate, and the rest is easily imagined.

The Museu Picasso, the Fundació Joan Miró and the Fundació Antoni Tàpies are now simultaneously presenting three small exhibitions of photographs or photography-related work by these three artists: Diurnes: apunts de treball *(Diurnes: Working Notes) at the Museu Picasso;* Miró fotògraf *(Miró Photographer) at the Fundació Joan Miró; and* Suite Montseny: fotopintures *(Suite Montseny: Photopaintings) at the Fundació Antoni Tàpies. Because they are so small they are not so much exhibitions in themselves as plans for future exhibitions to be held when this work has been more thoroughly studied and more accurate, not to say definite, conclusions can be drawn.*

In response to the increasing interest in photography, these exhibitions present some of the experiments Picasso, Miró and Tàpies did with cameras and in darkrooms. Their treatment of photography turns it into an instrument that intensifies the gaze and a medium that engenders new experiments in the visual arts.

JOAN FONTCUBERTA

SUITE MONTSENY: FOTOPINTURES. Instal·lació a la Fundació Antoni Tàpies, 1995
SUITE MONTSENY: PHOTOPAINTINGS. Installation at the Fundació Antoni Tàpies, 1995

Per donar més coherència a aquesta triple presentació, s'han seleccionat sèries que daten del mateix període: l'inici dels anys seixanta. Aquesta coincidència permet posar en relleu no sols la manera en què tots tres artistes van adequar els recursos fotogràfics a les seves tendències i estils respectius, sinó també la manera en què els resultats finals van contribuir al desenvolupament expressiu del llenguatge fotogràfic de l'època. En un marc europeu, aquestes aportacions s'inscriurien dins la línia iniciada pel grup Fotoform a Alemanya, que després donaria lloc al moviment de la Subjektive Fotografie teoritzat per Otto Steiner i que postulava transcendir el mer documentalisme mecànic per assolir un equilibri renovador entre els valors espirituals i formals de l'obra fotogràfica.

Cal destacar, finalment, que les tres entitats organitzadores, malgrat compartir titularitat municipal, no havien col·laborat tan estretament fins a aquesta iniciativa. Ens n'hem de felicitar pel que això significa en aquest cas concret, però sobretot perquè obre noves vies de potenciació de l'escena expositiva de Barcelona.

JOAN FONTCUBERTA
Coordinador *L'artista i la fotografia*

The exhibitions definitely prove that, like brushes and paint, lenses, light and photosensitive materials are simply tools that further the artist's work.

In order to make this triple exhibition more cohesive, all the photographs shown date from the same period: the early sixties. This coincidence in time not only highlights the way in which all three artists adapted photographic resources to their own particular tendencies and styles, but also reveals how the final results contributed towards developing the language of photographic expression in those years. Their experiments are along the lines of the work done by the Fotoform group in Germany, which later gave rise to Otto Steiner's theory of Subjektive Fotographie with its aim of going beyond mere mechanical documentation to strike a balance between spirit and form, renewing the photographic art.

To conclude, I would like to mention that although the three museums that have organized these exhibitions are all municipally owned, this is the first time they have worked together in such close collaboration. We can congratulate ourselves on what that means in terms of this particular event, but even more so because it opens new prospects for enriching the art scene in Barcelona.

JOAN FONTCUBERTA
Coordinator The Artist and the Photograph

DIURNES: APUNTS DE TREBALL

Picasso ha estat un model privilegiat per als fotògrafs. La importància de la seva obra, i també la personalitat del seu rostre, van propiciar que molts reporters li seguissin constantment la pista i ens en deixessin uns quants retrats impressionants, on convergeixen l'agudesa psicològica amb valuoses qualitats compositives. Però la relació de Picasso amb la fotografia no acaba aquí: recordem la seva gran amistat amb Brassaï i, sobretot, la relació amb la fotògrafa Dora Maar, amb qui convisqué entre el 1936 i el 1945.

Això no obstant, el seu interès per l'art de la llum no neix d'aquests contactes: l'any passat el Musée Picasso de París presentava l'exposició *Picasso Photographe 1901-1916*, que aplegava autoretrats, natures mortes, vistes del seu taller i algun paisatge, així com també una certa memorabília que donava compte del seu pas pel laboratori fotogràfic (notes manuscrites amb fórmules i composicions químiques per al revelatge, notes amb comentaris sobre la tècnica fotogràfica, etc.). Una segona part d'aquesta exposició, que ha de passar revista a la producció posterior, està anunciada per al maig del 1995.

Tanmateix, si bé les imatges seleccionades en aquella mostra tenien un gran valor documental pel que fa a l'evolució de l'artista, no evidenciava cap voluntat d'expressió ni es podia considerar que assolissin la categoria d'obres. Això només passa, amb tota seguretat, amb l'edició de litografies titulada *Diurnes* (1962), realitzada en col·laboració amb el fotògraf francès André Villiers.

Villiers i Picasso, que es coneixien des de feia temps, van decidir realitzar un treball conjunt a base d'aplicar, sobre una sèrie de paisatges i elements naturals de la Provença, on tots dos vivien, *découpages* amb siluetes de clares ressonàncies de la fauna i la mitologia picassianes. Fotògraf i pintor es van tancar quinze dies al laboratori que Villiers tenia al soterrani del seu mas de Lou Blauduc i hi van produir mig centenar d'imatges, de les quals només se'n va editar una trentena. De les proves descartades no se'n va saber res fins que, a la primavera del 1993, l'historiador de l'art i professor de la universitat d'Aix-en-Provence Jean-Pierre d'Alcyr va aconseguir que els nous propietaris de Lou Blauduc l'autoritzessin a remenar a les golfes. Hi va trobar tres sobres de paper fotogràfic de les marques Agfa i Mimosa, que contenien les proves que no s'havien utilitzat. En molts casos es tracta de còpies tacades i una mica fetes malbé, però que signifiquen, per als profans, un important material recuperat de l'oblit i, per als coneixedors de l'obra de Picasso i de *Diurnes* en particular, l'oportunitat d'accedir a uns genuïns apunts de treball.

DIURNES: WORKING NOTES

Picasso was a favorite model for photographers. The importance of his work coupled with his highly expressive face caused him to be constantly pursued by photographers who have given us a number of impressive photographs which are at once acute psychological observations and priceless compositions. But Picasso's dealings with photographers did not stop here: he was a close friend of Brassaï and lived with the photographer Dora Maar from 1936 to 1945.

But his interest in the art of light did not originate with these contacts. Last year the Musée Picasso in Paris presented an exhibition entitled Picasso Photographe 1901-1916: *a collection of self-portraits, still lifes, views of his studio, a few landscapes and some memorabilia which testified to his forays into the darkroom (handwritten notes with chemical formulae and compositions for developing, notes on photographic technique, etc.). A second part of this exhibition, which will present his later production, is scheduled for May 1995.*

Although the photographs selected for the Paris exhibition were valuable in documenting Picasso's evolution as an artist, they gave no indication of any attempt to express himself through photography and can scarcely be ranked with his other work. Only the volume of lithographs entitled Diurnes *(1962), done in collaboration with French photographer André Villiers, can truly aspire to this category.*

Villiers and Picasso, who had known each other for a long time, decided to work together, superimposing découpages *or silhouettes clearly inspired by the fauna and mythology of Picasso's work on a series of landscapes and objects from the Provençal countryside where they both lived. Photographer and painter shut themselves up for fifteen days in Villiers' laboratory in the basement of his farm-house Lou Blauduc and produced some fifty images, of which only about thirty were published. Nothing was ever known about the discarded prints until the spring of 1993 when the new owners of Lou Blauduc gave Jean-Pierre d'Alcyr, art historian and professor at the university of Aix-en-Provence, permission to go through their attic. He found three envelopes of Agfa and Mimosa photographic paper containing the unused prints. Many of them are stained or otherwise slightly damaged copies, but even for the uninitiated their rescue from oblivion is important. For those who are familiar with Picasso's work, and especially with* Diurnes, *they are an opportunity to examine some genuine working notes.*

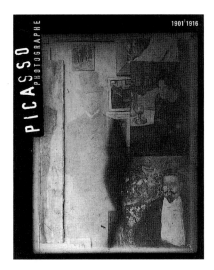

JOAN FONTCUBERTA

Sèrie **DIURNES**, sense títol, 1962
DIURNES series, untitled, 1962

JOAN FONTCUBERTA

Sèrie **DIURNES**, sense títol, 1962
DIURNES series, untitled, 1962

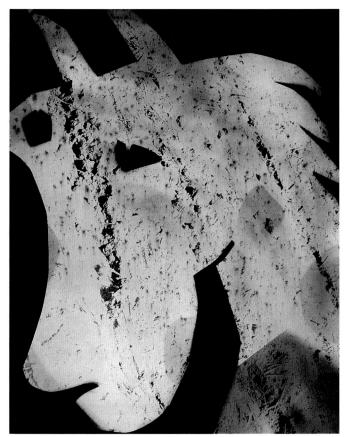

Sèrie **DIURNES**, sense títol, 1962
DIURNES series, untitled, 1962

Sèrie **DIURNES**, sense títol, 1962
DIURNES series, untitled, 1962

Sèrie **DIURNES**, sense títol, 1962
DIURNES series, untitled, 1962

SUITE MONTSENY: FOTOPINTURES

Malgrat la seva predilecció per la pintura, Antoni Tàpies ha estat un artista molt versàtil i polifacètic. Fidel a la voluntat d'apropar tots els vessants de la seva obra al públic, la Fundació Antoni Tàpies es complau a presentar uns treballs inèdits de l'artista realitzats amb el mètode, ben poc conegut, de la fotopintura. Tot i que aquests treballs no van arribar a ser considerats obres acabades i definitives pel mateix artista (cosa que explica l'absència de signatura i de títol) i han hagut de ser rescatats recentment de l'oblit d'un estudi atapeït de proves i projectes en curs, són interessants per entendre en profunditat el complex procés de creació de Tàpies, i d'altra banda, avui dia tenen una rellevància especial. Aquesta operació de rescat, en efecte, es produeix en un moment en què la fotografia, amb la seva diversitat de procediments, s'ha convertit en un focus d'atenció dins l'escena de l'art contemporani. Durant els anys vuitanta i noranta, molts artistes joves han reivindicat i popularitzat l'ús del mitjà fotogràfic en la creació artística, probablement sense conèixer les experiències realitzades per artistes com Tàpies una dècada abans.

Aquesta sèrie d'imatges s'engloba dins l'anomenada *Suite Montseny*, que consta també de dibuixos i pintures (algunes sobre paper d'estrassa). De fet, Tàpies va començar a sentir curiositat per la fotografia quan va conèixer i va fer amistat amb Marcel Zelich. Zelich era una ciutadà alemany d'origen turc que s'instal·là a Barcelona poc abans d'acabar-se la Segona Guerra Mundial. Persona cultivada, diletant de la música i de les arts, la bona marxa de la seva empresa de gènere de punt confeccionat amb telers d'importació li permetia dedicar força temps a la seva gran passió: la fotografia. El gener del 1960, la família Tàpies i la família Zelich van coincidir a l'Hotel Sant Bernat, al Montseny, on passaven uns dies. Una nevada imprevista va bloquejar els accessos i allargà de manera forçosa l'estada a l'hotel. Potser perquè els fills respectius jugaven plegats, els dos matrimonis compartiren moltes estones i, en un moment donat, Zelich va animar Tàpies a provar de treballar a la seva cambra fosca.

Tàpies inicià llavors una sèrie d'obres inspirades en el Montseny i va voler posar en pràctica algunes idees sorgides de les converses amb Zelich. Zelich entenia la pràctica fotogràfica d'una manera bastant tradicional i Tàpies, en canvi, tot i interessar-se per la seva dimensió realista, prioritzava usos alternatius, com la mateixa *fotopintura* (utilització de la llum i dels agents químics reveladors en comptes dels pigments), el *fotograma* (empremtes d'objectes per l'acció de la llum sobre les superfícies fotoemulsionades) o el *quimigrama* (empremtes d'objectes per l'acció d'agents químics sobre superfícies fotoemulsionades). Aquestes tècniques pertanyen al patrimoni expressiu de les avantguardes d'entreguerres, però Tàpies se les apropiava i hi afegia una dimensió d'anàlisi de la matèria molt més íntima, amb una profunditat, en una paraula, quasi radiogràfica.

SUITE MONTSENY: PHOTOPAINTINGS

Although his predilection is for painting, Antoni Tàpies is an extremely versatile and multifaceted artist. Faithful to its aim of making all his work available to the general public, the Fundació Antoni Tàpies is pleased to present for the first time a series of works that uses the relatively unknown technique of photopainting. Tàpies himself does not consider them finished or definitive works (which explains why they are neither signed nor titled). Though only recently rescued from oblivion in a studio overflowing with experiments and works in progress, they are of interest in shaping a thorough understanding of Tàpies' complex process of creation. Moreover, they are particularly relevant at this time when photography in all its diversity has become one of the focal points of the contemporary art scene. Throughout the 1980s and 1990s, many young artists have laid claim to and popularized the use of photography in artistic creation, probably without even being aware of the experiments done by artists like Tàpies a decade earlier.

The series of photographs exhibited here are part of Suite Montseny, *which also includes drawings and paintings (some of them on wrapping paper). Tàpies had actually started getting curious about photography when he first met and became friends with Marcel Zelich. Zelich was a German of Turkish origin who had settled in Barcelona just before the end of World War II. A cultured man who dabbled in music and the arts, his successful knitwear business enabled him to dedicate a good deal of time to his great passion: photography. In January 1960 the Tàpies and Zelich families happened to coincide at the Hotel Sant Bernat in Montseny. An unexpected snowfall blocked the roads and they were forced to prolong their stay. The children of the two families began playing together and, perhaps because of that, their parents spent a lot of time together. At some point Zelich encouraged Tàpies to try working in his darkroom.*

It was then that Tàpies started a series of works inspired by Montseny and decided to put into practice some of the ideas he had gotten from his conversations with Zelich. Zelich had a fairly traditional approach to photography while Tàpies, although interested in its realism, preferred to use it in other ways, such as in photopainting *(the use of light and chemical developing agents instead of paint),* photograms *(prints of objects produced by the action of light on photosensitized surfaces) and* chemigrams *(prints of objects produced by the action of chemical agents on photosensitized surfaces). These techniques numbered among the forms of expression used by avant-garde artists in the years between the wars, but Tàpies borrowed them, adding a new dimension through his much more thorough analysis of the material: an in-depth examination that gives this work an almost X-ray-like quality.*

JOAN FONTCUBERTA

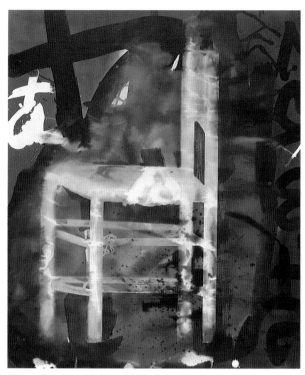

SUITE MONTSENY: FOTOPINTURA, s.d., 118 x 98 cm
SUITE MONTSENY: PHOTOPAINTING, n.d., 118 x 98 cm

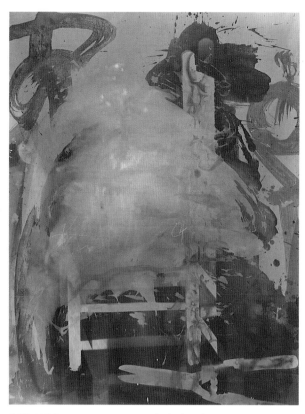

SUITE MONTSENY: FOTOPINTURA, s.d., tècnica mixta, 116 x 90 cm
SUITE MONTSENY: PHOTOPAINTING, n.d., mixed media, 116 x 90 cm

SUITE MONTSENY: FOTOPINTURA, s.d., tècnica mixta, 116 x 90 cm
SUITE MONTSENY: PHOTOPAINTING, n.d., mixed media,116 x 90 cm

SUITE MONTSENY: FOTOPINTURA, s.d., tècnica mixta, 116 x 90 cm
SUITE MONTSENY: PHOTOPAINTING, n.d, mixed media, 116 x 90 cm

NOTES SOBRE LA CONDICIÓ PÚBLICA DEL MUSEU

Segons el National Endowment for the Arts, perquè un edifici sigui qualificat de museu als Estats Units cal, entre d'altres coses, que tingui «instal·lacions permanents obertes al públic amb un horari regular» i que sigui «una organització no lucrativa exempta d'impostos».[1] En un museu d'art, la condició d'exempció d'impostos, aplicada també a les activitats que generen beneficis, com per exemple la venda d'objectes, depèn de la finalitat benèfica primordial del museu de «facilitar experiències educatives al públic».[2] Aquesta finalitat educativa s'acompleix, segons aquesta concepció, en primera instància: no com a resultat de cap programa o pràctica educativa activa, sinó simplement en la presentació de l'art al públic; no sols «amb un horari regular» (com qualsevol galeria d'art comercial), sinó específicament pel fet de ser «una organització no lucrativa exempta d'impostos».

Semblaria, doncs, que és aquesta condició d'organització no lucrativa exempta d'impostos allò que qualifica una obra d'art com a objecte d'experiències educatives de les quals depèn l'exempció d'impostos.

Aquesta tautologia, però, es trenca amb la introducció d'un simple desplaçament: el factor que condiciona el valor educatiu dels objectes d'art no és l'exempció d'impostos com a tal, sinó el gest filantròpic a través del qual aquests objectes s'obren camí dins l'esfera de l'absència de finalitats lucratives.

Així arribo a la lògica més aviat contradictòria de l'estatus privat no lucratiu del museu d'art com a institució pública. La condició material del caràcter públic del museu d'art és el fet de rebre subvencions públiques: directament per mitjà d'ajudes municipals i de subvencions estatals i federals, i indirectament per mitjà de l'exempció d'impostos i les deduccions fiscals. (Amb l'Acta de Reforma Fiscal del 1969, l'aportació dels contribuents en cada mil dòlars donats a una organització exempta d'impostos arribava al 60-70%.)

Tanmateix, aquesta condició pública es fonamenta i alhora desapareix rere la privacitat molt més publicitada de banquers i financers, advocats i industrials, executius i corporacions: del seu compromís filantròpic amb les organitzacions no lucratives depèn la funció educativa del museu.

Les subvencions públiques no admeten tanta publicitat. La deducció fiscal és invisible; les ajudes municipals van a parar als aspectes menys visibles del funcionament del museu: equipaments, serveis de manteniment i seguretat. No hi ha cap placa que digui: «Aquesta bombeta va ser donada al museu per la ciutat de Nova York.»

L'objectiu del museu és fer públic l'art, però només com a emblema de la privacitat burgesa, o sigui, fer pública la privacitat. Aquesta és, a parer meu, la funció educativa del museu.

Ara bé, la política americana sempre ha tingut aquesta lògica. Si ha d'existir la provisió pública per estabilitzar una població subjecta a les violentes oscil·lacions del capital, ha d'existir només com a promesa (mai com a dret), retraient-se perpètuament dins l'esfera privada. Històricament, aquest retraïment ha deixat un seguit d'institucions i organitzacions que operen en nom de l'educació pública.

Quan van començar a proliferar els museus d'art als Estats Units, durant l'últim quart del segle XIX, els limitats programes públics d'ajuda social que existien van ser sistemàticament des-

ANDREA FRASER

NOTES ON THE MUSEUM'S PUBLICITY

According to the National Endowment for the Arts, in order for an institution to qualify as a museum in the United States it must, among other things, have "permanent facilities open to the public on a regularly scheduled basis," and be "a non-profit tax-exempt organization."[1] The non-profit tax-exempt status of an art museum, even and particularly its income-generating activities, such as merchandising, depends on the museum's primary charitable purpose of "providing educational experiences for the public."[2] This educational purpose is conceived of as accomplished in the first instance, not in any actively educational programs or practices, but simply in the presentation of art to the public; not only "on a regularly scheduled basis" (like any commercial art gallery), but specifically by "a non-profit tax-exempt organization."

It would seem, then, that it is this non-profit tax-exempt status that qualifies an art work to be the object of the educational experiences on which this tax-exempt status depends.

This tautology can be broken by introducing a single displacement; it is not tax-exempt status as such that conditions the educational value of the art objects, but the philanthropic gestures through which those objects find their way into the non-profit sphere.

So I arrive at the rather contradictory logic of the private non-profit art museum's status as a public institution. The material condition of the art museum's is that it is publicly subsidized —directly through municipal support and state and Federal grants; indirectly through its tax-exempt status and the charitable deduction. (Under the Tax Reform Act of 1969 the tax-payer's share of every $ 1.000 donated to a tax-exempt organization was estimated at 60-70 %.)

Yet this publicity is predicated on, and at the same time concealed by, the much more highly publicized privacy of the bankers and financiers, lawyers and industrialists, executives and corporations, on whose philanthropic engagement in a non-profit organization the museum's educational function depends.

Public subsidy is allowed no such publicity. The charitable deduction is invisible; municipal support goes to the most menial, least visible aspects of the museum's functioning —utilities, building maintenance, and security. There are no plaques reading, "This light bulb was given to the museum by the city of New York."

The museum's purpose is to publicize art, but to publicize it only as an emblem of bourgeois privacy, in a sense, to publicize privacy. It is in this, I would say, that the museum's educational function consists.

But of course, this has always been the logic of American public policy. Public provision, if it must exist to stabilize a population subject to the violent vacillations of capital, should exist always only as a promise (never a right), perpetually retreating into the private sphere. Historically, this retreat has left a trail of institutions and organizations operating in the name of public education.

When art museums began to be established in numbers in the United States, in the last quarter of the 19th century, what limited public relief programs that existed were being systematically dismantled and privatized. Some of the proponents of privatization founded museums and libraries, others established Charity Organization Societies. Like museums, these Societies

PROSPECTE PRELIMINAR

Andrea Fraser es dedica a subministrar serveis artístics per a projectes concrets d'individus, institucions, fundacions, corporacions i programes públics d'art.

Els serveis que ofereix l'artista es divideixen en dues fases amb objectius diferenciats que cal acomplir seqüencialment. La primera fase és d'interpretació; la segona és d'intervenció. Un cop debatudes, aquestes fases procedeixen de maneres diferents segons el client i els seus interessos.

PER A INSTITUCIONS CULTURALS PÚBLIQUES O PRIVADES NO LUCRATIVES ADREÇADES AL GRAN PÚBLIC

Per als museus d'art públics o privats no lucratius, i d'altres institucions que col·leccionen i presenten art al gran públic, el servei que ofereix l'artista consisteix en una interpretació de les relacions de la institució amb el públic, i una intervenció referida a aquestes relacions.

Atès que les institucions no lucratives de caràcter públic i privat són, per llei, administradores de la propietat pública i actuen en nom de l'interès públic, l'artista considerarà aquest públic el seu client *de iure*. Els serveis que oferirà, doncs, s'adreçaran a aquest públic com a principal beneficiari. Tanmateix, cal dir que en molts casos aquest benefici públic s'efectuarà per mitjà de l'obra de l'artista seguint la línia que adopta la institució per realitzar la seva missió de servei públic.

L'objectiu primordial dels museus d'art públics i privats no lucratius és facilitar experiències educatives i estètiques al públic. Històricament, aquest objectiu s'ha definit com el desenvolupament d'una apreciació de l'art per part d'una població urbana que no hi està predisposada. En conseqüència, el compromís públic del museu s'ha confós sovint amb el compromís de donar suport i conservar la cultura que s'hi presenta, per més que el seu objectiu es defineixi per la suposició que el públic al qual s'adreça no s'identifica amb aquesta cultura.

Per als museus, es fa més difícil respondre a aquesta contradicció amb formulacions paternalistes del bé públic, per més que els conflictes que provoca tampoc no siguin més fàcils de resoldre. La principal obligació del museu és amb el públic o amb els artistes i les tradicions culturals que representen els patrons i els professionals que hi treballen? Quan els museus es decideixen a favor del públic i es disposen a abandonar les seves aliances culturals històriques, es poden trobar que s'identifiquen amb públics que no apareixen o fins i tot no existeixen. Una decisió a favor de la cultura del museu, en canvi, pot fer perdre a la institució el seu dinamisme així com la seva rellevància en la vida contemporània.

L'artista no es proposa resoldre aquests conflictes, sinó més aviat fer-los aflorar en l'esforç de la institució per acomplir la seva missió de servei públic. I pretén fer-ho convertint les contradiccions inherents d'aquesta missió en la base de les experiències educatives que procura el museu.

Nota: Atès que aquesta oferta se centra en el desenvolupament a llarg termini de les relacions d'una institució amb el seu públic, l'artista no acceptarà cap compromís en aquesta modalitat per a exposicions temporals o situacions excepcionals, com ara períodes en què hi ha parts significatives de la institució tancades al públic. Pel que fa a algunes institucions no dedicades

PRELIMINARY PROSPECTUS

Andrea Fraser is available to provide artistic services on a per project basis to individuals, institutions, foundations, corporations, and public art programs.

The services the artist offers consist of two phases under separate engagements to be provided in sequence. The first phase is interpretive; the second is interventionary. Following the initial discussions, these phases proceed differently according to the nature and interests of the client.

FOR GENERAL AUDIENCE PUBLIC OR PRIVATE NON-PROFIT CULTURAL INSTITUTIONS

For public or private non-profit art museums, and other general audience art collecting and presenting institutions, the service the artist offers consists of the interpretation of the institution's relations to its public, and an intervention with respect to those relations.

As public and private non-profit institutions are, under law, trustees of public property and proxies of public interest, the artist will consider this public to be her client de jure. The service the artist offers will thus be conceived with this public as its primary beneficiary. However, it is assumed that in most cases this public benefit will be effected through the artist's work on the manner in which the institution attempts to fulfill its public service mission.

The primary purpose of general audience public and private non-profit art museums is to provide educational and aesthetic experiences for the public. Historically, this purpose has been defined as the development of an appreciation of art on the part of urban populations not predisposed to it. Consequently, the museum's public commitment has often been indistinguishable from its commitment to support and conserve the culture it presents —even though its purpose is defined by the supposition that the public it addresses does not identify with that culture.

It has become more difficult for museums to answer this contradiction with paternalistic formulations of the public good, yet the conflicts which it produces have not gotten easier to resolve. Is the museum's primary obligation to its public, or to artists and the cultural traditions which museum patrons and professionals represent? When museums decide in favor of the public and set out to abandon their historical cultural allegiances, they may find themselves identifying with audiences which may not appear or even exist. A decision in favor of museum culture, on the other hand, may cost the institution its dynamism as well as its relevance to contemporary life.

The artist does not propose to resolve these conflicts, but rather to put them to use in the institution's effort to fullfill its public service mission. She proposes to do so by making the contradictions inherent in this mission the basis of the educational experiences the museum provides.

Note: As this offering focuses on the long term development of an institution's relations to its public, the artists will not accept an engagement under this prospectus for temporary exhibitions or exceptional situations, such as periods when significant parts of the institution are closed to the public. With some non-collecting institutions, young institutions, institutions without permanent facilities, engagements oriented towards specific contemporary art programs, and under certain additional circumstances, the artist may determine that the institution is addressing itself

al col·leccionisme, institucions joves, institucions sense instal·lacions permanents, accions orientades cap a programes específics d'art contemporani, i en algunes circumstàncies més, l'artista pot determinar que la institució no s'adreça tant a un públic general com a comunitats predisposades a la cultura que presenta. En aquests casos, l'artista remet al prospecte preliminar per a organitzacions culturals de base corporativa.

PRIMERA FASE

Per a les institucions culturals públiques o privades no lucratives adreçades al gran públic, la primera fase comença amb una visita de reconeixement a les principals instal·lacions de la institució i l'àrea circumdant. Durant aquesta primera visita o en visites posteriors, la primera fase es concretarà en una recerca dirigida per l'artista. La finalitat primordial d'aquesta recerca és arribar a una comprensió, en primer lloc, de la manera com la institució ha articulat el servei que proporciona al públic; en segon lloc, de la manera com ha definit el públic que es beneficia del seu servei; i, en tercer lloc, dels sectors de població als quals s'ha anunciat aquest servei. Es posarà una atenció especial en la disjunció entre els punts segon i tercer. En aquesta disjunció, l'artista hi situa el públic de la institució. L'artista no entén aquest públic ni empíricament —com a receptacle demogràficament definit de la publicitat de la institució— ni ideològicament —com a beneficiari retòricament evocat—, sinó dinàmicament, en la diferència entre aquell i aquest; és a dir, com una població que esdevé públic per mediació de la institució.

Aquesta recerca se centrarà en les publicacions passades i presents del museu, i també en les relacions públiques i el material educatiu. Pot ser que l'artista demani entrevistar-se amb els patrons i el personal del museu durant la primera fase, o bé mentre prepara la segona fase. El material de les entrevistes no serà utilitzat en presentacions públiques, publicat o distribuït per qualsevol altre mitjà sense el consentiment dels entrevistats.

La primera fase s'acabarà amb la presentació d'un informe on l'artista fa una interpretació de la seva recerca i d'una proposta concreta per a la segona fase. Si la proposta es considera irrealitzable, l'organització pot exigir una segona proposta. La presentació de la segona proposta conclourà la primera fase, al marge que l'organització decideixi continuar amb la segona fase o no.

Si bé la institució pot publicar l'informe i la proposta, o demanar a l'artista que ho faci, l'organització no té cap obligació de fer públic cap aspecte de la primera fase. L'artista tindrà els drets de reproducció corresponents a l'informe, les transcripcions i la proposta, però acceptarà algunes restriccions respecte a la seva publicació i distribució.

SEGONA FASE

La segona fase consisteix en la implementació de la proposta presentada al final de la primera fase, i està concebuda com una intervenció respecte a les condicions descrites a l'informe. Aquesta intervenció es pot adreçar a diverses funcions institucionals, que inclouen les relacions públiques, l'educació pública o els programes d'exposicions, i també la comercialització d'objectes i els esdeveniments especials. La intervenció pot adoptar formes habituals d'aquestes funcions: catàlegs i cartells; material addicional textual, d'àudio o de vídeo; funcions d'informació; conferències i visites guiades; i instal·lacions.

Qualsevol manifestació física permanent de la intervenció serà propietat de l'organització. Tanmateix, l'artista es reserva el dret de reproducció i publicació.

less to a general audience than to communities predisposed to the culture it presents. In such cases, the artist may refer the institution to the Preliminary Prospectus For Cultural Constituency Organizations.

THE FIRST PHASE

For general audience public or private non-profit cultural institutions, the first phase begins with a site visit to the principal facilities of the institution and the surrounding areas. During this initial visit or on a subsequent visit the first phase will proceed with research conducted by the artist. The primary aim of this research is to gain an understanding of, first, how the institution has articulated the service it provides for its public; second, how the institution has described the public benefiting from this service, and; third, the sectors of a population to which this service has been advertised. Particular attention will be paid to disjunction between the second and third points. It is in this disjunction that the artist locates the institution's public. The artist understands this public neither empirically as the demographically defined recipients of the institution's publicity, nor ideologically as its rhetorically evoked beneficiary, but dynamically in the difference between the former and the latter; that is, as a population becoming a public through the agency of the institution.

The main focus of the research will be past and present museum publications as well as public relations and public education material. The artist may also request to interview museum patrons and staff during the first phase, or in preparation for the second phase. Material from interviews will not be used in public presentations, published or otherwise distributed by the artist, without the consent of the interviewees.

The first phase will conclude with the submission of a report containing an interpretation by the artist of her research and a concrete proposal for the second phase. If the proposal is considered unworkable, the organization may request a second proposal. The submission of the second proposal will conclude the first phase, whether or not the organization opts to continue to the second phase.

While the institution may publish the report and the proposal, or direct the artist to do so, the organization is under no obligation to make any aspects of the first phase public. The artist will retain the copyrights to the report, transcripts and proposal but will accept certain restrictions regarding their publication and distribution.

THE SECOND PHASE

The second phase consists of the implementation of the proposal submitted at the conclusion of the first phase, and is conceived as an intervention with respect to the conditions described in the report. This intervention may be directed towards different institutional functions, including public relations, public education or curatorial programs, as well as merchandising and special events. The intervention may take up forms usual to these functions, such as catalogues and posters; supplementary audio, video or textual material; information desk responses; lectures and tours; and installations.

Any permanent physical manifestation of the intervention will belong to the organization. However, the artist will retain rights to reproduction and publication.

PROSPECTE PRELIMINAR

Andrea Fraser es dedica a subministrar serveis artístics per a projectes concrets d'individus, institucions, fundacions, corporacions i programes públics d'art.

Els serveis que ofereix l'artista es divideixen en dues fases amb objectius diferenciats que cal acomplir seqüencialment. La primera fase és d'interpretació; la segona és d'intervenció. Un cop debatudes, aquestes fases procedeixen de maneres diferents segons el client i els seus interessos.

PER A ORGANITZACIONS CULTURALS DE BASE CORPORATIVA

El servei que es descriu al present prospecte s'adreça a fundacions culturals públiques i privades no lucratives, a associacions i col·legis professionals, i també a les galeries d'art comercials. Totes aquestes entitats es poden definir amb el terme d'«organitzacions de base corporativa», en el sentit que s'han fundat per servir, primordialment i directament, una comunitat professional o bé un grup d'afiliats. Una organització de base corporativa, segons aquesta definició, pot ser de caràcter públic o privat; pot tenir una orientació comercial o no lucrativa; i pot comprendre o no espais dedicats a l'art. A més, alguns museus d'art adreçats al gran públic poden operar com a organitzacions de base corporativa en determinades circumstàncies –per exemple, en exposicions panoràmiques d'art contemporani– o en general, com els museus que s'adrecen a un públic predisposat a la cultura que presenten.

Històricament, les institucions culturals públiques i privades no lucratives adreçades al gran públic es fundaven per educar un públic en una cultura a la qual aquest públic no estava predisposat; és a dir, per reformar la cultura d'un públic determinat. Les organitzacions de base corporativa, en canvi, operen com a llocs de reproducció de les comunitats que es proposen servir. Si la dinàmica generada per les institucions adreçades al gran públic es pot qualificar d'interclassista, les relacions en joc dins d'aquest tipus d'organitzacions són intraclassistes. Similarment, mentre que aquelles es guien per l'interès d'imposar una hegemonia dins de l'esfera pública, aquestes es defineixen pels esforços de mantenir o millorar la posició d'un mateix respecte als altres integrants de la comunitat.

Per a les organitzacions de base corporativa que serveixen comunitats de productors i consumidors culturals (tant si es limiten a mirar com si compren), aquestes relacions intraclassistes tendeixen a manifestar-se en lluites competitives sobre els valors la legitimitat dels quals afirma l'organització. Si bé aquestes lluites competitives poden suposar avenços temporals a força de precipitar la redistribució d'aquests valors, els cicles inflacionistes que engendren debiliten qualsevol guany.

La reproducció cultural, doncs, sovint comporta cicles continus de competitivitat entre els membres constituents i també entre les organitzacions. Ara bé, mentre que tots dos –membres constituents i organitzacions– pateixen aquestes condicions, les organitzacions poden tenir més interès a perpetuar-les, fins al punt que la competitivitat manté la demanda de les propietats que les organitzacions posen en circulació.

PRELIMINARY PROSPECTUS

Andrea Fraser is available to provide artistic services on a per project basis to individuals, institutions, foundations, corporations, and public art programs.

The services the artist offers consist of two phases under separate engagements to be provided in sequence. The first phase is interpretive; the second is interventionary. Following the initial discussions, these phases proceed differently according to the nature and interests of the client.

FOR CULTURAL CONSTITUENCY ORGANIZATIONS

The service described in the present prospectus is oriented towards public and private non-profit cultural foundations, and membership and advocacy organizations, as well as commercial art galleries. These diverse entities may be described as "constituency organizations" to the extent that they are founded primarily and directly to serve a professional community or a non-professional subscribing membership. A constituency organization under this definition may be public or private in governance; commercial or non-profit in orientation; it may or may not run an art presenting facility. In addition, some general audience art museums may be found to function as constituency organizations under particular circumstances, for example, during contemporary art survey exhibitions; or generally, such as museums addressing publics conceived as predisposed to the culture they present.

Historically, general audience public and private non-profit cultural institutions were founded to educate a public in a culture towards which that public was not predisposed; that is, to reform a public's culture. Constituency organizations, in contrast, function as sites of the reproduction of the communities they propose to serve. If the dynamics generated by general audience institutions can be described as inter-class, the relations at stake in constituency organizations are intra-class. Similarly, while the former are driven by an interest to impose hegemony within a public sphere, the latter are defined by efforts to maintain or improve one's position vis-a-vis the other constituents of the community.

For constituency organizations serving communities of cultural producers and cultural consumers (whether lookers or buyers), these intra-class relations tend to be manifest in competitive struggles over the values whose legitimacy the organization affirms. While such competitive struggles may provide temporary advancement by precipitating the redistribution of these values, the inflationary cycles they engender render any gains fragile.

Cultural reproduction, then, often entails continuous competitive cycles among constituents as well as between organizations. It isn't pretty. But while both constituents and organizations suffer from such conditions, organizations may have a greater interest in their perpetuation to the extent that the competition maintains the demand for the properties which the organizations put into circulation.

PRIMERA FASE

Per a fundacions culturals públiques o privades no lucratives, associacions, col·legis professionals i galeries d'art comercials, la primera fase comença amb una visita de reconeixement a les principals instal·lacions de l'organització. Les organitzacions públicament actives en localitats concretes hauran de programar una visita més àmplia a fi que l'artista es pugui familiaritzar amb l'àrea circumdant.

Durant aquesta visita inicial o en visites posteriors, la primera fase consistirà en una recerca dirigida per l'artista. Malgrat que pot anar acompanyada de material escrit, la recerca se centrarà en entrevistes amb els membres del personal, l'equip administratiu, l'equip directiu o els clients de l'organització. L'objectiu d'aquestes entrevistes és el discerniment dels valors particulars –béns, disposicions, competències– que circulen entorn de l'organització i el caràcter de la competitivitat que generen. En la majoria dels casos, l'artista demanarà que la persona responsable del projecte per part de l'organització participi en aquestes converses. Malgrat que la finalitat primordial de les entrevistes sigui generar material que serveixi de base per a una interpretació i una proposta, les experiències de l'artista han demostrat que aquestes converses enregistrades sovint tenen l'atractiu afegit de fomentar la comunicació dins de l'organització.

L'organització tindrà la responsabilitat de facilitar transcripcions acurades de les entrevistes, sobre les quals treballarà l'artista. Els textos resultants constituiran una interpretació de les relacions posades de manifest a les entrevistes.

La primera fase s'acabarà amb la presentació del text elaborat per l'artista i d'una proposta concreta per a la segona fase. Si la proposta es considera irrealitzable, l'organització pot exigir una segona proposta. La presentació de la segona proposta conclourà la primera fase, al marge que l'organització decideixi continuar amb la segona fase o no.

Si bé l'organització pot publicar les transcripcions, el text o la proposta de l'artista, o demanar-li que ho faci, no hi ha cap obligació de fer públic cap aspecte de la primera fase. Això no obstant, la proposta de l'artista per a la segona fase pot incloure la presentació pública d'una part del material de les entrevistes.

L'artista tindrà els drets de reproducció corresponents a l'informe, el text i la proposta, però acceptarà algunes restriccions respecte a la seva publicació i distribució.

SEGONA FASE

La segona fase consisteix en la implementació de la proposta presentada al final de la primera fase, i està concebuda com una intervenció respecte a les condicions descrites al text elaborat per l'artista. Aquesta intervenció es pot adreçar a les relacions entre els càrrecs o el personal de l'organització; les relacions entre l'organització i els seus membres constituents; i els mecanismes de legitimació de les propietats que circulen entorn de l'organització.

Qualsevol manifestació física permanent de la intervenció serà propietat de l'organització. Tanmateix, l'artista es reserva el dret de reproducció i publicació.

FIRST PHASE

For public and private non-profit cultural foundations and membership and advocacy organizations, and for commercial art galleries, the first phase begins with a site visit to the principal facilities of the organization. Organizations publicly active in particular localities should also plan to accommodate an extented visit so that the artist can familiarize herself with the surrounding areas.

During this initial visit, or on a subsequent visit, the first phase will proceed with research conducted by the artist. Although it may also encompass written material, the research will be conducted primarily through interviews with members of the organization's staff, board of directors, or clients. The aim of these interviews is to gain an understanding of the particular values –goods, dispositions, competencies, etc.– in circulation around the organization, and the nature of the competition they occasion. In most cases the artist will request that the staff member responsible for the project participate in these conversations. While the primary aim of the interviews is to generate material on which to base an interpretation and proposal, the artist's experiences have shown that the recorded conversations themselves often provide the benefit of encouraging communication within the organization.

The organization will be responsible for producing precise transcripts of the interviews, which the artist will then edit together into constructed texts. These texts will be the form an interpretation of the relations manifest in the interviews.

The first phase will conclude with the submission of the constructed text and a concrete proposal for the second phase. If the proposal is considered unworkable, the organization may request a second proposal. The submission of the second proposal will conclude the first phase, whether or not the organization opts to continue to the second phase.

While the institution may publish the transcripts, constructed text, proposal, or direct the artist to do so, it is under no obligation to make any aspect of the first phase public. However, the artist's proposal for the second phase is likely to include the public presentation of some interview material.

The artist will retain the copyrights to the transcripts, constructed text and proposal, but will accept certain restrictions regarding their publication and distribution.

THE SECOND PHASE

The second phase consists of the implementation of the proposal submitted at the conclusion of the first phase, and is conceived as an intervention with respect to the conditions manifest in the constructed text. The intervention may be directed towards: relations among the officers or staff of the organization; relations between the organization and its constituency; and the mechanisms of legitimazing of the properties in circulation around the organization.

Any permanent physical manifestation of the intervention will belong to the organization. However, the artist will retain the rights to reproduction and publication.

Cilindre de vidre reflectant a l'interior d'un cub i sala de vídeo: Parc per al terrat del Dia Center for the Arts (1991)

Aquest projecte es proposava reconfigurar la funció de l'espai museístic del Dia Center for the Arts de Nova York, fent-ne un espai d'exposició social i artístic que alhora funcionés com una obra d'art autònoma dins el programa existent del Dia, d'artistes d'élite que realitzaven una obra perfecta en unes condicions ideals.

La peça és alhora una eina òptica i una modificació arquitectònica d'un terrat que no es feia servir, i enriqueix el complex expositiu del Dia Center for the Arts amb una varietat de noves funcions.

Els espais del Dia Center s'havien utilitzat prèviament com a espais expositius interiors «ideals» per a la meditació, destinats a «grans» obres d'art o instal·lacions concebudes per ser observades per espectadors individuals en unes condicions expositives òptimes. La meva obra necessita un públic ampli, en què tothom sigui tan conscient de la mirada de l'altre com de la pròpia sobre unes obres d'art exteriors, immerses en unes condicions solars i celests que canvien contínuament.

L'obra consisteix en un parc a l'aire lliure construït al terrat, un espai de performance, observatori/cambra fosca/enginy òptic/sala de vídeo i cafeteria/espai amb múltiples possibilitats d'ús.

Al mig del terrat, s'hi alça una plataforma de fusta, com un empostissat, que conté un cilindre fet de vidre reflectant de doble cara amb una porta que permet l'accés dels espectadors a l'interior. La vista interior els mostra una imatge anamòrfica còncava i expandida d'ells mateixos contra el cel i el paisatge urbà. La vista exterior els mostra una imatge anamòrfica convexa d'ells mateixos.

Envoltant aquesta plataforma elevada, hi ha un cub de vidre reflectant de doble cara. El cilindre es troba al bell mig del cub, i té les mateixes dimensions que qualsevol dipòsit d'aigua de la ciutat de Nova York. Reflecteix l'horitzó que l'envolta fent un angle de 360 graus. El cub representa la quadrícula urbana del traçat de carrers del centre de Nova York.

La dialèctica entre la percepció d'un mateix i d'altres cossos que s'autoperceben fa que l'espectador prengui consciència de la seva entitat com a cos, com a subjecte perceptiu, aïllat de la resta del públic. És el fenomen invers a la pèrdua del «jo» que es produeix quan un espectador contempla una obra d'art convencional cap a la qual es projecta mentalment el «jo», que així s'identifica amb

Two-Way Mirror Cylinder Inside Cube and Video Salon: Rooftop Park for Dia Center for the Arts (1991)

This project took as its program the re-configuration of the function of the museum space of the Dia Center for the Arts in New York City as a social and artistic showing space, while at the same time it functioned as an autonomous art work within the existing Dia program of elite artists realizing perfect works under ideal conditions.

The piece is both an optical device and architectural modification of a previously unused roof top, giving the Dia exhibition complex a variety of new functions.

The Dia spaces had previously been used as interior, meditative, "ideal" showing spaces for "great" art works or installations meant to be viewed by single spectators, under prime showing conditions. My work necessitates a large public audience aware of each other's, as well as their own, gazes at the art works under continually altering outdoor solar and sky conditions.

The work is an open-air, roof-top park, performance space, observatory/camera obscura/optical device/video and coffee bar/lounge, with multi-use possibilities.

In the center of the roof is a raised boardwalk-like wooden platform containing a 2-way mirrorized cylinder with a door allowing spectators to enter its interior. The interior view shows spectators a concave/enlarged anamorphic view of themselves against the sky and urban landscape. The exterior view shows spectators a convex anamorphic views of themselves.

At the margin of the raised platform is a 2-way mirror cube. The cylinder is centered on and has the same dimension as an overhead New York City wooden water tower. It reflects the 360 degree surrounding sky horizon-line. The cube represents the urban grid of the New York mid-town street plan.

There is a dialectic between the perception of oneself and other bodies perceiving themselves, making the spectator conscious of him or herself as a body, as a perceiving subject, in isolation from an audience. This reverses the usual loss of "self" that occurs when a spectator looks at a conventional work of art, where the "self" is mentally projected onto and therefore identified with the subject of the art. My sculpture/pavilions call attention to the look of the spectator who becomes the subject of the work. A 2-way mirror and steel structure is an analogue of the surrounding city. The 2-way mirror has "cinematic" special effects.

DAN GRAHAM

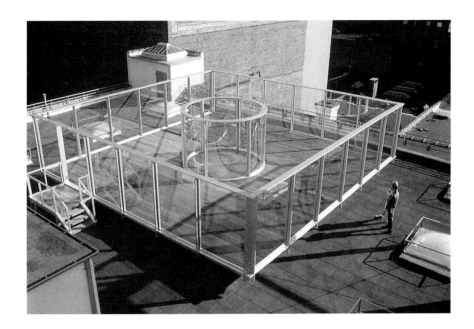

el subjecte de l'art. Els meus pavellons-escultura desplacen l'atenció cap a la mirada de l'espectador, que esdevé el subjecte de l'obra. El vidre reflectant i l'estructura d'acer constitueixen una analogia de la ciutat que l'envolta. El vidre té efectes especials «cinemàtics».

Els meus pavellons-escultura al·ludeixen als edificis d'oficines moderns. Però, si bé les façanes de vidre dels edificis d'oficines construïts als anys vuitanta només són reflectores per la cara exterior (reflecteixen el cel i altres façanes) i no permeten la penetració visual de l'espectador a l'interior, sinó que donen una visió transparent de l'exterior a qui mira des de dintre, els meus pavellons subjectivitzen aquesta relació unilateral a base de ser igualment transparents i reflectors per dintre i per fora. Els canvis de llum produïts pel pas dels núvols alteren contínuament la reflexió relativa contra la transparència de cada cara.

El pla del terrat del Dia Center al·ludeix també a les galeries assolellades que eixamplen els vestíbuls dels edificis d'oficines dels anys vuitanta amb una sala de vídeo i cafeteria que aprofita un espai d'emmagatzematge ja existent al terrat. La part central està elevada perquè es vegin millor el riu Hudson i el perfil de la ciutat, que es distingeix més amunt de la prominència de la cúpula amb claraboia.

La meva obra exigeix un públic ampli i socialment conscient de la seva condició, contràriament als interiors meditatius creats al Dia Center durant els anys setanta i vuitanta, amb una bona il·luminació artificial que garantia una visibilitat perfecta.

Programàticament, també he pretès que la meva «instal·lació» modifiqués el funcionament del Dia Center

My sculpture/pavilions allude to modern office buildings. The 80's corporate office building's 2-way mirror glass facades are one-way reflective on the outside (reflecting the sky and other building facades) and do not allow visual penetration by the spectator of the interior, but give the interior viewer a transparent view of the exterior. My pavilions subject this one-way relation to a serious transformation, being equally transparent and reflective on both inside and outside. The changes in overhead sunlight affected by altering cloud-cover continuously alter the relation between reflectivity and transparency of each side.

The Dia roof plan alludes to the solar lighted atriums extending 1980's corporate office building lobbies with a video/coffee lounge developed from an existing roof storage space. The central area is raised to give a better view of the Hudson River and the surrounding city skyline above the obtrusive existing skylight domed top.

My work requires a large, socially self-aware public audience, in contradiction to Dia's 1970's '80's meditative interior, with its artificially well-lighted perfect viewing condition.

Programmatically I also intended my "installation" to modify Dia's function, in order to initiate its transition into a '90's merging of 70's alternative space –like its geographically adjacent neighbor, The Kitchen, which featured work by a large variety of artists working in video, performance and music–, with the 80's corporate atrium "museum" spaces –like the IBM Atrium or the Wintergarden in the New Financial Center in Battery Park City, which also incorporated park-like settings and coffee and pastry bar concessions. To facilitate the historical

i iniciés un procés de transició cap a un espai alternatiu dels noranta, directament connectat amb propostes dels setanta com les del seu veí geogràficament adjacent, *The Kitchen* –que va presentar obres d'una gran quantitat d'artistes en l'àmbit del vídeo, la performance i la música–, i amb els espais museístics dels vuitanta com l'IBM Atrium o el *Wintergarden* del New Financial Center, a Battery Park City, que també incorporava zones d'esbarjo i cafeteria. Per facilitar els vincles històrics amb els vídeos, la música i les performances presentades en espais com *The Kitchen*, vaig organitzar un programa al Dia Center d'adquisició i exhibició de vídeos sobre música, performance, animació i arquitectura, seleccionats per especialistes convidats.

La meva idea de dissenyar uns mobles inflables elaborats amb vidre reflectant, destinats a l'interior (sala de vídeo i cafeteria), que transmetessin una sensació de suavitat, de corporeïtat intersubjectiva, anàloga als efectes de «duresa» de les superfícies de vidre reflectant, de moment no s'han pogut realitzar, però s'està estudiant la manera de fer-ho.

links to video, music and performance works featured in spaces such as The Kitchen, *I organized a program at Dia which purchases and screens an archive of videos selected by guest curators focusing on music, performance, animation and architecture.*

My original plans for the design of indoor (coffee/video lounge) inflatable 2-way mirror furniture, giving a soft, intersubjective body feeling analogous to the "hard" effects of the 2-way mirror glass surfaces, has proved temporarily unrealizable, but is still being researched.

DAN GRAHAM

Cilindre de vidre reflectant de doble cara a l'interior d'un cub i sala de vídeo

La ciutat com a museu

Cap al 1810, la ciutat de París s'estava transformant en una exposició pensada per a l'educació d'una classe mitjana emergent: «una col·lecció de recordatoris permanents» de la grandesa i la continuïtat històriques «de la nació francesa, però també de la contribució comparable (tot i que lleugerament inferior) d'una Europa en gran mesura subjugada». Tots els governants, de Napoleó ençà, van utilitzar els nous bulevars, amplis, amb rotondes i places, per transformar París en un museu a l'aire lliure. Aquesta és potser la primera aparició d'un tema recurrent al segle XIX, en el qual «la ciutat com a museu... [era] un concert positiu de cultura i educació... una benèvola font d'informació desordenada però seleccionada amb rigor... La ciutat com a museu conciliava... el decòrum clàssic... [amb]... l'impuls liberal... i el lliure comerç». París, i més endavant el Munic de Ludwig I, eren certament ciutats de «lliure comerç» i «acompliment del desig», «amuntegaments de vestigis grecs i italians, d'uns quants fragments nòrdics, d'un entusiasme tecnòfil esporàdic, d'un breu coqueteig, potser, amb les restes sarraïnes de Sicília».[1] A mesura que la ciutat passava a mans d'un nombre creixent de propietaris privats individuals, el reialme públic es va diluir en un sistema fragmentat d'edificació. La ciutat com a museu es va tancar dins la seva estructura arquitectònica separada.

El museu tancat

Els museus nacionals burgesos com a institució educativa es van desenvolupar simultàniament a la transformació de les grans ciutats en un museu a l'aire lliure.

Entre el 1796 i el 1800, Alexandre Lenoir, el principal propagandista del museu nacional, va conservar la seva col·lecció a la capella d'un convent abandonat. Aquesta col·lecció, que es va convertir en el prototip de col·lecció nacional francesa, dividia la història de la cultura francesa en èpoques, amb una unitat temporal bàsica de cent anys. A cada sala o «segle» se li donava el «caràcter, la fesomia exacta del segle que havia de representar».[2] Així doncs, les parets de la sala s'enriquien amb trossos de finestres, portes o altres elements decoratius interiors que havien sobreviscut per augmentar-ne l'autenticitat. El museu tancava els seus tresors per raons de seguretat, però, en última instància,

Two-Way Mirror Cylinder Inside Cube and Video Salon: Rooftop Park for Dia Center for the Arts

The city as Museum

By 1810, the city of Paris was becoming an exhibition designed for the education of the emerging middle class: "a collection of permanent reminders" of the historical greatness and continuity of "the French nation, but also, of the comparable [though surely slightly less] contribution of a mostly subservient Europe." New, open boulevards with civic squares and plazas were used by rulers from Napoleon onward to transform Paris into an outdoor museum. This is perhaps the first appearance of a recurrent nineteenth century theme, wherein "the city as a museum... [was] a positive concert of a culture and education... as a benevolent source of random but carefully selected information... The city as a museum mediated... classical decorum... [with]... liberal impulse... and free trade." Paris, and then Ludwig I's Munich, were indeed cities of "free trade" and "wish fulfillment," "assemblage[s] of Greek and Italian mementos, of a few Nordic fragments, of a sporadic technophile enthusiasm, of maybe a brief flirtation with the Sarracenic remains of Sicily."[1] As the city became subject to a large number of individual private owners, the public realm was lost to a fragmented system of building. The city as museum became enclosed in its separate architectural structure.

The Enclosed Museum

The bourgeois national museum as an educational institution developed simultaneously with the capital city's evolution into an outdoor museum.

Between 1796 and 1800, Abbé Alexandre Lenoir, the chief propagandist for the national museum, originally housed his collection in the church of an abandoned convent. This became the proto-type of a French national collection and divided French cultural history into epochs, with one-hundred years as the basic time unit. Each room, or "century," was given the "character, the exact phisiognomy of the century it should represent."[2] Fragments of surviving windows, doors, and other interior decor were added to the surface of the room's walls to support its authenticity. The museum enclosed its treasures for reasons of security –but it's defining purpose was to display to the general public the aristocratic good taste of its bourgeois patron.

el que pretenia era mostrar al públic en general el bon gust aristocràtic dels seus patrons burgesos.

Galeries i hivernacles

Mentre Haussmann es dedicava a racionalitzar políticament el pla urbanístic del París de començament del segle XIX per posar ordre, higienitzar i enjardinar un entorn superpoblat i ple de brutícia, es construïen carrers artificials o galeries per al comerç. Segons Walter Benjamin... aquestes galeries amb arcades de ferro i sostre de vidre, destinades a l'exposició de béns de consum, eren un món de somni en el qual «la consciència individual cau en un son cada cop més profund. Però així com la persona que dorm... inicia un viatge microcòsmic a través del seu cos, i els sons i les sensacions del seu interior generen al·lucinacions o imatges oníriques que tradueixen i expliquen [aquestes sensacions], passa el mateix amb el col·lectiu adormit que s'endinsa en el seu interior».[3]

Precursores dels palaus de vidre construïts per a les exposicions universals i dels grans magatzems, aquestes galeries exhibien béns de consum en un escenari de somni, mentre que les superfícies de vidre reflectien els cossos i la mirada dels consumidors sobre la pàtina brillant de les mercaderies. La imatge parcialment reflectida i projectada d'una manera narcisista sobre el producte refermav a la sensació d'incompletesa del comprador. Benjamin considerava els béns de consum com la creació d'un somni de renovació contínua: cada nou producte feia que l'espectador s'oblidés del producte, idea o estil devaluats (passé). Els productes industrials s'exhibien com si fossin obres d'art, i així insinuaven un món futur accessible a la classe mitjana gràcies al progrés tecnològic.

Els hivernacles, que formaven part dels palaus de vidre, es conservaven un cop acabada l'exposició. A diferència de les galeries, es van desenvolupar com a refugis temporals naturals per resguardar-se de la vida quotidiana, antídots de la congestió urbana i de la corrupció industrial de l'entorn. Els hivernacles, per més que tenien una identitat separada, estaven emparentats amb les galeries comercials i els palaus de vidre, aquells enormes edificis de ferro i de vidre que acollien les exposicions universals. Tots dos eren rèpliques d'un món dins un món.

L'ús del vidre reflectant als edificis comercials

Les finestres de vidre transparent dels edificis d'oficines de postguerra deixaven el seu interior a la vista de tothom. Cap als anys setanta, però, aquestes finestres es van substituir per finestres de vidre reflectant. Aquesta nova façana reflectia l'entorn exterior i permetia que els de dintre veiessin l'exterior sense ser vistos des de fora.

Arcades and Wintergardens

While Haussmann was politically rationalizing the street plan of early nineteenth century Paris to bring militia as well as hygienic air and greenery into formerly overcrowded, polluted environs, artificial streets or passages were being built for shoppers. For Walter Benjamin... these glass-roofed shopping arcades, devoted to the display of commodities, were a dream world in wich "individual consciousness sinks into ever-deeper sleep. But just as the sleeping person... sets out on the microcosmic journey through his body, and the sounds and feelings of his own insides generate hallucinations or dream-images which translate and explain [these sensations], so it is too with the dreaming collective which sinks into its own innards."[3]

Precursors of the Crystal Palace world expositions and the department store, the arcades displayed products in dreamlike mirrored settings, while glass surfaces reflected the consumers body and gaze onto the sheen of lighted goods. The partially reflected image projected onto the product narcissistically identified the shopper's sense of incompleteness. Benjamin saw commodities as the creation of a dream of ever-newness, each new product causing the spectator to forget the devalued past (passé) commodity, idea, or fashion. Industrial goods were displayed as if they were artworks, suggesting a future world soon available to the middle class through technological progress.

The Wintergardens which were part of the Crystal Palaces would remain after the expositions were dismantled. They developed instead as natural temporary refuges or respites from everyday life, antidotes to congestion and industrial corruption of the environment. Wintergardens were related to, but had a separate identity from, commercial shopping arcades and Crystal Palaces, those massive glass and steel homes of world expositions. Both were replicas of a world within a world.

The Use of Two-Way Mirror Glass in Corporate Office Buildings

While postwar use of transparent glass windows for the corporate office buildings made its function and employees visible to the public, by the seventies, two-way mirrored windows had replaced transparent windows. This new corporate facade reflected the outside environment while allowing employees the security of an unseen view of the outside.

Two-way mirrored glass and the use of solar cells to energize the atrium buildings were part of the 2001-space-capsule style. The corporate edifice, reflecting the exterior environment, could then be identified with the sky. The building's outer skin reflected sunlight and heat,

El vidre reflectant i l'ús de plaques solars per dotar d'energia els edificis amb atri formava part de l'estil de càpsula espacial popularitzat per *2001*. L'edifici comercial, en reflectir l'entorn exterior, es podia identificar amb el cel. La capa més externa de l'edifici reflectia la llum solar i l'escalfor alhora que en conservava l'energia, i la façana s'interpretava i operava en termes «ecològics».

El Park Avenue Atrium

Dissenyat per Edward Durell Stone Associates el 1983, el Park Avenue Atrium de Nova York és un jardí interior amb plantes i flors que creixen en jardineres d'acer inoxidable polit de manera que emmirallen anamòrficament l'entorn.

Les parets laterals estan revestides de vidre reflectant i acer polit, en una complexa geometria de formes cristal·lines que brillen amb el sol. La qualitat de la llum canvia constantment amb el moviment del sol i dels núvols. En un intent de recuperar el glamour de la tecnologia a base de combinar-la amb el medi ambient, aquest tipus d'arquitectura urbana nega la crítica de la tecnologia que fa el moviment ecològic.

El Park Avenue Atrium és un dels parcs interiors més futuristes de Nova York. A més de les superfícies de vidre i d'acer, hi ha uns ascensors de vidre que pugen i baixen per les parets i projecten els visitants cap al cel.

Com l'interior d'una càpsula espacial, o el món artificial que descriu Arthur C. Clarke a la novel·la *Rendezvous with Rama*, aquest món té «forma de bol», com un «pou gegantí... un cilindre enorme, amb unes superfícies de metall perfectament allisades... sense cap juntura aparent... que escupen la llum [mentre,] enllà d'aquest petit oasi de llum, la terra s'alça per trobar-se amb el cel, per esdevenir el cel».

Quan els ascensors de vidre transparent del Park Avenue Atrium ascendeixen per la llampant superfície metàl·lica, s'acosten a les plaques d'energia solar del sostre. Tant si puja com si baixa, l'espectador pot veure en seqüència vertical un equivalent del segle XX de la perspectiva horitzontal creada en els jardins barrocs amb les fileres d'arbres o *allées*.

L'atri com a museu

L'atri i el museu de l'edifici de la IBM combina la seguretat de l'hivernacle interior amb el bar i l'espai destinat a activitats diverses. Un cop més, les càmeres de vigilància i els guardes jurats en garanteixen la seguretat. L'atri funciona essencialment com un vestíbul per a l'espai subterrani que ocupa el contigu Museu de la Ciència i de l'Art, i assenyala un altre estadi en l'espai corporatiu, quan l'esponsorització dels museus

conserving energy, and the facade read and functioned as "ecological."

Park Avenue Atrium

Designed by Edward Durell Stone Associates in 1983, New York's Park Avenue Atrium is an indoor garden with plants and flowers growing in polished stainless steel planters which anamorphically mirror the environment.

Side walls are sheathed in reflective glass and polished steel, in a complex geometry of crystalline forms which shine in the sun. The quality of the light constantly changes with the movement of sun and clouds. Attempting to restore technology's glamour by combining it with environmentalism, this kind of urban architecture denies the critique of technology presented by the ecology movement.

The Park Avenue Atrium is among the most futuristic of the indoor parks in New York. In addition to its glass and steel surfaces, glass-walled elevators shoot up and down its walls, hurling visitors toward the sky.

Like the interior of a space capsule, or the artificial world that Arthur C. Clarke describes in his novel Rendezvous with Rama, *this world was "bowl-shaped," like "a gigantic well... a huge cylinder [whose] perfectly smooth... apparently seamless metal surfaces... shot light back [while] beyond this little oasis of light the land rose up to meet –no, become– the sky."*

As the Park Avenue Atrium's transparent glass elevators ascend the streamlined metallic surface, they approach the solar energy cells at the ceiling. Ascending or descending, a spectator is able to see in vertical sequence a twentieth century equivalent of the horizontal perspective similar to that created in the Baroque gardens by hedge allées.

The Atrium as Museum

The IBM Atrium and Museum combines the security of the interior Wintergarden with the cafe/sandwich bar and performance space. Again public safety is ensured by corporated surveillance cameras and guards. The atrium functions essentially as a lobby for the attached, underground Museum of Science and Art, and marks another moment in corporate space, when corporate sponsorship of public museums became common in New York in the seventies. During this period, various de-centralized branches of the Whitney Museum were given homes in the lobbies of corporate buildings.

Conclusion

Ecological concerns of the Seventies generated a new cultural ethos that did not accept the idea of "progress,"

públics per part de les corporacions es va generalitzar a Nova York durant els anys setanta. En aquest període, diverses branques descentralitzades del Whitney Museum es van instal·lar als vestíbuls d'edificis corporatius.

Conclusions

Les preocupacions ecològiques dels anys setanta van generar un nou *ethos* cultural que no acceptava la idea de «progrés», amb el seu imperatiu d'experimentar amb la natura per tal de crear un futur de renovació contínua. En conseqüència, les actituds que afavorien la conservació dels recursos naturals es van equiparar a la conservació del passat. Aquests canvis en la perspectiva social es van reflectir culturalment en la moda de les «recreacions» històriques del passat que va caracteritzar la dècada dels setanta.

Malgrat que la tasca de l'obra d'art o l'arquitectura no consisteix a resoldre el conflicte social o ideològic en una bella creació, ni tampoc a construir un nou contracontingut ideològic, l'obra d'art reclama una atenció directa a les zones d'unió entre les diverses representacions (cosa que posa de manifest la conflictiva varietat de lectures ideològiques).[4] Per fer-ho, l'obra utilitza una forma híbrida, que participa de múltiples capes de significat: el codi popular dels mitjans de comunicació i el codi «culte» de l'art/arquitectura; el codi popular de l'entreteniment i l'anàlisi política de base teòrica de la forma; i, finalment, el codi de la informació al costat del codi estètic formal. En algun lloc entre l'art i l'arquitectura, aquesta forma híbrida reflexiona sobre la situació de totes dues disciplines.

with its imperative to experiment with nature in order to create an ever-new future. In consequence, attitudes favoring conservation of natural resources went along with conservation of the past. These changes in social perspective were reflected culturally in the seventies fashion for "historical" recreations of past decades.

Though the task of the work of art or architecture is not the resolution of social or ideological conflict in a beautiful artwork, nor the construction of a new ideological counter-content, the artwork does direct attention to the seams in various representations (revealing the conflicting variety of ideological readings).[4] To do this the work uses a hybrid form, one which partakes of multiple layers of meaning: the popular code of mass media and the "high" code of art/architecture; the popular code of entertainment and a theoretically based political analysis of form; and finally, the code of information alongside the esthetically formal. Somewhere between art and architecture this hybrid form comments on the situation of both.

NOTES

1. Anthony Vidler, "Promenades for Leisure," Oppositions (Spring 1977-78): 4-9.

2. Alexandre Lenoir, quoted in Anthony Vidler, The Writing of the Walls (Princeton: Princeton Architectural Press, 1987): 170.

3. Quoted in Susan Buck-Morss, "Benjamin's Passagen-Werks Redeeming Mass Culture for the Revolution," New German Critique 29 (Spring/Summer 1983): 216-217.

4. Dan Graham, "Art in Relation to Architecture/Architecture in Relation to Art," Artforum XVII, 6 (February 1979): 29.

NOTES

1. Anthony Vidler, «Promenades for Leisure», *Oppositions* (primavera 1977-1978): 4-9.

2. Alexandre Lenoir, citat per Anthony Vidler, *The Writing of the Walls* (Princeton: Princeton Architectural Press, 1987): 170.

3. Citat a Susan Buck-Morss, «Benjamin's Passagen-Werk: Redeeming Mass Culture for the Revolution», *New German Critique* 29 (primavera/estiu 1983): 216-217.

4. Dan Graham, «Art in Relation to Arquitecture/Architecture in Relation to Art», *Artforum* XVII, 6 (febrer 1979): 29.

EXTRET DE DAN GRAHAM, *TWO-WAY MIRROR CYLINDER INSIDE CUBE AND VIDEO SALON* (NOVA YORK, 1992*)*.

EXCERPT FROM DAN GRAHAM, TWO-WAY MIRROR CYLINDER INSIDE CUBE AND VIDEO SALON *(NEW YORK, 1992)*.

Tres cubs units / Disseny interior per a una sala de projecció de vídeos (1986)

Three Linked Cubes / Interior Design for Space Showing Videos (1986)

Tres cubs units, una sèrie de compartiments rectangulars amb una cara oberta i parets laterals on s'alternen el vidre reflectant de doble carai el vidre transparent, té una identitat dual. Situat a l'exterior, és un pavelló obert il·luminat pel sol; situat a l'interior, es transforma en *Disseny interior per a una sala de projecció de vídeos.* Es tracta de col·locar diversos monitors i altaveus que reprodueixin tres programes diferents adreçats a un públic subdividit en sis grups. Els efectes de la il·luminació canviant produïda per les imatges de vídeo reflectides a les parets de vidre distorsionen els «fantasmes» especulars dels membres del públic, que apareixen en altres compartiments. L'obra és alhora un disseny funcional i una obra d'art òptic que presenta les imatges videogràfiques i la reacció dels espectadors al procés de visionat, dins l'espai social en què es produeix la projecció d'un vídeo.

Three Linked Cubes, a series of rectangular bays with one side open and with side panels of alternating two-way mirror or transparent glass, has a dual identity. Placed outside, it is an opened pavilion illuminated by the sun; placed indoors, it is transformed into Interior Design for Space Showing Videos. *Here various video monitors and speakers are placed to allow three separate programs for audiences subdivided into 6 groups. The effects of the changing illumination from the video images reflected on the glass panels produces mirror "ghosts" of audience members, seen in other enclosed bays on the divider. The work is both functional exhibition design and an optical art work, displaying both the video images and the spectators' reaction to the video viewing process in the social space of the video exhibition situation.*

TRES CUBS UNITS / DISSENY INTERIOR PER A UNA SALA DE PROJECCIÓ DE VÍDEOS, 1986
Instal·lació a la Fundació Antoni Tàpies, 1995
THREE LINKED CUBES / INTERIOR DESIGN FOR SPACE SHOWING VIDEOS, 1986
Installation at the Fundació Antoni Tàpies, 1995

Espais de museu, espais de vídeo: un programa de vídeo per a l'exposició *Els límits del museu*

JOHN G. HANHARDT

Els límits del museu inclou una exposició i un simposi que articulen un debat especulatiu sobre el rol del museu dins la imaginació occidental. L'impacte del cinema i del vídeo en la formació de la nostra cultura visual té un paper estratègic i crític en el qüestionament de la formació i la funció del museu com a receptacle i intèrpret de cultura. La cultura videogràfica de final del segle XX mediatitza el nostre món i construeix discursos d'una gran eficàcia a través dels quals les pràctiques artístiques poden començar a contemplar-se amb nous ulls. L'art, com a història i com a praxi, ha canviat per sempre. Com es perpetuarà la figura del museu en la nostra cultura? Serà un monument al passat o bé un laboratori i un context renovador de cara al futur? *Three Linked Cubes/Interior Design for Space Showing Videos* (Tres cubs units/Disseny interior per a una sala de projecció de vídeos), de Dan Graham, ens brinda l'ocasió de reflexionar sobre les condicions d'exhibició de vídeos a l'interior del museu.

Three Linked Cubes/Interior Design for Space Showing Videos i les seves tres zones de visionat encaren aquest tema amb una presentació dels vídeos simple i directa. Els coixins a terra donen un aire informal i confortable a l'espai de visionat, on l'espectador es pot relaxar tot mirant un dels tres monitors col·locats arran de terra on es reprodueixen programes de vídeo. Els espais de visionat estan separats per parets de vidre, que creen zones estructuralment definides i alhora destrueixen les separacions amb l'ús de miralls de dues cares i de vidres transparents; el resultat és que, mentre mirem un vídeo, podem observar els altres grups en l'acte de mirar un vídeo.

A cada monitor s'hi veu un programa diferent. El primer mostra vídeos d'artistes seleccionats pels punts de contacte que tenen amb l'obra de Graham, sobretot amb la seva preocupació per la funció dels mitjans de comunicació en la construcció de formes i debats culturals i socials. El segon monitor reprodueix vídeos realitzats pel mateix Graham, i el tercer està dedicat a vídeos sobre Dan Graham, com per exemple entrevistes i converses amb l'artista sobre la seva obra.

El públic s'acosta al museu buscant-hi una representació i una interpretació per part dels artistes, l'obra dels quals ha informat la història de la cultura i –en el cas de l'art contemporani– també l'està configurant. Durant els últims trenta anys, el vídeo com a discurs estètic ha intervingut en un seguit de moviments artístics que ha definit aquest període, incloent-hi Fluxus, els happenings, l'art conceptual, el body art i les performances. A més, el mitjà videogràfic s'ha expandit més enllà del discurs d'un únic canal (obres per ser visionades en un sol monitor, o bé projectades sobre una pantalla a gran escala o sobre una superfície preparada) i ha afegit una nova dimensió a l'escultura i a la instal·lació multimèdia. La història del vídeo comprèn una gran varietat de gèneres i estils (entre d'altres, documental, narració, processament d'imatges, dansa i vídeos de performances) i també és molt diversa pel que fa a la durada de les obres, els temes i les preocupacions formals, des de l'enregistrament directe del que hi ha davant de la càmera fins al desenvolupament d'una imatgeria abstracta.

Museum/Video Spaces: A Videotape Program for The End(s) of the Museum

JOHN G. HANHARDT

The End(s) of the Museum *articulates in its exhibition and conference speculative arguments about the role of the museum within the Western imagination. Film and video's impact on the formation of our visual culture plays a strategic, critical role in questioning the formation and function of the museum as a container and interpreter of culture. The video culture of the late twentieth century mediates our world and constructs powerful discourses through which art practices may come to be seen in new ways. Both art as history and as practice have changed forever. How will the museum remain standing in our culture: as a monument to the past or as a laboratory and renewing context for the future? Dan Graham's* Three Linked Cubes/Interior Design for Space Showing Videos *offers an opportunity to reflect on the condition of viewing video in the museum.*

Three Linked Cubes/Interior Design for Space Showing Videos *and its three viewing areas confront this issue by making the presentation of the videotapes simple and direct. The floor cushions add to the comfortable and informal setting, in which the viewer can relax and watch one of the three monitors playing videotape programs positioned near the floor. The viewing areas are demarcated by glass walls that work to create a structurally defined area while at the same time eradicating those boundaries through the use of two-way mirrored and transparent walls; the result is that we can, while watching a videotape, simultaneously observe clusters of people in the act of viewing the other video programs.*

The monitors of the viewing areas each play different programs. The first shows videotapes by artists curatorially selected because of how their art relates to Graham's interests, particularly his concern with the media's role in the construction of cultural and social forms and debates. The second monitor is made up of Graham's own videotapes, and the third is devoted to videotapes on Dan Graham, such as interviews and discussions with the artist on his work and the issues involved in it.

We, the viewers, come to the art museum seeking a representation and interpretation of and by artists whose work has informed cultural history and, in the case of contemporary art, is shaping it as well. Video as an aesthetic discourse has, over its thirty-year development, played a role in a variety of art movements that have defined the period, including Fluxus, Happenings, Conceptual, Body and Performance art. In addition, the video medium has expanded beyond the single-channel discourse (those works created for viewing on a single monitor or television, or projected onto a large-scale screen or specially prepared wall surface) to add a new dimension to sculpture and multimedia installation. The history of videotape is composed of a variety of genres and styles, including documentary, narrative, image processing, dance and performance tapes, as well as a wide variety of running times, subjects, and formal concerns, from the straight recording of what is before the camera to the development of abstract imagery.

In presenting this complex history in a museum, one can trace out the interrelationships between different art forms and media, artists and art movements, and thus

En presentar aquesta història tan complexa en un museu, es poden subratllar les inter-relacions entre formes i mitjans artístics diferents, entre artistes i moviments, i així explorar la manera en què el desenvolupament de nous mitjans permet als artistes una expressió més creativa i un tractament més ric de tot allò que fa referència als límits històricament definits de les pràctiques artístiques tradicionals. Per posar de manifest aquestes interrelacions, les instal·lacions i els vídeos de canal únic no s'han de limitar a presentar-se de manera que l'espectador els vegi com ho pretén l'artista, sinó que han de permetre que es pugui explorar la natura del mitjà i la forma. Per exemple, els vídeos es poden presentar en espais dissenyats perquè s'hi puguin fer projeccions amb grans pantalles, de manera que el visitant els contempli com contempla les pintures, les instal·lacions, els dibuixos i les fotografies que es presenten en altres parts de les sales.

A *Three Linked Cubes/Interior Design for Space Showing Videos*, els vídeos es reprodueixen en espais dissenyats per crear una sensació confortable i íntima. Tanmateix, la transparència de les parets de vidre fa que l'experiència privada de mirar esdevingui alhora pública. Això tranca amb la pràctica –abans tan estesa– de col·locar els monitors sobre pedestals, amb cadires al davant o bé sense cap seient. Si bé aquesta condició estava lligada amb la pràctica habitual del museu de col·locar les obres d'art «sobre un pedestal», també tenia en compte el control i l'aïllament de la imatge de vídeo, cosa sovint desitjada pel comissari de l'exposició, ja que així es podia oferir una experiència visual ininterrompuda i sense entrebancs. Aquestes condicions espartanes, que emfasitzaven idealment el control adequat de la imatge pel que fa al color i al so, tenien ben poc a veure, però, amb la manera com es mira la televisió a casa. I d'això es tractava: de crear unes condicions visuals que marquessin la diferència entre la manera de mirar un vídeo artístic i la manera de mirar la televisió comercial.

Amb els seus espais, Graham construeix un pont sobre aquest buit que separa l'espai privat i l'espai públic, les condicions de l'experiència visual privada i de la presentació pública. Els espais de Graham també estan directament vinculats als seus projectes interiors i exteriors, que ens inviten a considerar l'arquitectura en relació amb el seu entorn urbà i natural. Per exemple, la seva proposta *Video View of Suburbia in an Urban Atrium* (Vista amb vídeo dels suburbis en un atri urbà) (1979-1980) consisteix en uns monitors de vídeo col·locats a l'atri del Citicorp que projecten escenes de natura suburbana fora de la metròpoli. A *Three Linked Cubes/Interior Design for Space Showing Videos,* trobem un espai híbrid per mirar i ser mirats, per mirar vídeos i alhora moure's entre els espais a fi de poder veure programes diversos. La instal·lació de Graham al Dia Center for the Arts de Nova York invitava l'espectador a explorar una estructura tancada de vidre situada al terrat; a mesura que l'espectador es movia, l'estructura es feia successivament visible i invisible, i anava perfilant una idea del paisatge urbà com a entorn construït per l'home.

Tots aquests espais tenen en comú amb els vídeos de Graham l'exploració del medi i l'ús de la càmera com a mitjà per intervenir en el procés d'actuació i de representació de l'espai performatiu. El seu vídeo *Performer/Audience Sequence* (Seqüència actor/públic) (1974-1976) analitza les condicions d'actuació i de recepció, mentre que *Local Television News Program Analysis for Public Access Cable Television* (Anàlisi dels informatius de televisió local per a una televisió per cable de lliure accés) (1980) posa de manifest el seu interès per la televisió de lliure accés i per la construcció de la informació. Un altre ele-

explore how new developments in media can allow artists a more creative expression and treatment of issues relative to the historically defined limits of traditional art practices. In order to make these interrelationships visible, the installations and single-channel videotapes have to be presented not only so that the viewer may see them as the artist intended, but also so that the nature of the media and form may be explored. For example, the videotapes can be presented in gallery spaces designed to accommodate large-screen projection, which encourages the visitor to view this work alongside the paintings, installations, drawings, and photographs presented on other parts of the gallery floor.

In Dan Graham's Three Linked Cubes/Interior Design for Space Showing Videos, *we view the videotapes in settings designed to establish comfortable and intimate viewing conditions. Yet the transparency of the glass walls makes the private viewing experience simultaneously public. This breaks down the once familiar practice of viewing artist videotapes on monitors atop pedestals, with either chairs placed in front or with no seating at all. While this condition was part of the familiar museum practice of placing art work "on a pedestal," it also allowed for the control and isolation of the video image, something often desired by the curator in order to provide an uninterrupted and unimbeded viewing experience. These spartan conditions, while ideally emphasizing proper control of the image in terms of color and sound, had very little to do with how one watched TV at home. And this was the point: to create a viewing condition that differentiated how we view artistic video from how we experience commercial television.*

Graham bridges the gap between private and public space, the conditions for private viewing and public presentation, in these viewing spaces. The spaces also refer directly to his various indoor and outdoor projects that have invited us to consider architecture in its relationship to urban and natural environments. For example, his proposed Video View of Suburbia in an Urban Atrium *(1979-1980) consists of video monitors, placed in the Citicorp atrium, that screen scenes of suburbanized nature outside the metropolis. In* Three Linked Cubes/Interior Design for Space Showing Videos, *we find a hybrid space for both looking and being looked at, for watching videotapes and moving between spaces to view different selections. Graham's installation at the Dia Center for the Arts in New York invited the viewer to explore a glass-enclosed structure on the rooftop, as one moved about, the structure became in turn visible and invisible, inspiring a consideration of the urban landscape as a manmade environment.*

All these spaces share with Graham's own videotapes an exploration of the medium, of the live video camera as a means to negotiate the process of performance and representation of the performance space. His video Performer/Audience Sequence *(1974-1976) challenges the conditions of performance and reception, while* Local Television News Program Analysis for Public Acces Cable Television *(1980) examines his interest in public acces television and the construction of information. Another important element in Graham's videotapes –and one which plays a large role in his* Rock My Religion *(1982-1984)– is his exploration of pop culture, of rock music and its rebellious denial of the traditional lifestyles, economics, and states of mind produced and supported by and within corporate capitalism.*

These are the issues explored in two of three screening areas of Three Linked Cubes/Interior Design for Space Showing Videos. *In the third is a selection of works by other artists that deal with the standardized construction and exploitation of group and*

Busca el coneixement fins i tot a la Xina
Seek Knowledge Even Onto China

JAMELIE HASSAN

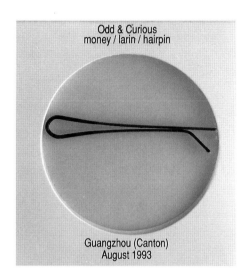

Odd & Curious
money / larin / hairpin

Guangzhou (Canton)
August 1993

L'elaboració d'un souvenir
The Making of a Souvenir

JAMELIE HASSAN

El treballador/venedor al carrer/mercat
The Worker/Seller in the Street/Market

JAMELIE HASSAN

El carrer
The Street

JAMELIE HASSAN

com a museu
as Museum

JAMELIE HASSAN

El carrer com a espai
The Street as a Place

JAMELIE HASSAN

de la història
of History

JAMELIE HASSAN

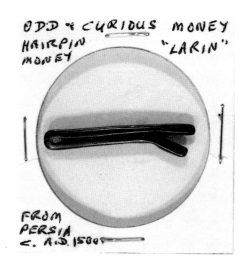

اطلب العلم ولو في الصين

JAMELIE HASSAN

FINS I TOT A LA XINA, 1993
Clips de cabell, vitrina i 2 fotografies
68,6 x 66 x 35,6 cm
New Museum of Contemporary Art, Nova York

A Pèrsia, a l'època de la ruta de la seda (ca. 1500 a.C.),
el clip de cabell s'utilitzava com a moneda de canvi.
Sisplau, deixeu alguna cosa vostra a canvi d'un clip de record.

EVEN ONTO CHINA, 1993
Hairpins, vitrine, two photographs
68,6 x 66 x 35,6 cm
New Museum of Contemporary Art, Nova York

In Persia, during the time of the Silk Route (ca. 1500 A.D.),
the hairpin was a form of currency.
Please leave something of yours in exchange for a replica hairpin souvenir.

atenció vers els objectes, vers les coses, vers les seves diferències, el seu funcionament, etc. El lloc on es disposen aquests objectes en general s'ignora, no es percep. Aquests locals senzillament han de ser càlids, ben il·luminats, secs, i ben pintats, de manera neutra.

Per això l'espectador ingenu, quan entra a la galeria, mira allò que s'hi pot observar. Quan arriba a la galeria Feldman i veu tot aquest muntatge, comprèn que cal mirar els quadres, quadres que pengen de les parets i estan ben il·luminats. Ell sap què és un quadre, n'ha vist molts als museus, etc., i pausadament recorre les parets de la galeria examinant-los l'un rere l'altre.

Aturem-nos un altre cop en la categoria de l'espectador ingenu. Aquest descobreix de seguida dues coses: a) que els quadres són repugnants, b) que les pintures no estan mal fetes. Primer examinem l'espectador que considera que els quadres són repulsius. Tots ells són artistes a) que es dediquen a la pintura, b) que es dediquen a una pintura bona i original: expressionista, metafísica, comercial, abstracta, minimalista, etc. Tots els pintors veuen que es tracta d'una cosa indigna... I després, quan han comprès amb fàstic que Feldman o bé s'ha begut l'enteniment o que aquí hi ha d'haver algun error, se'n van.

Fixem-nos a més en la categoria dels pintors russos emigrants, uns artistes que estimen l'Art, no simplement com l'obra d'un pintor, sinó com una tasca sagrada. En aquest sentit, els repulsius quadres ofenen el seu «jo» espiritual; estan profundament indignats, perquè entenen que es tracta d'una acció infame, criminal, d'un fet lligat als diners, a la corrupció, al sac de dòlars d'Occident, que darrere d'això hi ha molts diners i ja veieu fins on porten: a penjar una merda i vendre-la. Per descomptat que tot això s'ha fet per vendre, com ja se sap. A més estan plens d'un odi i una ràbia encara més grans que els que pot sentir un pintor nord-americà normal. Aquest simplement se n'anirà avorrit. El pintor rus, en canvi, quan comprèn el que aquí ha succeït i en saber de qui és l'exposició, comprova fins on ha caigut aquest home venut.

Passem a la categoria de l'espectador ingenu que ha suposat que els quadres són bons...

Si no és possible enganyar un professional, l'espectador ingenu, al contrari, veu en això un bon quadre. En aquest cas, es queda una llarga estona davant d'aquesta obra extraordinària, a més, cosa que és més important, està fins als pebrots de totes les porqueries conceptuals, de les deixalles i els cordillets, i per primer cop troba davant seu a la galeria una pintura veritablement bona. Aleshores, després de submergir-se concentrat en la contemplació d'una bona pintura, o se'n va satisfet, movent amb admiració el cap, o fins i tot preguntarà quant val el quadre, òbviament no perquè el

noticed. These places must simply be warm, well lit, dry and nicely, neutrally painted...

Therefore the naive viewer entering a gallery looks at what there is to look at here. Upon entering the Feldman Gallery, having seen such a thing, he understands that you have to look at the paintings which are hanging on the walls and are well lit. He knows what a painting is –he has seen many paintings in museums, etc., and he slowly wanders along the walls, viewing one painting after another. Here we are again approaching the category of the naive viewer. He immediately discovers two things: a) these paintings are awful, b) these paintings are not badly done. First we'll look at that viewer who sees that these paintings are awful. These are all artists a) who paint themselves, b) who are devoted to good or original painting –expressionistic, metaphysical, commercial, abstract, minimalist, etc. All artists see that this is an unworthy thing... After this, understanding with revulsion that Feldman either has lost his marbles or there must be some mistake, they leave. Let's turn to yet another category of Russian émigré-artists who love Art, not merely as painting, but as a holy endeavor. In this sense these awful paintings insult their spiritual "I" and they are profoundly indignant, understanding that what is going on is a vile, criminal act which is connected with money, with corruption, with the Western money bag –big money is behind this, and this is what it has led to: to hang up shit and sell it. Of course, all of this is done for sale, as everyone knows. They are full of even more hate and malice than the normal artist-American. He will just leave out of boredom. The Russian artist, understanding what has gone on here and knowing whose exhibit this is, sees to what depths this person who has sold out has sunk.

Let's move on to the category of naive viewer who assumes that the paintings are good... If it is impossible to deceive professionals, then the art lover sees a good painting here. In this sense he stands for a long time before the marvelous work, and the main thing is that he is dumbfounded by all these conceptual dirty tricks, garbage and ropes, he sees before him genuinely good painting for the first time in a gallery. And then, submerging himself concentratedly into the contemplation of a good painting, he either leaves satisfied, shaking his head, or he even asks how much it costs, of course not because he wants to buy it, but because he wants to know how much such a good work is worth. Having confirmed that it costs a lot of money, he is most likely even more satisfied –after all, he is not at the market, not on Canal Street, he is in a respectable gallery with respectable works. Naturally, it will be unpleasant for him that water is leaking in, but such things happen.

vulgui comprar, sinó perquè vol saber quant val aquest bon treball. Després de comprovar que val un bon grapat de diners, el més probable és que encara quedi més satisfet, perquè no està en un mercat, a Canal Street, sinó en una galeria de prestigi amb obres respectables. L'únic que li resultarà desagradable serà l'aigua que cau, però això són coses que passen.

De manera que aquestes dues categories d'espectador ingenu han rebut la seva porció i un sentiment ple i profund de satisfacció: uns de signe positiu, i els altres, negatiu. Pel que fa als tants per cent, jo crec que representen el 98% de tots els visitants. Em refereixo als pintors russos i estrangers i als aficionats a l'art. Vols dir que no és així?

J.B. Una mica, sí. Em sembla que en realitat poden venir els espectadors del Soho...

Imaginem-nos que entren, i què és el que veuen? En primer lloc, ho veuen tot en el seu conjunt, perquè tenen l'hàbit de fer-ho. Evidentment hi ha diferències en l'enfocament vers la instal·lació pel que fa al grau de totalitat o parcialitat. Observen, és clar, una mena d'acció, de show. Més endavant intenten col·lacionar aquest mateix show. La correlació entre la significança dels seus elements: els quadres, l'interior transformat (la galeria Feldman és força coneguda), i, és clar, veuen el que passa aquí...

I.K. És a dir, tu creus que un espectador tan ingenu com el que jo he mencionat no existeix?

J.B. Aquí hi ha un altre aspecte, que és encara més subtil. L'anomenada «reacció ingènua», com una de les reaccions, és present en la percepció de l'espectador del Soho, que està acostumat a establir comparances. Té al cap una bona computadora, prou desenvolupada per analitzar ràpidament totes aquestes variants.

I.K. Aquest espectador computa la variant prevista per l'ingenu, variant que també conserva al cap, i la integra, la col·laciona amb la de l'expert, que comprèn que es dirigeixen a ell com si fos ingenu... És a dir, que comprendrà que això és un concepte, entendrà immediatament que això és un museu, la fuga d'aigua, què és allò que l'autor volia dir, etc. És clar, l'element xocant i l'enginyosa idea i totes les altres coses...

J.B. ...la performance és una tradició molt coneguda.

I.K. ...I s'atura en aquell punt que li ha servit de fonament. Aquí hi ha dues composicions que es troben a la base: són la música i els quadres.

J.B. Per a l'espectador soviètic el problema principal seria la lectura del component musical, ja que és força inhabitual. Aquest sí que és un gest poc comú, bastant avantguardista. L'espectador occidental, al contrari...

I.K. La música, el degoteig, són una cosa ben coneguda en la música francesa, japonesa.

In this way these two categories of the naive viewer have received their portions and a full, profound feeling of satisfaction –some positively, others negatively. In terms of percentages, I think that these compose 98% of all viewers. Russian and foreign artists and art lovers. Do you want to say that this is not the case?

J.B. A little bit, yes. It seems to me that Soho viewers could actually visit the gallery...

Here they enter and what do they see. In the first place, they see everything as a whole, since they have some sort of skill at this. Of course there is a difference in approach to the installation, to the degree of totality, to partiality. They of course see some sort of action, a show. Further they try to collate this very show. The correlation of the significance of its elements –paintings, the recast interior (the Feldman Gallery is sufficiently well known), and of course, they see what is going on here...

I.K. That is, you think that the kind of naive viewer I am talking about doesn't exist?

J.B. Here is a different point, even more subtle. The so-called "naive reaction" as an element is present in the perception of the Soho viewer who has such an intention toward collation. In his head he already has a good, well-developed computer which quickly calculates everything, all the variations.

I.K. He calculates that variation which is intended for the naive one, which is also preserved in him, and he integrates, combines it with that experienced one which he understands is aimed at him just like the naive one... That is, he will understand that this is a concept, he will understand swiftly that this is a museum, a flow of water, what the author wanted to say, etc. Understood –and the shocking, and the wit and in general...

J.B. ...performance, the tradition is very well known.

I.K. ...And he will pause on that element which served as the basis. Here there are two compositions which lie at the base –there is music and there are paintings.

J.B. For the Soviet viewer the main problems would rest in the reading of the musical component, since it is rather unusual. This really is a rare, fairly avant-garde gesture. The Western viewer on the contrary...

I.K. The music, cappella, this is well-known, in French music, Japanese.

J.B. Yes, they have been through all this. There have been such performances, there have been such gestures and there was even body art. But what is this?

I.K. This seems convincing to me. For the Western viewer the music and all the accords which emerge from this, from this wealth of perception, will be passive. And the painting turns out to be vague. Given a similar exhibit in Russia, the painting would not evoke any interest

J.B. Sí, tots hi han passat per això. Hi ha hagut perfomances d'aquestes, gestos com aquest, i *body art* també. Però, això què és?

I.K. Sí, el que dius em sembla convincent. Per a l'espectador occidental l'element passiu serà la música i tots els acords que sorgeixen d'això, de la riquesa de les percepcions. En canvi, el quadre restarà poc clar. A Rússia una exposició com aquesta no suscitaria cap mena d'interès; per contra, les innovacions musicals, sí... Per als occidentals constitueix una innovació treballar amb el medi, això causa sensació, no s'entén. Salta a la vista quan algú treballa amb l'aire, amb el buit. Però això funciona.

La segona cosa, que representa una capa més profunda, en la qual l'espectador es veu atrapat, és quan entén que en una acció total l'home imita la realitat, quasi una realitat etnogràfica. Però aquesta realitat no reconstrueix ni l'etnografia ni les associacions que es donen en la vida quotidiana, és senzillament un malson. Es tracta d'una palesa, premeditada i molt sovint mal feta, fastigosament mal feta, falsificació. Una persona cau en una instal·lació total que sembla que li representa tot el món, però aquest «tot el món» és totalment fals: una falsa caiguda d'aigua, parets falses, marcs falsos, explicacions i una concepció falses, però el més interessant és que també els quadres són falsos. Què vol dir un quadre fals? Hi ha una dilatada tradició a desemmascarar quadres falsos; en essència tota la història de l'art és un joc amb l'autenticitat dels quadres, però resulta que una reconstrucció inversa del quadre com aquesta pel que fa a la seva autenticitat es torna molt estranya.

Tothom coneix l'evolució del quadre: primer hi havia una bona pintura, després es va tornar dolenta, després es van posar a estripar-la, tallar-la, més tard es va tornar rodona, més endavant s'hi van cagar al damunt, després la van deixar sobre el terra, després simplement li van començar a llançar tinta a sobre, però la pàtria del quadre és Poussin. Tota l'evolució es remunta a Poussin. I només pel fet que el quadre existeix, Schnabel pot picar-hi de peus al damunt, etc.

Però aquí es realitza una operació en un sentit del tot invers. El pintor actual (és evident que aquest pastitx està fet avui mateix) reconstrueix el quadre de Poussin, en el seu status poussinià. Però de quina manera i com això és possible? Perquè es veu que aquí no hi ha cap Poussin. Si una persona fes un fals Poussin o algun altre clàssic (per cert, Komar i Melamid fan justament això, el de fer un quadre fals de Poussin o Lorraine, etc.), però aquí no es pretén ni això. Aquí l'espectador és atrapat pel principi que es fa un quadre en termes generals bo. Heus aquí un punt que em sembla molt important. Si aquests quadres ens remetessin a alguns estils coneguts i es pogués endevinar que el mateix autor així ho desitja (un altre cop,

whatsoever, but the musical innovation would... For the West, the work with its environment is an innovation, this is sensational, this is unclear. When a person is working with air, with emptiness, it jumps out at you immediately. But it has its effect.

The second thing, representing a deeper layer where the viewer winds up, is when he understands that with totality a person imitates reality, almost ethnographic reality. But this reality does not reconstruct either the ethnography or associations of everyday life, it is merely delirium. It is a willful, intentional, and often vile, poorly done fake. A person winds up in a total installation, which sort of demonstrates the whole world to him, but this "whole world" is totally spurious: there are fake explanations and a conception, but most interesting is that the paintings are fakes as well. What does a fake painting signify? There is an enormous tradition of unmasking the fake painting, in essence, all of art history is a game with the authenticity of the painting, but it turns out that such a reverse reconstruction of the painting as something authentic becomes very strange.

Everyone knows the evolution of the painting: at first there was a good painting, then it became bad, then they started to tear it up, cut it, then it became round, then they crapped on it, then they put it on the floor, then they simply poured ink on it, but the homeland of the painting is Poussin. The entire evolution begins with Poussin. And Schnabel can trample it only because it exists, etc.

But an operation of an entirely reverse move is conducted here. The contemporary artist (it is clear that these daubs are done today) reconstructs the painting of Poussin, in Poussin's status, but in what way and how is this possible, because you can see that there is no Poussin here. If the person had made fake Poussins or other classics, (by the way, Komar and Melamid do precisely this –fake paintings by Poussin, Lorraine, etc.), then there isn't even any pretense of this here. Here the viewer is seized by the principle that a good painting in general is made.

Here is the point which seems to me very important. If these paintings were to be attributed to some well-known styles and you could guess that the author himself wanted this to be the case (again the example of Komar and Melamid), the artists change something (Komar and Melamid change the subject, Baselitz turns it upside down, but it is clear that these are expressionistic paintings), referring to the model. But here this painting isn't attributed to anything. But this is a question –can it be attributed to Russian realism.

The oddity of these things rests in the fact that it is impossible to attribute sufficiently the position of this... Of course, this is a personage, but here we have yet one

l'exemple de Komar i Melamid), que els pintors canvien alguna cosa (Komar i Melamid canvien l'argument, Baselitz el regira, però queda clar que són pintures expressionistes) remetent-nos al model. Aquí,   en canvi, el quadre no ens remet a res. Encara que queda la pregunta de si potser fa referència al realisme rus.

El caràcter estrany d'aquestes coses consisteix que és impossible atribuir amb prou certesa la posició d'aquest... És evident que es tracta d'un personatge, però en això hi ha encara una forma més d'estranyament: nosaltres no podem endevinar què pensava aquest personatge, ni què pensava el mateix Kabakov. He embolicat el problema?...

J.B. Aquí hi ha un aspecte molt fort, i és que certes coses estan construïdes sobre la polarització. Existeix la tradició dels quadres i la tradició de l'entorn. En aquesta exposició les dues tradicions estan separades i són polars. Per una banda, és evident que el *quid* de la qüestió està a crear un entorn especial o una acció particular, que també és total.

En què consisteix la performance? En el fet que es dóna una certa acció, que és total, perquè les fronteres entre la vida i l'art, entre l'espectador i l'autor són del tot imprecises, i aquí poua la força d'aquest gènere. La performance catalitza la situació. Per això, quan una persona entra en l'exposició, comprèn que aquesta és una situació total especial, d'una performance exposicional particular. Al mateix temps, veu que l'element més important, el bàsic, fonamental i inseparable, d'aquest acte és el quadre, que ella no computa! La persona veu que és un quadre genèric, però cap quadre en particular...

I.K. Continuo endavant amb la meva versió de la crítica d'aquesta instal·lació, justament, amb el fet que en ella es dóna bé la situació. Com deia una coneguda meva,

more form of removal: we cannot guess what this personage was thinking, what Kabakov was thinking either. Have I confused the issue?...

J.B. There is a very strong element here, that some things are built on polarization. There exists a painting tradition and a tradition of the medium. In this exhibit they are separated and are polar. On the one hand, obviously, the essence of the matter is the creation of a special medium or a special action, which is also total.

What is the essence of the performance? It is a certain action which is total by virtue of the fact that the border between life and art, between the viewer and the author, are not clearly defined at all, and herein lies the power of this genre. The performance catalyzes the situation. Therefore, when a person enters the exhibit, he understands that this is a special total situation, a special expositional performance. Simultaneously he sees that the painting is the most important, basic, fundamental and irrevocable element of this act, which he doesn't collate! He sees that it is the painting in general, but not any one painting in particular...

I.K. I will continue my version of criticism of this installation, namely, that the situation is well posited there, as one of my acquaintances said, whereby "it excites but doesn't satisfy." Because once the artistic work has already been trusted –we can now trust only complex conceptual and original things– after trust begins a feeling of the shedding of tears. Both the expert and the simple viewer should sob. He should permit himself to sob, and the work should permit him to sob. To sob over what, what is to love in The Toilet *for example? There is something to sob about there –when you see the couch, photographs and the cover on the mama's bed, you*

«excita però no satisfà». Perquè, quan ja t'has confiat a l'obra artística –ara només podem tenir confiança en les coses conceptuals i originals–… però després que ja creus en ella, t'arriba el sentiment, l'impuls de vessar llàgrimes. Tant l'expert com el simple espectador han de sanglotar. Ha de permetre's a ell mateix el sanglot, i l'obra ha de deixar-lo plorar. Sobre què plorar, què es pot estimar en *El lavabo*, per exemple? Allà hi ha sobre què plorar: quan veus el divan, la fotografia i el cobrellit sobre el llit de la marona, comprens que es pot plorar. I en aquesta instal·lació hi ha alguna cosa per la qual pots plorar?

J.B. És clar, els quadres!

I.K. Però si són falsos. Com es poden vessar llàgrimes per una falsificació? «Sobre allò que és inventat vessaré llàgrimes», oi?

J.B. Torno al punt on hem començat. La paradoxa es troba en el fet que una cosa absolutament falsa és una cosa absolutament veraç.

I.K. Ho pots explicar això?, de quina manera?

J.B. Es tracta d'una vida aliena i ignorada…

I.K. Però si l'ha creat Kabakov és una falsedat! Això és igual?

J.B. La mà del mestre sempre és evident, el seu alè, la presència metafísica de la vida.

I.K. I ella s'obre camí a través de tota la falsedat, la falsedat del mateix Kabakov, que ha volgut fer beure a galet a tothom, a través de la mentida d'aquest pintor, que no sap què nassos ha pintat perquè ha barrejat l'impressionisme amb el realisme, a través de tot, de la barroeria d'una pintura falsa, etc. ¿A través de tot això s'obre camí alguna cosa –vols dir–, quelcom que no podem entendre?

J.B. L'alè de la Rússia soviètica, del seu enorme cos…

I.K. L'element de la contemplació constitueix el fonament de la idea que l'art no és un art de consum, sinó l'art de la contemplació. La tasca profunda d'aquesta instal·lació rau en el fet que ara als museus els quadres no es poden mirar. Però els quadres no es poden mirar enlloc com al museu. Per tal de tornar als museus el seu caràcter de museu, cal que el museu vessi aigua, que es trobi en estat de destrucció. Aleshores, paladejant el flux addicional en la forma de música d'aigua, d'aquestes refilades de Bakhtxissarai, aleshores ens enfonsem (gràcies a aquestes refilades!) en un estat d'anabiosi, i aleshores, ja en aquest estat, podem mirar els quadres.

Nosaltres retornem al museu en el moment en què el museu mor, en el moment en què es vessa l'aigua en el museu. Només aleshores podem mirar els quadres. Resulta una cosa trasbalsadora; repetiré l'esquema: els quadres es poden mirar només al museu, però al museu no se'ls pot mirar, i hi ha circumstàncies en les quals nosaltres mirem els quadres, i aquestes circumstàncies són

understand that you can cry. In this installation, is there such a place you can sob over?

J.B. Of course. It is the paintings!

I.K. But they are fake. How can you cry over fake things? "I will drown the flight of fantasy with tears"?

J.B. I return to what we began our conversation with. The paradox rests in the fact that an absolutely spurious thing turns out to be absolutely veracious.

I.K. Can you explain in what way?

J.B. This is some kind of unfamiliar, different life…

I.K. But it was made by Kabakov, it is a deception! Doesn't this matter?

J.B. The hand of the master is always visible, the breath, the metaphysical presence of life.

I.K. It breaks through the entire falsity: the falsity of Kabakov himself who wanted to dupe everyone, through the falsity of this artist who doesn't know what he has drawn, because he mixed impressionism with realism, through everything, the carelessness of the fake painting, etc. Something breaks through, do you mean to say that we can't understand it?

J.B. The breath of Soviet Russia, its enormous body…

I.K. The moment of contemplation which comprises the base –art is not the art of consumption, but the art of contemplation. The profound task of this installation lies in the fact that you cannot look at paintings now in museums. But there is no place where you can look at paintings like you can in a museum. In order to return "museum-ness" to the museum, it has to leak water, to be in a dilapidated state already. Then, savoring the additional surge in the form of water music, of these Bakhchisaray trills, we submerge ourselves (thanks to the trills!) into a state of anabiosis and then, already in this state we can look at the paintings.

We return to the museum at that moment when the museum is perishing, at that moment when water is being poured into the museum. Only then can we look at the paintings. An astounding thing results, I will repeat the scheme: you can only look at paintings in a museum, but it is impossible to look at them in a museum, and this is the very circumstances whereby we are viewing the paintings, and these circumstances are extraneous to the museum. This is a model of life, of course: in order to understand the truth, we must distance ourselves from it…

J.B. Yes. Here is an analogous move. It is impossible to do this via separate individual efforts, it will not be regarded. Therefore the exhibit itself is the optics of the view which permits the American viewer to see this picture. And this entire construction –it is in fact an exhibit, including, of course, the most important musical component. This is the optics.

aliènes al museu. És el model de la vida, evidentment: per entendre la veritat cal que ens allunyem d'ella...

J.B. Sí, aquí es reprodueix un pas anàleg. En unes condicions aïllades, particulars, és impossible fer-ho, perquè no serà computat. Per aquesta raó la mateixa exposició és una òptica de la mirada que permet a l'espectador nord-americà veure aquest quadre. I tota aquesta construcció és justament una exposició, inclòs, és clar, l'importantíssim component musical. És una òptica...

I.K. Com a resultat de les nostres converses, direm que l'espectador occidental mirarà els quadres...

J.B. Sorgeix així un tema a part que podríem discutir. Què vol dir «mirar un quadre»?

I.K. Voldria aclarir una cosa. He fet aquests quadres durant la primavera i l'estiu, bastant de pressa, en 3-4 mesos, amb la mateixa empenta amb què més o menys feia els llibres. Però no podria dir que he fet una falsificació, que em trencava de riure i em retorçava davant la tela, no. Efectivament, tota la part de dibuix, la part argumental es va fer com cal, però era morta, tot allò no era meu. Però quan em vaig posar a equilibrar el color, vaig notar que m'emocionava, que em posava nerviós i notava que el color no em sortia, que calia fer-ho de nou. Ho portava tot a cert nivell artístic. Tu em podràs dir que en mi parlava el professional; allà no hi havia cap passió, res.

I.K. As a result of our conversations, we are talking about the fact that a Western viewer will be looking at the painting...

J.B. Here we have a separate theme emerging, which we could discuss. What does it mean "to see a painting"?...

I.K. I want to clarify. I made these paintings in the spring and summer, rather quickly, over 3-4 months, in a flood, approximately like I do books. But I cannot say that I made forgeries, that I chuckled and put on airs before the canvas. Actually, the entire drawn, subject part was done respectably, but in a dead fashion, it is alien. But when I started to balance the color, I felt that I was anxious, I was nervous, I felt that the color was not working out for me, that I would have to redo it. I carried it to such extremes. You can tell me that it was the professional speaking in me, but there was no passion here, nothing. But these subjects and the personages were appealing to me, I united with them in my soul.

And the second thing, while drawing I experienced rather great emotional stress. That is, this was not simply well polished work. I, of course, fully admitted to myself the complete absence of innovation here, the thing which usually comprises the basis of creativity. I will now say something which has until now been unknown. There was

ILYA KABAKOV. **INCIDENT EN EL MUSEU O MÚSICA AQUÀTICA,** 1992. V. TARASOV, Compositor.
Gentilesa de Ronald Feldman Fine Arts, Inc., Nova York. Instal·lació a la Fundació Antoni Tàpies, 1995
*ILYA KABAKOV. **INCIDENT AT THE MUSEUM, OR WATER MUSIC,** 1992. V. TARASOV, Composer.*
Courtesy Ronald Feldman Fine Arts, Inc., New York. Installation at the Fundació Antoni Tàpies, 1995

M'eren simpàtics aquells arguments i personatges, m'unia amb ells en el meu interior.

I segona cosa, mentre feia el dibuix experimentava un estrès emocional força intens. És a dir, no es tractava simplement d'una feina ben polimentada. Jo, és clar, m'adonava perfectament de la completa manca d'innovació en això, d'allò que constitueix normalment el fonament de la creativitat.

I ara diré una cosa que encara no se sabia. D'element creatiu no n'hi va haver. Jo sabia que estava realitzant un treball força conegut (famós), més encara, jo no sóc pintor, tots els meus esforços no són l'original.

El color, ja ho saps, no és el meu fort. Com a resultat em sortien, pel que sembla, uns quadres grisos. A més, no volia fer res amb amor, jo no aplicava el punt en el qual es veu que l'artista flota, acaba, tremola. Totes les pintures estan potinejades igual, de manera professional. I aquesta qüestió és encara més fonda per a mi.

Des de la infantesa els quadres han estat un misteri per a mi, era un enigma si tenia o no talent per la pintura. Amb les il·lustracions m'ha passat que durant molt de temps, prop de quinze anys, no he pogut donar color a res, podia dibuixar qualsevol argument, en qualsevol angle, des d'un cavaller fins a la Caputxeta Vermella, qualsevol animal. Però donar-li color! Literalment m'enfonsava de por, perquè per a mi tot era el mateix, i no sabia de quin color pintar uns pantalons, no veia el color, com un daltonià. Després, quan tots els colors s'apilotaven en una bola, jo no podia desfer l'embolic, no podia comprendre on era l'error. A poc a poc vaig construir una certa harmonia, de la qual n'he fet ús, però aquesta harmonia la vaig aprendre gràcies a una gran pràctica, de manera mecànica. En cert moment vaig cloure els meus experiments, i vaig passar a la producció.

El mateix es pot dir de la pintura figurativa. No m'apassiona, com tampoc l'escultura; en realitat en aquest sentit sóc un home molt fred vers les arts plàstiques. Les entenc, les sento, però no les veig. Experimento satisfacció només de la comprensió d'un concepte punyent, complex, però no em sento en condicions d'estimar una cosa aïllada pel seu estat plàstic. Aquest és el defecte més terrible. Una persona així, en principi, no hauria de dedicar-se a les arts plàstiques. Però heus aquí la llavor que amaga el misteri: jo, una persona mancada d'interessos i talents plàstics, manipulo formes plàstiques. Evidentment, com a cites. I els sentits que amaguen. En concret, el relat en un quadre m'atreu més que tota la resta. Es tracta d'un retorn de la literaturitat, el més despullat, en la seva forma més primitiva, sense la història de les arts plàstiques del segle XX.

I a sant de què ho dic tot això? A sant dels dubtes sobre el fet de vessar de llàgrimes al davant d'aquest

no creative element. I knew that I would execute a rather familiar work, furthermore, I am not a painter, and all my efforts –it's not the original source. I'm not very good with color, you know. Consequently, rather mediocre things resulted. Furthermore, I did not want to do anything with love, I didn't apply the point at which it is visible that the artist is coasting, climaxing, quivering. All the painting is equally hackneyed, professionally. But this question is still more profound for me.

Since childhood paintings were riddles for me: do I have a talent for painting or not? In illustrations it happened that for a very long time, around 15 years, I couldn't color anything, I could draw any subject, in any foreshortening, from a knight to Red Riding Hood, any animal. But to color it! I literally would snap from fear, because it was all the same to me, what color to color the pants, I didn't see color, like a color-blind person. Then, when all the colors would merge into a single blob, I couldn't sort them out, I couldn't understand where the mistake was. Gradually I constructed some kind of harmony which was put to use, but I learned this harmony from great practice, mechanically. At some point there was an end to my experiments, I started to produce things.

The same is true in painting. I have no passion for it, just like with sculpture; in general I am a very cold person in that regard toward the classical arts. I understand them, I hear them, but I don't see them. I experience satisfaction only from an understanding of the concept, witty, complex, but I cannot love an individual thing for its plastic states. This is my horrible defect. Such a person should not have, in principle, taken up plastic arts. But here is the core which conceals the riddle: I, a person deprived of plastic interests and talents, manipulate plastic forms. Of course, as citations. And I manipulate the idea embedded in them; in particular, the story in a painting attracts me more than everything else. This is a return of the literariness, the most unbridled thing, in its original form, without the history of the plastic arts of the XX century.

Why am I talking about this? Because of the doubt about the shedding of tears near these paintings. Yes, there is its own energetics, there is some sort of Russian-Soviet perversion whereby people love not for what there is, but for what there was, or for what "you remind me of." "No, it's not you that I love so fervently..." "I love in you past desires." Something of this sort, blasphemous...

Recently Volodya and I were recalling the songs of the 1930's, and a little from the 1960's. Here not only do you laugh, the entire authenticity had returned, as did the passion, love, the irreproachable form, national character, an attack of unbelievable energy. Get a hold of yourself

quadres. Sí, en ells hi ha una certa energètica, hi ha una certa perversitat russo-soviètica, on s'estima no pel que hi ha, sinó pel que hi va haver, o pel que «tu em recordes». «No, no és a tu qui estimo amb passió...». «Estimo en tu els desitjos passats ». Alguna cosa d'aquesta mena, quelcom de blasfem...

No fa gaire recordàvem amb Volòdia les cançons dels anys trenta, i algunes dels seixanta. Aquí no només plores, sinó que torna tota l'autenticitat, la passió, l'amor, la forma impecable, el caràcter popular, un atac d'increïble energia. Recapacita, em dic. Si jo recordo aquestes cançons, aquestes pel·lícules, com a falses fins al moll de l'os, creades per abjectes compositors matussers, carregades d'arguments falsos, passades per la censura burocràtica, cantades amb veus falses, gravades, per cert, en discos dolents amb cruixits i soroll, ¿a què ve, doncs, que les sentim amb la boca oberta, com veiem els films americans amb Fred Astaire o la *Serenata de la Vall del Sol*? Llàgrimes i res més! Encara que a part de pèssim gust i vulgarismes no tenen res més. Potser allà es produirà l'efecte del qual ara parlaré.

Per a mi els artistes pop cada cop es divideixen més en els del grup principal –Lichtenstein, Rosenquist, etc.– i Warhol, de qui s'allunyen més cada vegada. Warhol cada cop se'n va més cap a un cantó, i els altres s'esmunyen cap a l'altre. I tot perquè cada cop començo a creure més en l'amor i les llàgrimes de Warhol pel que fa a la sopa Campbell i a l'encant de Marilyn Monroe. Per descomptat, es pot repetir cent cops allò de la manipulació premeditada dels símbols de l'amor, del sexe, etc. Però potser això no vol dir res; no té cap mena d'importància si Warhol ironitzava o volia més diners, o si senzillament imitava el personatge que es limita a crear obra (como ho fa també el meu personatge) a la velocitat de 50 peces cada mitja hora...

J.B. Voldria fer un balanç provisional. Explicar fins al final la paradoxa d'aquest quadre, la seva funció, és força complicat. I el fet que ho sigui ja és senyal que el seu lloc està correctament trobat. S'ha trobat l'equilibri vers el qual cap al final arriba l'obra d'art. Des del meu punt de vista, el treball està equilibrat. Jo sento que els quadres juguen un paper important i substancial, per això tota l'estona parlo d'ells. Constitueixen aquell punt a propòsit del qual hom es pot imaginar plenament una situació sentimental.

I.K. Quan m'he posat a mirar-los i sentir la música de l'aigua, que ens submergeix en les refilades de la fontana de Bakhtxissarai.., però aleshores en els quadres manca allò vers on podríem allunyar-nos. Són massa socials. Però, què és això? Es diria que porcs! Allà hi hauria d'haver un paisatge moscovita, els vespres de Moscou amb postes de sol...

–I am talking to myself. For I remember these songs, these films as originally fake, composed by lowly hack composers, performed with fake plots, passed through the bureaucratic censorship, sung with false voices. Recorded, by the way, on bad quality records with wheezes and noise. Why do we sit and listen to them, like we watch old American films with Fred Astaire or Sun Valley Serenade. Tears and nothing else! Even though there is nothing in them except for triteness and vulgarities. Perhaps what exists here is the effect I will talk about now.

For me the pop-artists of the main group –Lichtenstein, Rosenquist, etc.– are separated more and more from Warhol. Warhol moves off more and more in one direction, and these drift into the other. And it's all because I am beginning more and more to believe in Warhol's love and tears toward Campbell soup, toward the charm of Marilyn Monroe. Of course, we can talk 100 times about the intentional manipulation of symbols of love, sex, etc. But maybe this doesn't mean anything, maybe it is not at all important whether Warhol was being ironic, whether he wanted money, or whether he was simply imitating a personage who (like my personage) rolls off 50 of these lithographs per half-hour...

J.B. I would like to sum up. It is rather complicated to explain fully the paradox of this painting, its function. And this is a sign of the fact that its place has been correctly found. The balance which the work of art approaches in the finale has been found. From my point of view, the work is balanced. I feel that the paintings play an essential and important role, which is why I talk about them all the time. They are that point in regards to which you can very easily imagine a sentimental situation.

I.K. When I began to look at them and listen to the music of the water which submerges us into the trills of the Bakhchisaraisky fountain, but then what's missing in the paintings is where we could retreat to. They are too social. So what's that, pigs of some sort?! There should be a landscape of Moscow, or evenings in the Moscow outskirts depicting sunsets...

«**Pots sentir pixar una rata sobre cotó**» – Charlie Parker, 1986

LOUISE LAWLER

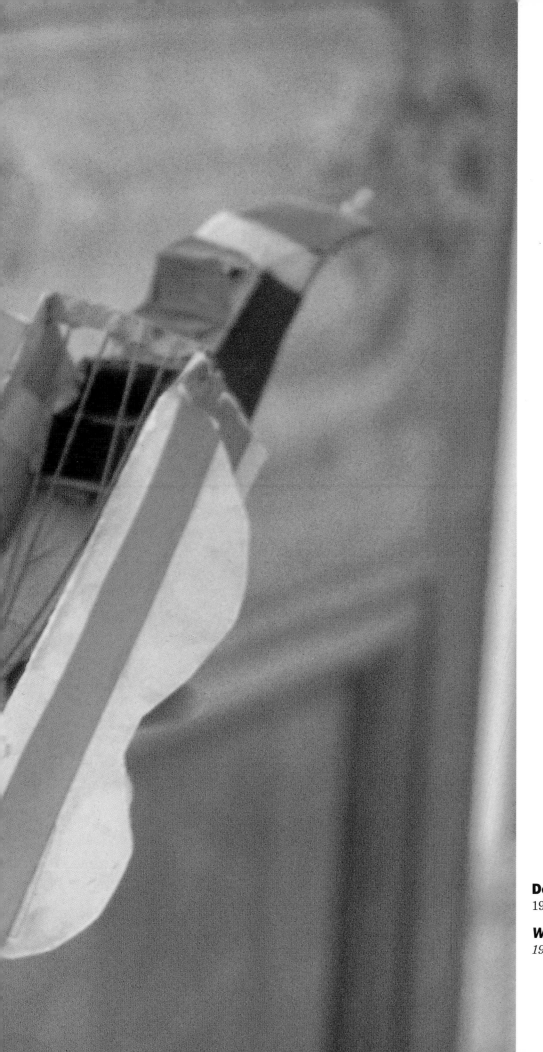

Dona amb Picasso, 1912,
1986

Woman with Picasso, 1912,
1986

PARIS

Gàbia de vidre, 1991-1993
Glass Cage, 1991-1993

L'any següent, la «gàbia» de vidre va estar buida les dues primeres setmanes de l'exposició. Quan finalment l'obra es va exposar, un crític la va comparar amb un «fetus expel·lit» que, si fos més petit, «...estaríem temptats de conservar en un pot amb alcohol».

The following year her glass "cage" remained empty for the first two weeks of the exhibition. When finally exposed she was likened by one critic to an "expelled foetus" which if smaller "...one would be tempted to pickle in a jar of alcohol."

És nostra?, 1990
Is she ours?, 1990

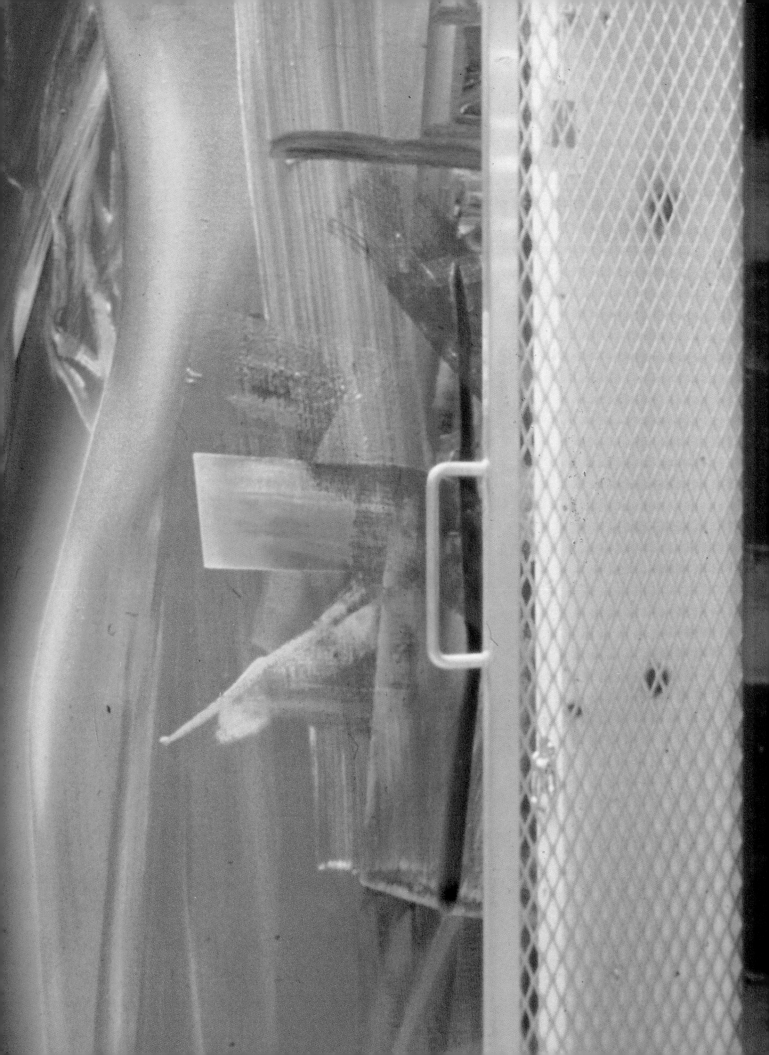

Una sí, una no, 1990
Every other picture, 1990

Notes sobre *Between the Frames*

Between the Frames, iniciat el 1983, formava part de tres projectes (amb *haute CULTURE* i *Exposición*) que compartien les mateixes preocupacions: les relacions de l'art amb la societat; la representació de l'art, la seva interpretació, els seus valors; la relació de l'art amb la cultura popular; els mèdia i l'arquitectura com a fenòmens contemporanis. Encara que aquests projectes van ser concebuts alhora, la seva realització i la seva evolució han estat diferents.

haute CULTURE,[1] un projecte de dos anys de durada, es va presentar el 1983 al Musée Fabre i, simultàniament, a la galeria comercial del Polygone de Montpeller (1a. part). El 1984 es va obrir la instal·lació a l'I.C.A. de Boston. L'obra s'ha anat desenvolupant i ha guanyat en significació amb cada nova presentació, l'última de les quals va tenir lloc a Santa Monica Place, Los Angeles, el 1985.

Exposición –una instal·lació sobre el sentit de l'espai (galeria), la significació de la presentació (exposició) i la significació de la representació (valors i interpretació)– també va ser concebuda al començament dels anys vuitanta. Presentada el 1985 a la Galería Fernando Vijande de Madrid, el 1987 se'n va fer una variació, *Exhibition*, a l'Exit Art de Nova York.

Between the Frames ha esdevingut una visió extensiva del sistema artístic dels anys vuitanta. L'obra es va iniciar el 1983 i es va enllestir el 1991.

El 1983, vaig participar en una exposició titulada *Comments* al Long Beach Museum of Art.[2] L'endemà de

Notes *on* Between the Frames

Between the Frames, *which I started in 1983, was one of the three projects (with* haute CULTURE *and* Exposición) *that shared similar concerns: Art in relation to society, art's representation, its interpretation and its values, its relation to high art and popular culture, media and architecture as contemporary phenomena. Although these projects were initiated at about the same time, their process and evolution were nevertheless different.*

haute CULTURE,[1] *a project that lasted for two years, was presented in 1983 at the Musée Fabre and simultaneously at the Polygone shopping mall in Montpellier (Part I). In 1984 the show opened at the I.C.A. in Boston. The work developed and gained more meaning with each new presentation site, until its final exhibit in Santa Monica Place in Los Angeles (1985).*

Exposición, *an installation about the meaning of a space (gallery), the meaning of a presentation (a show), the meaning of representation (values and interpretation) was also conceived in the mid '80s. First presented at the Galería Fernando Vijande in Madrid in 1985, a variation,* Exhibition, *was shown at Exit Art in New York in 1987.*

Between the Frames *was started in 1983 and was only finished in 1991. This project is an overview of the art system of the '80s.*

In 1983, I took part in a show titled Comments *at the Long Beach Museum of Art.[2] The day after the opening, looking at the show, I decided to follow a group of docents on their tour of the exhibition. At one point,*

EXPOSICIÓN
Galería Fernando Vijande, Madrid, 1985

EXHIBITION
Exit Art, New York, 1987

MUNTADAS

HAUTE CULTURE I
Musée Fabre, Montpellier, 1983

HAUTE CULTURE II
Santa Monica Place, Los Angeles, 1985

la inauguració, mirant l'exposició, vaig decidir seguir un grup de guies mentre visitaven l'exposició. En un moment donat, van començar a parlar de la meva instal·lació *La Télévision*. Les seves explicacions em van intrigar tant com la interpretació que feien de la meva obra.

El projecte *Between the Frames*[3] i el primer capítol de la sèrie (capítol 5: Els guies)[4] van prendre cos arran d'aquest esdeveniment «personal» –i la seva interpretació subjectiva– conjuntament amb les manifestacions públiques, sobretot l'estat de les arts als anys vuitanta, la seva relació amb el mercat, les decisions de poder i la definició dels rols i la seva mediatització.

A continuació, es reprodueix l'estructura del projecte tal com era en aquell moment:

> *Between the Frames* constitueix una sèrie de comentaris visuals sobre les persones i les institucions situades entre l'art/l'artista i el públic. La sèrie es compon de vuit capítols:
>
> 1. Els marxants
> 2. Els col·leccionistes
> 3. Les galeries
> 4. Els museus
> 5. Els guies
> 6. La crítica
> 7. Els mèdia
> 8. Epíleg
>
> Cada capítol funciona separadament i com a part integrant de la sèrie. Cada un dels capítols examina el(s) rol(s) de les persones i de les institucions que es troben entre els artistes i el públic com a inter/media/ris:
>
> • dóna informació directa sobre el rol del subjecte pels seus comentaris (àudio) i
>
> • provoca noves relacions entre aquests comentaris i un sistema de representació oberta de les imatges,

they started to talk about my installation: La Télévision. *I was much intrigued by their explanation as by their interpretation of the work.*

The project Between the Frames[3] *and the first chapter of the series –Chapter 5: The Docents–[4] was initiated by this "personal" fact –a subjective interpretation– together with more "public" facts –mainly the situation of the arts in the '80s, particularly its relation to the market, power decisions, and definition of roles.*

The structure of the project was described as follows:

> Between the Frames *is a series of visual commentaries about the people and institutions located between the art/artist and the audience. The series is composed of eight chapters:*
>
> *1. The Dealers*
> *2. The Collectors*
> *3. The Galleries*
> *4. The Museums*
> *5. The Docents*
> *6. The Critics*
> *7. The Media*
> *8. Epilogue*
>
> *Each chapter functions separately and also as part of the series. Each of these chapters explores the role/s of the people and institutions between the artists and the audience as Inter/Media/ries:*
>
> *• to give direct information about the subject's role through their comments (audio), and*
>
> *• to provoke new relationships between these comments and an open visual system of images. The visuals (video) function as a metalanguage or metaphorical counterpoint to the comments.*
>
> *The subjects of each chapter determine the length and treatment of each part, however, all chapters have a similar structure juxtaposing two kinds of material:*

BETWEEN THE FRAMES: THE FORUM. Wexner Center for the Arts, Columbia (Ohio), 1994

BETWEEN THE FRAME: THE FORUM. ELS MUSEUS / *THE MUSEUMS.* Wexner Center for the Arts, Columbia (Ohio), 1994

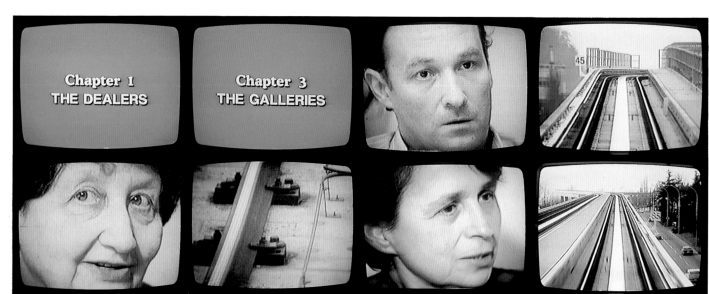

BETWEEN THE FRAMES
ENTREVISTES REALITZADES ENTRE EL 1983 I EL 1991/ *INTERVIEWS MADE BETWEEN 1983 AND 1991.*

CAPÍTOL 1: ELS MARXANTS/*CHAPTER 1: THE MERCHANTS***
LUCIO AMELIO, NAPOLI. DANIEL TEMPLON, PARIS. RONALD FELDMAN, NEW YORK. FERNANDO VIJANDE, MADRID. LEO CASTELLI, NEW YORK. RICHARD KUHLENSCHMIDT, LOS ANGELES. IVAN KARP, NEW YORK. HOLLY SOLOMON, NEW YORK.

CAPÍTOL 3: LES GALERIES/*CHAPTER 3: THE GALLERIES***
SONNANBEND, ILEANA SONNABEND, NEW YORK. STUDIO MARCONI, GIORGIO MARCONI, MILANO. DIACONO, MARIO DIACONO, ROMA. STADLER, RUDOLPH STADLER, PARIS. D. RENÉ, DENISE RENÉ, PARIS. DURAND DESSERT, MICHEL DURAND DESSERT, PARIS. MED-A-MOTHI, BRIGITTE RAMBAUD, MONTPELLIER. JOAN PRATS, JOAN MUGA, BARCELONA. CIENTO, MARISA DIEZ, BARCELONA. EUDE, FINA FURRIOLS I/AND LYDIA OLIVA, BARCELONA. STUDIO MORRA, PEPPE MORRA, NAPOLI. WESTERN FRONT, GLENN LEWIS, VANCOUVER. TRISORIO, PASQUALE TRISORIO, NAPOLI. WESTERN FRONT, MARIAN GOODMAN, MARIAN GOODMAN, NEW YORK. OIL AND STEEL, RICHARD BELLAMY, NEW YORK. ROSAMUND FELSEN, ROSAMUND FELSEN, LOS ANGELES. L.A.C.E., JOY SILVERMAN, LOS ANGELES. MARY BOONE, MARY BOONE, NEW YORK. METRO PICTURES, HELENE WINER, NEW YORK. AL NODAL, OTIS PARSON GALLERY, LOS ANGELES.

CAPÍTOL 2: ELS COLECCIONISTES/CHAPTER 2: THE COLLECTORS

ACEY I/AND BILL WOLGIN, PHILADELPHIA. ERIC I/AND SYLVIE BOISSONAS, PARIS. BOB CALLE, PARIS. ISABEL DE PEDRO I/AND RAFAEL TOUS, BARCELONA. MARIA I/AND RICCARDO SCALA, NOLA, NAPOLI. GIANNI RAMPA, NAPOLI. MARCIA WEISMAN, LOS ANGELES. ROBERT ROWAN, LOS ANGELES. PANZA DI BIUMO, VARESE. HERMAN DALED, BRUXELLES. TOSHIO HARA, TOKYO. FERNANDO VIJANDE, MADRID.

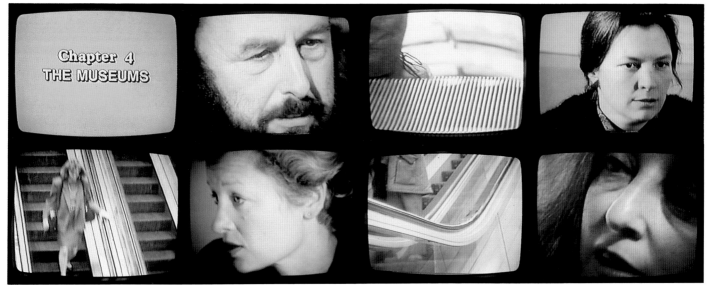

CAPÍTOL 4: ELS MUSEUS/CHAPTER 4: THE MUSEUMS

DOMINIQUE BOZO, CENTRE POMPIDOU, PARIS. RUDI FUCHS, VAN ABBE MUSEUM, EINDHOVEN. WOLFGANG BECKER, NEUE GALERIE, AACHEN. JEAN-CRISTOPHE AMMANN, BASLER KUNSTVEREIN, BÂLE. MARGIT ROWELL, CENTRE GEORGES POMPIDOU, PARIS. WULF HERZOGENRATH, KOLNISCHER KUNSTVEREIN, KÖLN. JOHANNES CLADDERS, MÖNCHENGLADBACH MUSEUM, MÖNCHENGLADBACH. EVELYN WEISS, W.R. MUSEUM, KÖLN. MARTIN KUNZ, KUNSTMUSEUM LUZERN, LUZERN. HARALD SZEEMAN, ZÜRICH. PONTUS HULTEN, PARIS. LES LEVINE, MUSEUM OF MOTT STREET, NEW YORK. JO ANNE BIRNIE DANZKER, VANCOUVER ART GALLERY, VANCOUVER. CARLO BERTELLI, PINACOTECA DI BRERA, MILAN. IDA PANICELLI, GALLERIA NAZIONALE D'ARTE MODERNA, ROMA. LOLA BONORA, PALAZZO DEI DIAMANTI, FERRARA. AINAUD DE LASARTE, MUSEU D'ART DE CATALUNYA, BARCELONA. ROSA MARIA MALET, FUNDACIÓ JOAN MIRÓ, BARCELONA. ANNE D'HARNONCOURT, PHILADELPHIA MUSEUM, PHILADELPHIA. DAVID ROSS, INSTITUTE OF CONTEMPORARY ART, BOSTON. KATHY HALBREICH, HAYDEN GALLERY - M.I.T., CAMBRIDGE. JANET KARDON, INSTITUTE OF CONTEMPORARY ART, PHILADELPHIA. RICHARD ARMSTRONG, WHITNEY MUSEUM, NEW YORK. RIVA CASTLEMAN, THE MUSEUM OF MODERN ART, NEW YORK. DAVOR MATIVEVIC, GALERIA CONTEMPORANEA, ZAGREB. THEODORE E. STEBBINS, MUSEUM OF FINE ARTS, BOSTON. MARC SCHEPPS, TEL AVIV MUSEUM OF ART, TEL AVIV. YONA FISCHER, THE ISRAEL MUSEUM, JERUSALEM. NINA FELSHIN, NEW YORK. RICHARD KOSHALECK, MUSEUM OF CONTEMPORARY ART, LOS ANGELES. DIANE SHAMASH, SANTA BARBARA MUSEUM, SANTA BARBARA. THOMAS MESSER, THE GUGGENHEIM MUSEUM, NEW YORK. MARCIA TUCKER, THE NEW MUSEUM OF CONTEMPORARY ART, NEW YORK. GARY GARRELS, DIA ART FOUNDATION, NEW YORK. CARMEN GIMÉNEZ, THE GUGGENHEIM MUSEUM, NEW YORK. MARÍA CORRAL, MUSEO NACIONAL CENTRO DE ARTE REINA SOFÍA, MADRID. JEAN-HUBERT MARTIN, PARIS. MILENA KALINOVSKA, WASHINGTON D.C. YVES GEVAERT, BRUXELLES. KASPER KONIG, PORTICUS, FRANKFURT. RENÉ BLOCK, D.A.A.D., BERLIN. CHRISTOS JOACHIMIDES, BERLIN. KEITARO TAKAGI, I.C.A., NAGOYA. MASAMI SHIRAISHI, TOUKO MUSEUM OF CONTEMPORARY ART, TOKYO. FUMIO NANJO, TOKYO. TOSHIO HARA, HARA MUSEUM OF CONTEMPORARY ART, TOKYO. ADELINA VON FURSTENBERG, MAGAZIN CNAC, GRENOBLE. JEAN-LOUIS FROMENT, CAPC MUSÉE D'ART CONTEMPORAIN, BORDEAUX. BOB SMITH, LAICA, LOS ANGELES.

CAPÍTOL 5: ELS GUIES/CHAPTER 5: THE DOCENTS
ELLEN BREITMAN, KATHLEEN BYRNES, KATHY DELAP: NEWPORT HARBOUR MUSEUM. MARY DROBNY, JAN LAHEY, RUSSELL MOORE, BARBARA STEWART, CLAUDIA WISHNOW: LONG BEACH MUSEUM OF ART.

CAPÍTOL 6: ELS CRÍTICS/CHAPTER 6: THE CRITICS
BERNARD MARCADÉ, PARIS. PIERRE RESTANY, PARIS. FILIBERTO MENNA, ROMA. ACHILLE BONITO OLIVA, ROMA. NENA DIMITRIJEVIC, LONDON. GUY BRETT, LONDON. THOMAS WULFFEN, BERLIN. YVES MICHAUD, PARIS. VITTORIO FAGONE, MILANO. TOMMASO TRINI, MILANO. LORENZO MANGO, ROMA. MARIO COSTA, NAPOLI. LUCY LIPPARD, NEW YORK. PETER FRANK, NEW YORK. BERNARD BLISTÈNE, PARIS. CATHERINE STRASSER, PARIS. BERNARD LAMARCHE VADEL, PARIS. CATHERINE MILLET, PARIS. MARIA LLUÏSA BORRÀS, BARCELONA. DANIEL GIRALT-MIRACLE, BARCELONA. VICTORIA COMBALÍA, BARCELONA. RAMON TIO BELLIDO, PARIS. RENÉ BERGER, LAUSANNE. CHRISTOPHER KNIGHT, LOS ANGELES. DONALD KUSPIT, NEW YORK. CRAIG OWENS, NEW YORK. BENJAMIN BUCHLOH, NEW YORK. DORE ASHTON, NEW YORK. JEANNE RANDOLPH, TORONTO.

CAPÍTOL 7: MÈDIA/*CHAPTER 7: THE MEDIA*

ROBERT ATKINS, NEW YORK. SHELLEY RICE, NEW YORK. HEIDI GRUNDMAN, WIEN. GIANCARLO POLITI, FLASH ART, MILANO. HELENA KONTOVA, FLASH ART, MILANO. FRANÇOIS PLUCHART, L'ART VIVANT, PARIS. GAYA GOLDEYMER, ARTISTES, PARIS. GENEVIÈVE BREERETTE, LE MONDE, PARIS. TERI WEHN DAMISCH, R.T.F., PARIS. WILLY BONGARD, ART AKTUELL, KÖLN. JOSEP IGLESIAS DEL MARQUET, LA VANGUARDIA, BARCELONA. ROSA QUERALT, RADIO 4, BARCELONA. ROMAN GUBERN, UNIVERSITAT AUTÒNOMA, BARCELONA. RENÉ BERGER, UNIVERSITY OF LAUSANNE, LAUSANNE. KIM LEVIN, THE VILLAGE VOICE, NEW YORK. KEN FRIEDMAN, ART ECONOMIST, NEW YORK. JUDY HOFFBERG, UMBRELLA, LOS ANGELES. HUNTER DROHOJOWSKA, L.A. WEEKLY, LOS ANGELES. MICHAEL BRENSON, THE NEW YORK TIMES, NEW YORK. THOMAS LAWSON, REAL LIFE, NEW YORK. JEF CORNELIS, R.T.B., BRUXELLES. JEAN-PIERRE VAN TIEGHEM, R.T.B., BRUXELLES. MARY ANNE STANISZEWSKI, NEW YORK. PAUL TAYLOR, NEW YORK. BRIAN WALLIS, ART IN AMERICA, NEW YORK. NORIO OHASHI, BIJUTSU TECHO, TOKYO. TATSUMI SHINODA, MIZUE, TOKYO. ITSUO SAKANE, TOKYO. DAVID ANTIN, SAN DIEGO. RUSSEL KEZIERE, VANCOUVER.

CAPÍTOL 8: EPÍLEG/*CHAPTER 8: EPILOGUE*

LUCIANO FABRO, MILANO. JOSEPH BEUYS, DÜSSELDORF. FERNANDO DE FILIPPI, MILANO. JAUME XIFRA, PARIS. DANIEL BUREN, PARIS. JOHN BALDESSARI, LOS ANGELES. ALLAN KAPROW, SAN DIEGO. DOUGLAS HUEBLER, LOS ANGELES. BRACO DIMITRIJEVIC, LONDON. KRZYSZTOF WODICZKO, NEW YORK. DAN GRAHAM, NEW YORK. HANS HAACKE, NEW YORK. REGINA SILVEIRA, SÃO PAULO. ADRIAN PIPER, WELLESLEY, MASS.

L'Estat institucional

The Institutional State

Aquest projecte recrea simbòlicament, d'una manera gairebé fictícia, el procés social de creació d'imatges i de descoberta de noves connexions. El projecte és un cas ideal, irrealitzable en la realitat d'avui.

L'Estat institucional designa un intent de connectar dues sèries independents d'imatges de la nostra cultura, l'«espai tancat» d'una presó i l'«espai obert» d'un museu públic. La idea consisteix a aproximar-los per mitjà de la tecnologia de les teleconferències –equips de videoconferències telefòniques de dos canals– per crear noves zones d'imatges dins del marc urbà de l'espai. El projecte exigeix, com a mínim, que es comparteixin imatges de cultures separades. L'alt grau d'invisibilitat de presos i vigilants és, en molts aspectes, una realitat amagada. El projecte pretén crear un sistema de circuit tancat que ajudi a obrir imatges per a la reflexió, a obrir un arxiu vivent, en un àmbit intrainstitucional. L'objectiu del projecte, doncs, seria construir un «videocorredor» no judicial per a la comunicació entre cultures diferents que travessés diversos corpus institucionals. La institució de la presó i la institució del museu públic operarien conjuntament com a col·lectors i transmissors d'imatges i de dades. En última instància, doncs, *L'Estat institucional* constitueix un mitjà per analitzar la humanitat a partir d'una cosa molt inhumana. Fa ús d'un entorn tecnològicament saturat i n'aprofita una part –línies de transmissió de dades– com a motiu. El projecte pretén eixamplar la definició de què és art, propugnar la consideració que res no necessita ser art, mostrar el museu com una empresa sense límits (sense fronteres) i fer-nos més conscients de nosaltres mateixos en la relació de l'home amb la tecnologia i amb els altres.

Definida en comparació amb la meva obra anterior, *L'Estat institucional* és una exploració experimental basada en el temps del nostre compromís quotidià amb l'alta tecnologia a través d'imatges i d'estructures. La part videogràfica de la instal·lació imita les estructures dels sistemes de seguretat i els seus programes nominals per informar de la presència de «l'altre» (en forma d'advertiment sobre un perill potencial). A la presó Model de Barcelona, s'hi ha instal·lat un monitor antivandalisme i una càmera en color d'alta sensibilitat combinada amb micròfons. Els individus de la presó poden veure la seva pròpia imatge i després observar com desapareix en fondre's amb imatges d'individus que es troben al museu.

This project symbolically recreates, in an almost fictitious way, the social process of creating images and finding new connections. The project is only an ideal one, which I realize may be out of the grasp of the real today.

The Institutional State *names an attempt to connect two separated sets of images from our culture, the "closed space" of a prison and the "open space" of a public museum. The idea is to bring them together through common tele-conferencing technology –the equipment of telephonic two-way video conferencing– to create new image-zones inside the urban mainframe of space. The project asks, at the very least, that images from separate cultures be shared. The high degree of invisibility of prisoners and guards is, in many senses, a hidden reality. The project intends to set up a closed-circuit system that will help open up images for reflection, open up a living archive, intra-institutionally. The project aims to create a non-judgmental "video corridor" for communication between different cultures, passing through different institutional bodies. The institution of the prison and the institution of the public museum here work together as collectors and transmitters of images and of data. At its core,* The Institutional State *functions as a means of focusing on humanity from out of something very inhumane. It makes use of a technologically-saturated environment, and takes a part of that –data lines– as its motif. The project is intended to enlarge the definition of what is art, to foster a consideration that nothing need not be art, to show the museum in the role of boundless (boundary-less) enterprise, and to make us more aware of ourselves in human relation to technology and to each other.*

In keeping with the general slant of my past work The Institutional State *is an experimental time-based exploration of our daily engagement with high technology through images and structures. The video facet of the installation replicates the structures of security systems and their nominal agenda of reporting information about the presence of the "other" (usually as a warning about potential danger). At the Model prison of Barcelona, a vandal-proof monitor and low-light color camera/microphone combination are installed. Individuals in the prison are able to view their own image, and then to watch it disappear as it is mixed in with images of individuals in the museum. At the Fundació Antoni*

186

JULIA SCHER

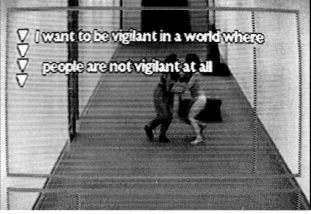

A la Fundació Antoni Tàpies, el públic pot veure imatges en directe als monitors instal·lats al nivell inferior. Les càmeres col·locades en aquesta sala i en altres punts del museu complementen la que hi ha a la presó. Al nivell inferior, hi ha un taulell que conté la resta de l'equip. Els visitants poden disposar d'una càmera de VHS i un plòter digital per documentar, enregistrar i imprimir imatges d'ells mateixos. Gràcies a la tecnologia d'exploració lenta amb dos canals, també hi ha la possibilitat de realitzar audiotransmissions al llarg del corredor entre la presó i el museu.

L'espai arquitectònic de la instal·lació es pot definir com una zona de «restricció transparent». L'organització del *hardware* videogràfic és essencial per a aquesta instal·lació. Idealment, una paret de vidre lleugerament acolorit serveix de façana per a tota l'estructura del nivell inferior, on s'ha col·locat la instal·lació, per crear una sensació de transparència. Des de fora de la sala, es pot veure un seguit de monitors, càmeres i persones a través de la porta, i tota la instal·lació pot funcionar visualment com un retaule d'observadors que observen els observats (i a l'inrevés) a l'ombra dels conductes de control. La instal·lació, des d'aquesta perspectiva, recorda també una màquina de control amb un sistema de bloqueig interconnectat, com un sol instument dinàmic que opera en una paròdia o crítica d'un complex sistema de vigilància real.

L'organització de l'espai fa que l'espectador visqui una experiència no lineal, sinó en certa mesura guiada, de navegació per un entorn restrictiu. Per aquesta raó, cal que els tres monitors i el full d'instruccions siguin ben visibles quan s'entra a la sala. A més, hi ha un sistema d'altaveus, un text en Braille i cartells a les parets que alerten sobre la vigilància a què està sotmès l'espectador, i l'informen de la ubicació dels materials, de com interactuar amb el sistema si ho desitja i de l'horari de funcionament. La instal·lació ha d'ocupar

Tàpies, visitors are able to view live images on monitors in the basement. Live cameras in this room and other parts of the museum complement the one in the prison. A desk in the basement contains the other equipment. A VHS video recorder and a digital plotter are available for visitors to document, record and print images of themselves. Two way slo-scan technology allows the possibility of audio transmissions along the museum/prison corridor.

The architectural space of the installation can be described as a zone of "transparent restriction." The organization of video hardware is a crucial element of this installation. Ideally, a slightly-tinted pastel glass wall acts as the facade for the entire basement structure, within which the installation is housed, in order to create a sense of transparency. Inside the museum, an array of monitors, camera, and people, can be viewed from the outside of the room through the door, and the whole installation can function visually as a tableau of watchers watching the watched (and vice versa), in the shadow of the conduits of control. The installation, seen in this fashion, also resembles an interlocking, multi-tiered control machine, a single dynamic instrument being played in a parody or critique of an actual complex watching system.

The space is organized to present the visitor with non-linear, but still somewhat guided, experience of navigating through a restrictive environment. For this reason, the bank of three monitors and an instruction sheet is clearly evident when entering the room. An audio enunciator, Braille text, and wall sign alert individuals to the fact of surveillance taking place, and inform them of the location of materials, how to interact with the system if desired, and the hours of operation. The installation aims to take up as little floor space as possible –including in addition to the technology only easy-to-view hanging monitors, a small desk for the equipment, and a

JULIA SCHER

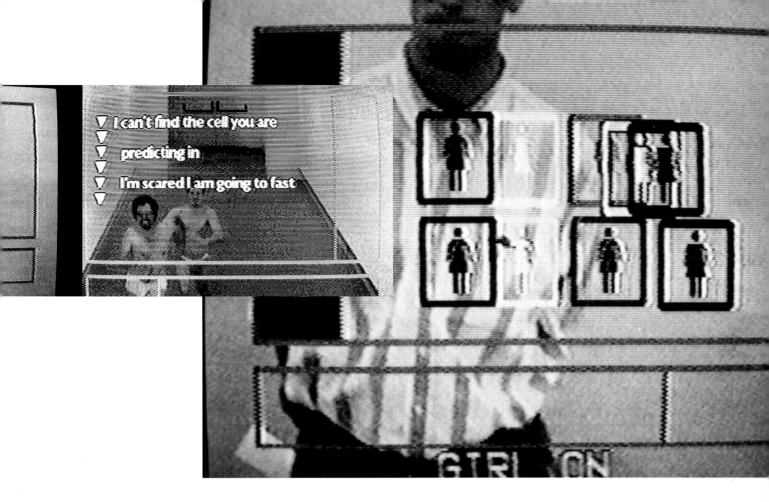

el mínim d'espai possible, cosa que vol dir que, a més de la tecnologia, únicament ha de comprendre uns quants monitors penjats, una tauleta per a l'equip i una zona còmoda per seure-hi. Aquesta disposició del material només té la funció de facilitar una mena d'embolcall per a moments experimentals; les autèntiques creacions del projecte es realitzen a mesura que els individus interactuen amb el sistema, a base d'elaborar, interpretar i reclamar imatges per a ells mateixos, o bé de trobar un moment de pau dins d'un seguit d'imatges.

L'espai de vigilància del cos s'insereix, doncs, en l'estructura de la institució i esdevé espai d'anàlisi, a mesura que els individus es constitueixen en subjectes i monitors de la seva pròpia conducta. Amb d'altres paraules, la tècnica d'exploració lenta situa el visitant en una posició en què esdevé simultàniament observador i observat, però no en un temps real, cosa que suposaria una materialització de l'acord tàcit que es produeix en l'existència quotidiana quan acceptem el nostre propi control. Els observadors se situen en uns moments experiencials singulars en què esdevenen alhora subjectes voluntaris d'un control de seguretat intrusiu i timoners de la seva pròpia vigilància.

En la vida quotidiana –on les màquines i els controls classifiquen, arxiven i, en definitiva, defineixen la nostra experiència; on la vigilància ho enregistra tot i ho

comfortable seating area. This arrangement of gear only creates a shell for experimental moments– the real gems of the project are created as individuals interact with the system, making, performing and reclaiming images for themselves, or finding a peaceful moment within a string of images.

The site of surveillance of the body is thus inserted into the structure of the institution and becomes in itself the site of perusal, as individuals render themselves subjects and monitors of their own behavior. In other words, the slo-scan video configuration puts the visitor in the position of being simultaneously the watcher and the watched, but not in real time, thereby reifying the tacit agreement that occurs in one's daily existence in which we consent to our own control. Watchers are placed in singular experiential moments in wich they are both willing subjects of intrusive security control and the helmspeople of their own surveillance.

In our everyday lives –when controllers and machines intentionally archive, file away, and ultimately define our experience, where surveillance registers all and selects accordingly, thereby reconstructing a body in private, out of view, furthering a strategy of domination– we live in a reality where resignation is the greatest weapon for any control system, any mechanism of suppression. Prisoners may be targeted as people upon whom restrictions, aimed

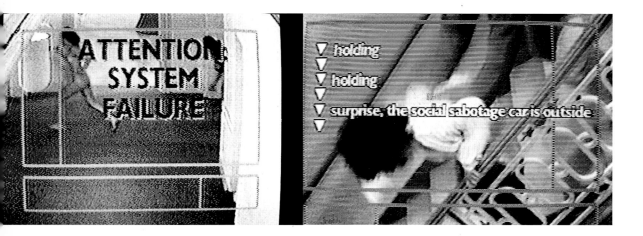

selecciona degudament, fins al punt que reconstrueix un cos en privat, en secret, i així promou una estratègia de dominació– vivim una realitat en què la resignació és l'arma més poderosa per a qualsevol sistema de control, qualsevol mecanisme de supressió. Podríem definir els presos com a persones a les quals s'imposen restriccions, en nom de la seguretat de l'Estat, amb la finalitat de fer-les invisibles. Les idees sobre l'accés públic a les comunicacions, institucions, comunitats i empreses operadores adopten significats totalment nous quan els grups invoquen «estudis científics d'alta tecnologia» que critiquen la destrucció de l'entorn, el barri, la família i l'esperit humà per part de col·lectius marginals: criminals, drogoaddictes, indigents, prostitutes, portadors de malalties, violadors, terroristes o mares que viuen de l'assistència social.

L'Estat institucional és com un senyal d'alerta: els estats units de la natura i la tecnologia. Els termes d'aquests acords entre restricció i protecció s'han negociat sense el nostre consentiment. A mi, m'interessa l'expansió total dels mitjans de comunicació com a eina per contraposar idees i temes que afecten tota la societat. Per això, tinc esperança en els mitjans no artístics, en els sistemes de transmissió, per la seva capacitat d'inoculació i de comunicació, perquè «contribueixen a resoldre malentesos». Com naveguem per aquest nou territori i què fem quan hi som?

at keeping them out-of-view, are imposed in the name of the environmental security state. Ideas about public access to communications, to institutions, to communities, and to transportation, take on entirely new meanings when groups invoke "high-tech scientific studies" which decry the destruction of the environment, the neighborhood, the family and the human spirit by unrestrained waste populations –criminals, drug addicts, homeless people, hustlers, disease carriers, sex offenders, terrorists, or welfare mothers.

The Institutional State *seeks to evoke a warning: the united states of nature and technology. The terms of these agreements about what restriction and protection are have been negotiated without our consent. I am interested in the deployment of mass media to all as a means of interfacing ideas and issues affecting all of society. I look forward to non-art media, to transmission systems, for their inoculation capabilities, their communication capacity, and their ability to "help span divides of misunderstanding." How do we navigate this new territory and what do we do while we are in it?*

Julia Scher wrote this text when her project The Institutional State *was still in the planning stage. Some changes were made in the final version of the work, which was produced for the exhibition* The End(s) of the Museum *at the Fundació Antoni Tàpies. In this version, the "closed space" used was the St. Joan de Déu mental hospital in Sant Boi (Barcelona) rather than the Barcelona prison.*

Julia Scher va escriure aquest text quan el seu projecte L'Estat institucional es trobava en fase preparatòria. En la realització final de l'obra per a l'exposició Els límits del museu a la Fundació Antoni Tàpies, es van produir alguns canvis en relació amb aquest escrit. Entre d'altres, es va utilitzar com a «espai tancat» el recinte dels Serveis de Salut Mental de Sant Joan de Déu (Sant Boi), en comptes de la presó Model de Barcelona.

L'ESTAT INSTITUCIONAL, 1995
Instal·lació a la Fundació Antoni Tàpies

THE INSTITUTIONAL STATE, 1995
Installation at the Fundació Antoni Tàpies

1.

INFO/DATA
[CIBER-KOANS] • superfícies hiperabundants • rierols d'informació • fosa desorientada • saqueig de xarxes matricials • aiguabarreig cromàtic • buidats de memòria per error de procés i detectors de vigilància

INFO/DATA
[CYBER-KOANS] • hyperabundant surfaces • rivulets of information • molten clueless • matrix nets plunder • chromatic meltdown • crashed computer memory dumps and guard locators

2.

TECNO
[TECNOFÍLIA I TECNOFÒBIA] • edificis intel·ligents i zones comunitàries • paper d'emparar perforat • partícules de ressonància • clúster de molècules de la infantesa • màquines d'orientació • software injectable • tecnologies d'extracció

TECHNO
[TECHNOPHILIA & TECHNOPHOBIA] • smart buildings and community fields • logicial wallpaper • resonance particles • cluster of childhood molecules • machines of guidance • software injectibles • extraction technologies

3.

MÈDIC
[NO PATEIXIS] • Interfície d'integritat psicobiològica • identitat, funcions i alteracions de la salut • teràpies de resultats • vehicles d'insensibilitat accelerada • detectors de senyals vitals no reutilitzables • grups d'adquisició hospitalària • telecomunicacions cel·lulars i activadors vitals

MEDICAL
[DON'T WORRY] • psychobiological integrity interface • identity, functioning and health alteration • re-outcome therapies • heightened insensitivity vehicles • disposable vital sign detectors • hospital purchasing groups • cellular telecommunications and life activators

JULIA SCHER

4.

COS DE L'ESTAT MEDIAMBIENTAL
[BIOMATRIU] • cicles de germinació • tecnologies d'adhesió cel·lular • protocols d'inserció • agents del servei de penetració • hàbits feridors • separadors i dics bucals • carregadors d'arxius parcials del cos • estabilitzants plegables i estabilitzants fixos

BODY OF THE ENVIRONMENTAL STATE
[BIOMATRICS] • germ cycles • cell adhesion technologies • insertion protocols • penetration delivery agents • wounding habits • mouth fences and mouth dams • body part file loaders • folding stabilisers and holding stabilizers

5.

VIGILÀNCIA I CONTROL
[OPERACIONS DE CONTROL]
• privacitats medulars • espai de seguretat invisible • sistemes d'autenticació i micromànagers • avaluadors de deriva • operadors silenciosos actius • equips de resposta làser • especialistes en càstig • límits correccionals • pantalles atapeïdes • imatges laterals • bits d'informació infectats

SURVEILLANCE & CONTROL
[CONTROL SEIZURES] • core privacies • invisible secured space • authenticating systems and micro managers • drifter/evaluators • active silent operators • laser response teams • punishment specialists • correctional borderlands • stuffed screens • side images • damage soaked data bits

6.

SEXE I GÈNERE
[FANTASMAGORIA SEXE/TERROR] • canals d'amor • camps d'esclaus i cultivadors de la delinqüència juvenil • inhibidors de les funcions sexuals • entorns de violació automatitzada • pirates informàtics d'antres gay • reconstruccions submissives 3-D • hipercarnets de mascles no detectables • estrògens conjugats • absorbents institucionals i control de fronteres

SEX/GENDER
[SEX/FEAR PHANTASMAGORIA] • love canals • slave fields & juvenile delinquency cultivators • gender functioning inhibitors • automated rape environments • hotstop gay hacker-thugs • 3-D submissive reconstructions • non-traceable male hyper-cards • conjugated estrogens • institutional absorbers and boundary control

JULIA SCHER

Pilots primigenis (desesperadament confusos)
Un retaule *fin de siècle* sobre la naturalesa dels museus i d'altres models de percepció i de possibles fal·làcies

La premissa fonamental de la instal·lació documentada en aquest catàleg és la proposició que cap model cultural d'interpretació social (i el museu d'art n'és un exemple) no pot ser construït dins d'un buit político-ideològic i filosòfic com el que tenim avui dia. Dit d'una altra manera, l'abandó de la idea moderna de progrés i la desfeta de l'esquerra política històrica proporciona la base per a l'esbombada confusió i el *malaise* teòric que sembla regnar en l'àmbit de les idees socials en general, i en els experiments museològics contemporanis en particular. La postmodernitat troba el seu complement polític en l'exercici no ideològic i la gestió amb esperit empresarial del poder, que és l'essència de les actuals democràcies occidentals. Dins aquest context, *tot* té rellevància i s'esdevé amb el mateix grau d'(in)transcendència: tothom mereix que se l'escoltin però ningú no en té l'oportunitat, perquè, quan es fa l'anàlisi final, l'única opinió que compta és la del primer ministre, i no necessàriament pel títol que ostenta, sinó perquè aquest títol incorpora, per activa o per passiva, el monopoli de l'època mediàtica. La democràcia, doncs, és un mite, no entès com a falsedat, sinó com a paradigma de conducta que dóna sentit i direcció a l'existència i així l'allibera del caos de l'experiència, d'una manera semblant a la idea de revolució o a la seva conseqüència, la utòpica societat igualitària i justa, vigent en una època en què encara es considerava un objectiu relativament assolible.

El museu, com a eina cognitiva per interpretar i entendre el món, com a model epistemològic, no és diferent d'una filosofia social o d'una ideologia política. De fet, voldria assenyalar que els conceptes artístics i els político-ideològics es troben molt pròxims fenomenològicament, ja que en tots dos casos partim de proposicions intangibles que no poden prevaler si no és per consens o per imposició. De la mateixa manera que una ideologia política, pel que fa als seus principis teòrics, té més a veure amb la manera com hauria de ser el món que no pas amb la manera com és en realitat, un museu és un retrat col·lectiu manufacturat que reflecteix com ens veiem nosaltres mateixos (com ens agradaria ser), més que no pas com som en realitat.

Quan el museu s'acontenta a ser un simple contenidor coreografiat de detritus històrics convencionalment significants, les contradiccions no es fan insostenibles: l'aparat narratiu que sustenta el museu sempre es pot

Primal Pilots *(Hoplessly confused)*
A fin de siècle *tableau on the nature of museums and other models of perception and possible delusion*

The fundamental premiss of the installation documented in this catalog is the proposition that no cultural models of social interpretation (the art museum being one example) can be constructed within a political-ideological and philosophical vacuum such as the one we are seeing today. Put in other words, the demise of the modern idea of progress and the collapse of the historical political left provides the background for the much trumpeted theoretical confusion and malaise *that seems to exist in the realm of social ideas in general, and in the contemporary museological experiments in particular. Postmodernism finds its political counterpart in the non-ideological exercise and businesslike management of power, which is the essence of contemporary western democracies. In such a context everything has relevance and occurs in the same level of (in)transcendence; everybody deserves to be heard but nobody really gets a chance to because, in the final analysis, the only opinion that carries the day is that of the Prime Minister, not necessarily because of his/her title, but because that title embodies, by action or omission, the monopoly of media time. Democracy is therefore a myth, not in the sense of falsehood, but in the sense of being a behavioral paradigm which gives meaning and direction to existence, freeing it from the chaos of experience –much in the same way the idea of revolution or its consequence, the utopian egalitarian and just society, functioned at a time when people could still believe in it as a relatively attainable objective.*

The museum, as a cognitive device to interpret and understand the world, as an epistemological model, is no different from a social philosophy or political ideology. As a matter of fact, I would like to point out that an artistic concept and an ideological-political one are phenomenologically very close, since in both cases we start from intangible propositions which cannot prevail unless it is by consensus or by imposition. Similarly to the way in which a political ideology, in its theoretical tenets, has more to do with how the world should be rather than with the way it really is, a museum is a maufactured collective portrait that reflects how we see ourselves (how we wish we were) rather than how we really are.

When the museum contents itself with being a mere choreographed container of conventionally significant historical debris, contradictions do not become unbearable; the narrative apparatus that sustains the

FRANCESC TORRES

modificar per adequar-se als temps sense canviar el decorat (l'art). És tan poc probable –afortunadament– que el Gemeentemuseum de L'Haia suprimeixi els primers Mondrians com que el Museo del Prado suprimeixi algun dia tots els Goyas, al marge de la possible virulència d'eventuals revisionismes acadèmics. En aquest punt, val la pena recordar que, si bé Stalin va destruir l'avantguarda russa acabant amb els seus defensors, no va destruir tot l'art que ja existia aleshores. En una reveladora simetria inversa, el Tercer Reich va ser arrasat, però el gruix del seu art, dimonis a part, tampoc no es va destruir; es va conservar durant gairebé mig segle als soterranis del Pentàgon, a Washington DC, fins que ara fa poc va ser retornat a Alemanya. Els mateixos nazis, destructors devots de tot allò que no podien entendre, no van anar tan lluny com les seves paraules pel que fa a l'art: més que confiar a la pira tot el que consideraven degenerat, se'n van reservar una bona part, i això els va permetre, per exemple, organitzar una subhasta l'any 1939 a Lucerna que va aportar 500.000 francs suïssos al partit nacionalsocialista. Òbviament, el zel ideològic era –i és– més feble que cobdiciós.

Malgrat que hi ha hagut pèrdues sonades a causa d'actes destructius deliberats per part de dreta i esquerra (com el fet de tapar amb pintura els murals d'Oskar Schlemmer al Folkwang Museum d'Essen, l'any 1937, per iniciativa del director del museu, l'oficial de la SS Klaus Baudissin; o la sort semblant que van córrer els murals de Diego Rivera al Rockefeller Center de Nova York, a les democràtiques mans del senyor David Rockefeller), no hi ha gaire gent disposada o amb prou coratge per destruir, per raons ideològiques, l'art que penja precàriament a les parets immaterials d'aquest museu desestructurat que és, en última instància, la societat com un tot. I jo ho trobo reconfortant.

La cosa es complica, però, quan el museu s'autoconsidera un intèrpret de la cultura i, fet més greu encara, un participant actiu d'aquesta; un agent i un

museum can always be changed to suit the times without changing the decoration (the art). There is as much of a chance –fortunately– of the Gemeentemuseum in The Hague removing its early Mondrians, as there is of the Prado Museum ever removing its Goyas, regardless of the possible virulence of eventual academic revisionism. It is useful to remember here, I think, that while Stalin destroyed the Russian avantgarde by destroying its defenders, he didn't destroy all the already existing art. In a revealing inverted symmetry, the Third Reich was turned to dust but its art, evils aside, was to a great extent not destroyed either; it lay in storage for almost half a century in the vaults of the Pentagon in Washington D.C. until it was recently returned to Germany. The Nazis themselves, devoted destroyers of whatever they coudn't understand, didn't go as far as their own words when it came to art; rather than confining what they considered degenerate to the pyre, they preserved a considerable amount of it, putting it instead, to mention an instance, on the auction block in Lucerne in 1939 which made the National Socialist Party SF 500,000 richer. Obviously, ideological zeal was –and is– weaker than greed.

Although there have been recorded losses due to deliberate acts of destruction left and right (such as the painting over in 1937 of Oskar Schlemmer's murals at the Folkwang Museum in Essen by its director, SS officer Count Klaus Baudissin, or the similar fate of Diego Rivera's murals at the Rockefeller Center in New York at the democratic hands of Mr. David Rockefeller), very few people seem willing or have the courage to obliterate for ideological reasons the art that precariously hangs on the immaterial walls of that ultimate unstructured museum that is society as a whole. I find this comforting.

Things get truly complicated, however, when the museum sees itself as an interpreter of culture and, most importantly, an active participant in it; an agent and a generator of culture in the literal and physical sense of the

COVA D'ALTAMIRA, Cantàbria
ALTAMIRA CAVE, Cantàbria

Vista de la instal·lació de l'exposició **DISSENYATS PER CÓRRER: 3 AUTOMÒBILS FERRARI**
The Museum of Modern Art, Nova York. 4 novembre 1993 - 8 març 1994

Installation view of the exhibition **DESIGNED FOR SPEED: 3 AUTOMOBILES BY FERRARI**
The Museum of Modern Art, New York. November 4, 1993 - March 8, 1994

generador de cultura en el sentit literal i físic de la paraula, més que no pas un mer receptacle d'idees sedimentades. Com a agent participant, un museu ha de tenir molt clara la seva funció dins la societat i un model operatiu museològic que és (o ha de ser) fonamentalment ideològic, ja que no es pot prendre cap decisió amb el luxe i la concurrència del temps. En aquestes circumstàncies, els criteris acadèmics són insuficients per abordar tots sols esdeveniments o objectes mancats d'una pàtina històrica. Alguns, sens dubte, s'afanyarien a detectar en això que dic indicis sospitosos d'aquesta mena de bretolisme ideològic tan practicat pels nazis i els stalinistes. Però distingir, d'una banda, entre el tipus d'intervenció cultural ideològica que referma i protegeix la llibertat i la pluralitat d'idees i, de l'altra, el tipus d'intervenció pensada per eliminar completament la pluralitat en benefici d'una única visió del món, monolítica i excloent, és una qüestió de pura honestedat intel·lectual.

Sigui com sigui, quan el museu esdevé un espai ideològic dedicat a generar cultura, l'estratègia que cal seguir és ben diferent i potser impossible d'aplicar en el nostre món feliç superficialment coratjós però políticament covard. Aquesta estratègia parteix d'una proposició molt simple: que les formes culturals radicals només poden sorgir de grups d'individus radicals amb una visió radical del món. Ni més ni menys. No oblidem que en aquest territori surreal d'un temps històric ben recent que ara sembla més remot que la Croada dels Nens, el que acabo de dir no es considerava cap disbarat; de fet, arguments com el que acabo d'esgrimir s'utilitzaran durant anys, potser segles, en el futur, per caracteritzar el xup-xup intel·lectual del segle XX abans que la Història coincidís amb el cadàver de Jimmy Hoffa en algun abocador d'escombraries perdut. A la vista d'això, potser hauríem de ponderar per què, a les acaballes d'aquest segle tan increïble com espantós, ens sentim incapaços de canviar el curs dels esdeveniments en el nostre pobre món, el-millor-de-tots-els-mons-possibles, heretat després de la desaparició sobtada i inesperada de la història amb una «h» majúscula, com a Hegel.

Els guerrers de l'economia de mercat, moralment armats amb els horrors del Gulag i oblidant, per conveniència, que Hitler i Mussolini defensaven les excel·lències del capitalisme, ens diran que no cal plantejar-se aquesta qüestió, i menys encara respondre-la. Ens diran, per contra, que democràcia i capitalisme són categories intercanviables i que la no-acceptació militant d'aquest axioma és el nucli de la llavor letal del totalitarisme. Aquesta és, precisament, l'ombra glaçada i fosca que alguns intel·lectuals europeus d'extrema dreta estan escampant sobre tot el moviment modern, en especial sobre aquelles parcel·les susceptibles

word rather than a mere receptacle of sedimented ideas. As a participant agent, a museum must have a clear sense of its function in society and a museological model of operation which is (or needs to be) fundamentaly ideological since no decisions can be made with the luxury and assistance of time. In these circumstances academic criteria alone are clearly insufficient to deal with events or objects devoid of historical patina. Some would, no doubt, scramble to detect any suspicious whiff of the kind of ideological thuggery so dear to both Nazis and Stalinists in what I am saying. It goes without saying that it is only a matter of intellectual honesty to see the difference between the type of ideological cultural intervention which ensures and protects the freedom and plurality of ideas, and the kind of ideological cultural intervention designed for the total obliteration of plurality for the benefit of a single, monolithic and exclusionist view of the world.

At any rate, when the museum becomes an ideological space devoted to the generation of culture, the strategy needs to be of a completely different sort, one which may very well be impossible in our superficially brave but politically cowardly new world. It requires to cast off from a very simple proposition: that radical cultural forms can only spring from groups of radical people equipped with a radical understanding of the world. No more, no less. Let's not forget that in that surreal territory of very recent historical time that feels now more remote than the Children's Crusade, what I have just stated was considered not unreasonable; as a matter of fact, arguments like that I have just stated will be used in years, perhaps centuries, to come in order to characterize the intellectual soup of the twentieth century before History joined Jimmy Hoffa's corpse in some unknown garbage dump. In the light of this, perchance we should be pondering why, at the closing of this unbelievable and terrifying century, we find ourselves incapable of changing the course of events in this very sorry best-of-all-possible-worlds of ours, having inherited it after the sudden and unexpected disappearance of history with a capital "h", as in Hegel.

The market economist warriors, morally armed with the horrors of the Gulag and conveniently forgetting that Hitler and Mussolini thought that capitalism was just fine, will tell us that we should not even bother with the question, let alone answer it. They will tell us, in turn, that democracy and capitalism are interchangeable categories and that the militant non-acceptance of this axiom has in its core the seeds of totalitarianism and death. This is precisely the chilling and dark shadow that some rightist European intellectuals are casting over the entire modern movement, especially those parcels susceptible to being identified with the political Left.

d'identificació amb l'esquerra política. Tant és Bòsnia. Tant és Berlusconi, Fini i Bossi. Tant és la desocupació massiva. Tant és el racisme. Tant és la indiferència i l'amnèsia històriques. El món que ha emergit de la lluita consumada de la guerra freda és, si pensem que els qui guanyen sempre tenen raó, allò que hem estat buscant des que vam baixar dels arbres.

Si bé estic preparat per admetre que Stalin va ser un fruit del comunisme, només ho admetré si els defensors dels beneficis-a-qualsevol-preu de la democràcia estan disposats a acceptar que Hitler va ser un fruit del capitalisme. I si bé és veritat que, més sovint que no caldria, els principis ideològics forts són molt negatius per a la salut general de la població, els buits ideològics omplerts per l'exercici descarnat del poder econòmic amanit amb una mica de discurs social tampoc no són gaire saludables. Només cal fixar-se en la pàtria del Ferrari per veure cap on aniran els trets.

Quan s'intenta respondre per què és tan difícil, en aparença, inventar i edificar un món millor i més raonable que l'actual, el tema continua girant entorn d'una insondable paradoxa: que, malgrat l'experiència històrica, el capitalisme salvatge o de *laissez faire* ha estat acceptat com l'únic sistema social imaginable i viable després de la implosió de l'esquerra política revolucionària. Fins que no desxifrem aquest misteri i tinguem prou força moral i intel·lectual per fer un *da capo* històric, estem condicionats pel que hi ha (en el millor dels casos): democràcies capitalistes liberals mediocres i cansades a Europa i democràcies liberals mediocres però energètiques a Nord-amèrica. La resta del món només existeix com a barri marginal o bé com a lloc exòtic per passar-hi les vacances. Ens hem de sorprendre, doncs, si les noves institucions especulars d'aquestes societats, les institucions construïdes sobre les cendres de la Modernitat com a representació d'allò que a aquestes societats els agradaria ser, fan la impressió de ser incomprensibles màquines d'alta tecnologia confiades a uns primats profundament perplexos?

Never mind Bosnia. Never mind Berlusconi, Fini and Bossi. Never mind massive unemployment. Never mind racism. Never mind indifference and historical amnesia. The world that has emerged from the consummated contest of the Cold War is, since winners are always right, conclusively what we have been striving for since we descended from the trees.

While I am quite prepared to accept the fact that Stalin was an offspring of communism, I will only do so if the profit-at-any-cost defenders of democracy are willing to accept that Hitler was an offspring of capitalism. And while it is true that more often than not uncompromisingly strong ideological tenets can be very bad for the general welfare of the population, ideological vacuums substituted by the raw mangement of economic power sprinkled with two cents of socialspeak aren't a great comfort either. One only has to look at the motherland of Ferrari for a sign of things to come.

When trying to confront the reason why it is apparently such an impossible task to invent and build a better and more reasonable world than the one existing, the issue still pivots over an unfathomable paradox namely, that in spite of historical experience, laissez faire *savage capitalism has been accepted as the only imaginable and viable social system after the implosion of the historical political revolutionary left. Until such time as the above mystery can be deciphered and we gather enough moral and intellectual strengh for a historical* da capo, *we are stuck with what we have (and that only at best): tired, mediocre capitalist liberal democracies in Europe and energetic, mediocre liberal democracies in North America. The rest of the world only exists as a shantytown or as an exotic vacation resort. Should we be surprised, then, if the new specular institutions of these societies, the institutions constructed over the ashes of Modernism as representations of what those societies like to think they are, give the impression of incomprehensible high-tech machines entrusted to profoundly perplexed primates?*

La caixa dels somnis

«L'home és l'únic animal metafòric.»
JOSEPH RYKWERT

L'ordre i la percepció que en tenim depenen d'imperatius epistemològics amb un substrat sospitosament biològic. N'hi ha prou de recordar que la perplexitat no ha estat mai un instrument eficaç de supervivència. No és cap bajanada pensar que, en un «principi», l'ordre es devia descobrir mitjançant l'observació de fenòmens recurrents com els cicles biològics i fisiològics dels animals, del cos –propi o aliè–, del cicle diari, de les estacions i, sobretot, del firmament. Potser per això, les interpretacions orgàniques i antropomòrfiques de l'univers, juntament amb les interpretacions cosmològiques del món animal i del cos humà, en van ser –i en alguns casos continuen essent– conseqüències inevitables.

Els fenòmens recurrents van fer del firmament i, per extensió, de l'univers una cosa canviant i immutable alhora. Canviant pel moviment dels astres i immutable pel caràcter recurrent d'aquest moviment. Qualsevol cosa que alterés aquest ordre es considerava un senyal diví, un presagi.

S'ha dit que el primer museu del món és la cova paleolítica. Tot el coneixement acumulat pel grup, tota la informació necessària per comprendre el món, es mostrava com una constel·lació en suspensió animada sobre la pètria volta celest de la cova. Atès que el cervell humà està més dotat per comprendre el món que per comprendre's ell mateix, la cova tatuada és també una externalització del cervell col·lectiu; un enregistrament (foto)gràfic dels replecs corticals, no sols del grup sinó també de l'espècie. L'interior pintat d'aquest gran vas cranial és, en definitiva, un banc visual de dades, un ordinador iconogràfic, un enginy iniciàtic. Dins l'àmbit del tangible, el que és comprensible ha de ser descobert (caçat i controlat). Aquests trofeus de caça esdevenen aleshores constel·lacions fixes i enregistrades de l'experiència; no es mouen mai d'allà, un cop s'ha après a trobar-los.

L'aprehensió de la fórmula màgica que dóna sentit a l'experiència, que desxifra els misteris de la via, comporta que aquella, com a presa, tingui els dies, les hores i els minuts comptats. Malgrat que, en alguns casos, els minuts puguin ser segles, tard o d'hora, aquell complex sistema de llums i de miralls mitjançant el qual el nostre cervell va creure que entenia el món, aquella presa viva, deixa de bategar i es torna sediment d'una aventura cognoscitiva.

The Repository of Dream

"Man is the only metaphorical animal."
JOSEPH RYKWERT

Order and the perception of order are subject to epistemological imperatives with a suspiciously biological base. One needs only to remember that perplexity has never been an efficient tool for survival. There is nothing trite about the idea that, in "principle", order should be revealed in recurrent phenomena such as the biological and physical cycles of the animal, the body –one's own or someone else's–, the daily cycle, the seasons and, above all, the firmament. This may be why organic and anthropomorphic interpretations of the universe and cosmological interpretations of the animal world and the human body were –and in some cases continue to be– inevitable.

Recurrent phenomena made the firmament, and by extension the universe, something that is at once changing and immutable: changing through the movement of the heavenly bodies and immutable because of the recurrent nature of this movement. Anything that altered this order was seen as a divine signal, an omen.

It has been said that Stone Age caves were the first museums. All the knowledge accumulated by the tribe, all the information necessary for understanding the world, hovered like a constellation in animated suspension above the cave's heavenly vault of stone. Because the human brain is better equipped to understand the world than to understand itself, the tattooed cave was also an external manifestation of the collective mind; a (photo)graphic register of the hidden reaches of the brains, not only of a group but of the entire species. The painted interior of this great cranial vessel is, in short, a visual data bank, an iconographic computer, a start-up device. In the realm of the tangible, everything comprehensible must be revealed (hunted down and subdued). These trophies of the hunt then become constellations that are permanently registered in our experience. Once we have learned how to find them they remain there for all time.

Learning the magic formula that gives experience its meaning and deciphers the mysteries of life means that life itself becomes the quarry: its days, hours and minutes are numbered. Although its minutes can sometimes be centuries, sooner or later the complex system, that live prey which allowed our brains to think they understood the world around them ceases fighting and becomes the residue of a cognitive adventure. It is turned into history, a fleeting sign that continues to glow like the passing light

FRANCESC TORRES

Es transforma en història, en un rastre que continua il·luminant com la llum viatgera d'una estrella ja apagada. El premi Nobel de física John Archibald Wheeler escriu que, perquè alguna cosa existeixi –l'univers, per exemple–, ha d'existir també un observador que l'enregistri. Els autors del Gènesi també remarquen el paper de l'observador com a agent fonamental de l'existència de *tot*, quan afirmen que Déu (no hi ha teatre sense públic) va crear l'home per tenir testimonis de la seva grandesa. Si perquè les estrelles extingides continuïn emetent llum calen uns ulls que la recullin, la història, per ser història, necessita els ulls de la consciència i prou habilitat emotiva i imaginativa per suprimir les distàncies del temps.

Parlar de la cova rupestre com a museu primigeni va més enllà d'un joc d'analogies. La característica fonamental de la cova pintada és la seva simetria amb el museu d'art contemporani actual o amb els museus de la ciència, on es mostra i s'explica el que sabem del nostre univers interior i exterior. El que es pot veure a les parets de pedra d'Altamira és tan sols sedimentació històrica per a nosaltres, que vivim dins la història. Ara bé, per als qui les van pintar, dels primers als últims, constituïa una representació del món absolutament contemporània, malgrat que es dugués a terme durant milers d'anys, ja que, fora del temps històric, només hi ha el present infinit.

Un exemple fascinant de cova-museu és el Museu d'Història de la Ciutat de Barcelona. Aquest museu, comenta Alexandre Cirici al llibre *Barcelona pam a pam*, ocupa l'antiga casa Clariana-Padellàs, un palau gòtic del segle XVI que havia estat al carrer Mercaders i que es va traslladar pedra a pedra al seu emplaçament actual (em pregunto, en un incís, si l'edifici del nou Museu d'Art Contemporani de Barcelona, obra de Richard Meier, no és el mateix que va construir a Frankfurt traslladat pedra a pedra al carrer de Ferlandina). En aquest museu extraordinari i únic, el material que constitueix la part més important i més antiga de la col·lecció no ha calgut portar-lo d'enlloc, perquè ja es trobava sota la seva estructura. N'hi va haver prou d'excavar, literalment, en sentit vertical. Dins les profunditats de l'edifici, el visitant es pot passejar per carrers romans i observar les restes de cases amb cisternes, cuines, cossis i gerres d'oli. També s'hi poden veure els fonaments de les muralles romanes, i sobre aquesta primera capa, unes altres de visigòtiques i de medievals més pròximes a nosaltres. La resta del museu té les característiques d'un museu convencional d'història.

Els dos trets fonamentals i paradigmàtics del museu que acabo de descriure són els següents: d'una banda, el museu és alguna cosa més que una condensació de la història de la ciutat. Es tracta d'una metàfora polisèmica de la ciutat com a procés continu d'estratificació, com a procés biològic i com a mapa neurològic. L'estratificació

of an already extinguished star. John Archibald Wheeler, a Nobel laureate in Physics, writes that in order for anything to exist –the universe, for instance– there must be an observer who registers its existence. When the authors of Genesis say that God made man as a testimony to His own greatness, they are clearly saying that the observer plays a fundamental role in all existence (there is no theater without an audience). If extinguished stars continue to give off light only because there are eyes to see it, then history cannot be history unless it is viewed by the eye of a consciousness with sufficient emotive and imaginative power to bridge the gaps in time.

It is much more than an analogy to say that the primitive cave was the first museum. Caves with their wall paintings were basically akin to our contemporary art museums, or to science museums where everything we know about our inner and outer universes is exhibited and explained. The drawings on the stone walls of the caves of Altamira are only the residue of history for us, who live as history is being made. For the people who made those drawings, each one portrayed an absolutely contemporary world. No matter that they were done over thousands of years: apart from time in its historical sense, all that exists is an infinite present.

A fascinating example of a cave-museum is the Museu d'Història de la Ciutat de Barcelona. As Alexandre Cirici explains in his book Barcelona step by step, *this museum of the city's history occupies the former Clariana-Padellàs residence, a 16th century Gothic palace that was originally located on Carrer Mercaders and was later moved stone by stone to its current setting (I ask myself, incidentally, if Barcelona's new Museu d'Art Contemporani by Richard Meier is not the same building he erected in Frankfurt and which has now been moved stone by stone to Carrer de Ferlandina). The most important and oldest part of this extraordinary and unique museum's collection was not brought from anywhere else. It was simply there beneath the building's foundation. All that had to be done was literally dig straight down. In the bowels of the building you can stroll down Roman streets and examine the remains of houses with their cisterns and kitchens, their tubs and earthen jars for oil. You can also see the foundations of Roman walls, and atop this first layer there are other layers, first Visigothic, then medieval as they become closer to us. The rest of the museum is a standard museum of history.*

The museum I have just described has two fundamental and paradigmatic features. First, it is more than a mere condensation of the city's history. It is a multiplex metaphor of the city itself as a continuous process of stratification, a biological process and a neurological map. Historic stratification and the

històrica i el cicle biològic impliquen la necessitat de la mort d'algú o d'alguna cosa a fi que, damunt el terreny adobat de la destrucció, hi pugui créixer la vida. Això no obstant, la ciutat com a mapa neurològic representa una externalització anàloga del cervell humà i de la seva estructura, les diverses capes evolutives superposades amb tots els seus sistemes, a vegades contradictoris, d'interpretació del món.

El Museu d'Història de la Ciutat de Barcelona és potser l'exemple més clar del museu com a eina interpretativa i representativa de la història, i, cosa més significativa encara, de la seva metàfora. A parer meu, tot museu participa, d'una manera més o menys manifesta, d'aquestes característiques i ofereix alhora una contradicció interna increïblement bella que constitueix el segon tret definitori dels museus en general i del museu barceloní en particular. Es tracta del fet següent: mentre que l'ordenació dels artefactes que formen part del fons de col·lecció del museu es produeix de manera que ofereixen una lectura lineal i diacrònica, és a dir, una lectura històrica –en el temps–, tots aquests elements es troben dins el museu al mateix temps i, a més, l'espectador s'hi pot passejar com més li agradi, que és el que fan la majoria de visitants si no es prenen al peu de la lletra el recorregut indicat als programes de mà. Amb altres paraules, aquests objectes existeixen en un espai de temps circular, per no dir esfèric, on no hi ha linealitat temporal, on tots els passats es confonen amb el present; un territori i un concepte del temps que ha estat sempre parcel·la del mite i que el passeig ahistòric del visitant despistat, apressat o massa curiós, no fa sinó emfasitzar.

Aplicant aquesta metàfora al context del museu d'art, ens trobem que el pretès rigor acadèmic del debat sobre les diferències entre el que és un museu d'art modern i un museu d'art contemporani esdevé purament retòric,

biological cycle imply that someone or something must die in order that life may flourish in the soil fertilized by destruction. But the city as a neurological map is an external analogy of the human brain and its structure, its various overlapping layers of development with their myriad, and sometimes contradictory, ways of understanding the world.

The Museu d'Història de la Ciutat de Barcelona is perhaps the clearest example of the museum as an object that depicts and interprets history and, more significantly still, its metaphor. I believe that all museums do this to a greater or lesser extent, simultaneously revealing an inner contradiction that is incredibly beautiful and which constitutes the second characteristic trait of museums in general and Barcelona's museum of history in particular. And the contradiction is this: while the objects that make up the museum's collection are arranged to provide a linear and diachronic reading, a history lesson, all these objects are gathered in the museum at the same time. Moreover, viewers can wander among them as they please, which is what most museum visitors do unless they stick to the exact itinerary shown in the brochures. In other words, these objects exist in a circular, not to say spherical, time where linear time does not exist, where all pasts mingle with the present: a realm and a concept o time that has always been part and parcel of myth, a condition that is simply accentuated by the presence of disoriented, hurried and overly curious visitors.

Applying this metaphor to art museums, we discover that the supposed academic rigor of the debate over the differences between a modern art museum and a contemporary art museum is pure rhetoric, not to say irrelevant. The really important thing is the museum's complexity, uniqueness, brilliance and revelatory quality as an object, as both a real and analogical space in which

MUSEU D'HISTÒRIA DE LA CIUTAT. Barcelona, 1995

FRANCESC TORRES

per no dir irrellevant. El que és realment important queda delimitat pel grau de complexitat, singularitat, brillantor i capacitat reveladora que tingui el museu com a arteface, com a espai virtual i analògic per assajar-hi el possible. Al capdavall, això és, precisament, el que ens proporciona el nostre cervell: un univers analògic tan ampli com ho pot ser l'univers físic, un espai teatral per assajar-hi la plausibilitat de tot, de les veritats incompletes i de les mentides absolutes. De fet, el coneixement, la revelació d'allò que constitueix l'essència elusiva de la vida, es produeix dins aquest espai inexistent il·luminat periòdicament i parcialment pels llambrecs de la consciència, com lluernes que amb prou feines trenquen la fosca nocturna d'un jardí a l'estiu.

Julian Jaynes, al seu llibre *The Origin of Consciousness at the Breakdown of the Bicameral Mind*, aventura la hipòtesi que la funció dels ídols babilònics de mirada fixa i desorbitada era desencadenar una resposta social i cultural programada per endavant dins l'àrea del cervell actualment «en blanc» i simètrica a l'àrea de Broca, que controla el llenguatge verbal i que, en conseqüència, és el territori de la consciència. La teoria que proposa Jaynes és, a grans trets, que la consciència, en el sentit modern de la paraula, no pot existir sense l'existència simultània de la paraula que la defineix, i que aquesta paraula no apareix en cap civilització antiga fins a la Grècia del segle V aC. Segons aquest psicòleg americà, l'àrea cerebral desverbalitzada, simètrica i antagònica a l'àrea de Broca era dipositària d'un programa de conducta social i cultural de caràcter preceptiu que es desencadenava o reforçava quan es confrontava l'individu amb un objecte, signe, símbol o acció que condensava les regles de conducta social del seu grup, ciutat o civilització. Posar com a exemple els ídols babilònics no és cap arbitrarietat, ja que la grandària desmesurada dels seus ulls emfasitza la importància ancestral del concepte visual present en la demarcació territorial i estratificació social dels primats superiors, i, per extensió, dels nostres avantpassats evolutius.

Crec que és legítim entendre tots els espais rituals, sagrats o laics (esglésies, museus), com a artefactes preceptius desencadenants de conducta, ja que allò que s'hi representa és, en definitiva, la constel·lació de valors prevalents del poder real de tota societat. Una anomalia intrigant, una gran ruptura –si se'm permet l'expressió–, es produeix en aquest segle amb l'aparició dels museus d'art modern/contemporani. En sintonia amb les exigències de les avantguardes artístiques del segle XX, els museus sorgits d'aquestes premisses teòriques han considerat doctrinalment com a funció mítica primordial el qüestionament de l'*statu quo* en comptes de reforçar-lo. Es pot objectar que les avantguardes històriques s'han acabat reciclant i s'han reconvertit en l'art oficial de les

to attempt the possible. And ultimately this is precisely what our brains provide: an analogical universe that is as broad as the physical universe, a theater in which to rehearse the plausibility of everything: incomplete truths and absolute lies. Indeed knowledge, the revelation of which constitutes the elusive essence of life, occurs in this non-existent space that is periodically and partially illuminated by flashes of consciousness like fireflies faintly piercing the nocturnal darkness of a summer garden.

In his book The Origin of Consciousness at the Breakdown of the Bicameral Mind, *Julian Jaynes advances the theory that the purpose of the wide-eyed staring Babylonian idols was to trigger a social and cultural response that had been previously programmed in the "blank" part of the brain that is symmetrical to Broca's speech-controlling area and is consequently the realm of the consciousness. Jaynes' theory is roughly that consciousness, in the modern sense of the word, cannot exist unless there also exists a word that defines it, and that this word did not appear in any ancient civilization prior to Greece in 5 B.C. According to Jaynes, an American psychologist, the non-verbalized area of the brain that is symmetrical to and opposite Broca's area was the repository of a program of social and cultural behavior, a set of rules that was activated when the individual was confronted with an object, sign, symbol or action that summed up the rules of social behavior that governed his group, city or civilization. It is not by chance that he chose the Babylonian idols as an example: their outsized eyes emphasize the ancestral importance of visual contact in the territorial limits and social strata of the higher primates and, by extension, our ancestors in their earlier stages of evolution.*

I think it is valid to consider all ritual spaces, be they sacred or profane (churches, museums), as objects that regulate and trigger behavior because what is exhibited in these spaces is, in fact, a constellation of the prevalent values of the de facto powers of their particular societies. An intriguing anomaly, a major break if you like, occurred in this century with the appearance of modern/contemporary art museums. The 20th century's artistic avantgarde demanded that their museums' primary purpose be to question rather than bolster the status quo. It can be argued that the historic avantgarde movements have ended up being recycled and turned into what is now the official art of Western democracies, and this is true. But it is no less true that this is what happens when the biggest modern art museums, like New York's Museum of Modern Art, suffer an existential crisis. It is not by chance that some museums opt to forge ahead (at least apparently), placing themselves squarely in the center of the social discourse, brazenly burning their bridges in an

democràcies occidentals de final de segle, la qual cosa és certa; tanmateix, també és cert que aquest fenomen es produeix quan els grans museus moderns, com per exemple The Museum of Modern Art de Nova York, comencen a patir una crisi ontològica. Tampoc no és casual que alguns sectors museístics optin pel que pot semblar, a nivell epidèrmic, una fugida endavant, és a dir, inserir el museu dins el centre de gravetat del discurs social, en una forma maximalista i numantina de prosseguir la radicalitat moderna, tot plegat immers en una atmosfera ideològica progressivament dretanitzant, entestada a pretendre que la radicalitat del moviment modern ha estat només formal; entestada a pretendre, en definitiva, que el segle XX, com a cristal·litzador del moviment revolucionari d'esquerres, no ha existit.

El que pot ser interpretat, tendenciosament o per error, com a fugides endavant o bé com a gestos no gaire convençuts per sortir del pas davant del que pugui passar és justament el que jo proposaria com a model metodològic, sempre que vagi equipat amb una visió de la realitat, un concepte del món, una ideologia, en definitiva, que, sense penalitzar el rigor acadèmic de la institució, doni sentit i direcció a l'existència d'aquesta idea inaudita que és un museu d'art com a model cognoscitiu. Amb altres paraules: el museu entès com a interlocutor i no com a oracle, com a generador i conservador simultani d'idees, de manera que s'arribi a materialitzar orgànicament amb el temps i en el temps una altra contradicció aparent: l'elaboració d'*una* història *plural* que substitueixi la Història com a versió oficial dels seus amos interins. Dins un context d'aquesta naturalesa, el desencadenant de conducta no és preceptiu sinó creatiu; la institució no existeix per delimitar paràmetres fixos de conducta, sinó per qüestionar-los des de la seva posició d'agent actiu en l'espai social. Parlo, doncs, d'una estructura horitzontal, no jerarquitzada, que creï una profunda complicitat entre el museu, els artistes i els ciutadans. Parlo del museu com un camp d'interpretació històrica en el qual, a mesura que augmenten els seus fons de col·lecció, el passat serveixi per il·luminar el present en comptes d'amenaçar-lo o d'enfosquir-lo, i el present pugui manifestar-se en un caldo de cultiu que li serveixi de significant i reactiu. Un museu amb aquestes característiques esborra el fals debat entre modernitat i contemporaneïtat; les fa compatibles en un espai comú, tot reconciliant la diacronia i la sincronia, el temps històric i el temps mític, i l'harmonia oculta que regna entre tots dos i que es posa de manifest tan deliciosament al Museu d'Història de la Ciutat de Barcelona, malgrat el dany infligit per una recent i poc afortunada remodelació.

FRANCESC TORRES

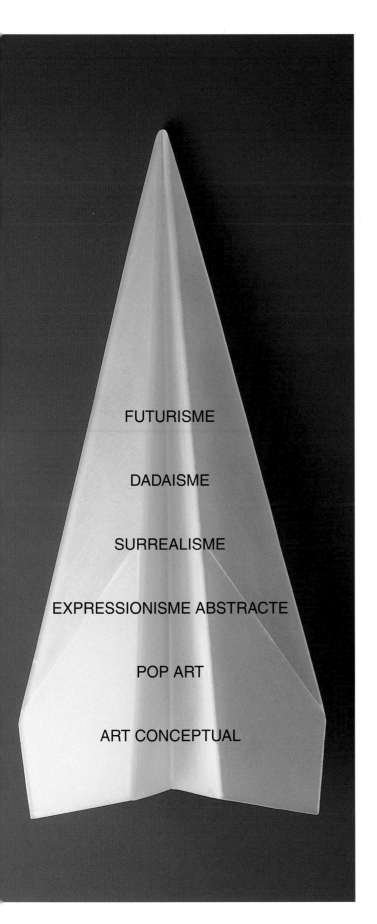

FUTURISME

DADAISME

SURREALISME

EXPRESSIONISME ABSTRACTE

POP ART

ART CONCEPTUAL

attempt to be radically modern, and all within an ideological climate that is ever more conservative, stubbornly pretending that the radicality of the modern movement was simply a matter of form stubbornly pretending, in fact, that the 20th century, the period in which the revolutionary Left took shape, never happened.

What can be mistakenly or tendentiously interpreted either as blazing new trails or as halfhearted attempts to keep up appearances is precisely what I would propose as a methodological model, so long as it is accompanied by a vision of reality or, better still, a concept of the world; in short, an ideology that would give meaning and a direction to this unprecedented idea of the museum as a cognitive model while not detracting from its academic rigor. In other words, the museum would be a voice in an ongoing dialogue rather than an oracle, a place that would simultaneously generate and conserve ideas so that with time and in time another apparent contradiction would take a tangible shape: a plural history would then replace History as the official version of its temporary guardians. In a context like this, behavior would not be governed by rules but by creativity; institutions would not exist to establish norms of conduct but to question them as active agents of society. I am talking now about a horizontal, non-hierarchical structure in which the museum, the artists and the public would be very closely involved. I am talking about the museum as a way of interpreting history so that , as the collections grow, the past will shed light on the present rather than threatening or obscuring it, and the present will be able to flourish in a cultural medium that gives it meaning and allows it to act as a reagent. This kind of museum would obviate the forced debate over what is modern and what is contemporary, making them compatible in a single shared space, reconciling diachronic and synchronic, historical and mythical time, and bring out the the hidden harmony between them, so delightfully evident in the Museu d'Història de la Ciutat de Barcelona despite its recent and unfortunate renovation.

PILOTS PRIMIGENIS, 1995. Instal·lació a la Fundació Antoni Tàpies
PRIMAL PILOTS, 1995. Installation at the Fundació Antoni Tàpies

Obres exposades
Exhibited Works

JANINE ANTONI
(Freeport, Bahamas, 1964)

Loving Care, 1993-1995
Instal·lació resultant de la performance realitzada per l'artista a la Fundació Antoni Tàpies el 4 març 1995
Tint de cabell Loving Care, monitor, magnetoscopi

Loving Care, 1993-1995
Installation resulting from the artist's performance at the Fundació Antoni Tàpies on March 4, 1995
Loving Care Hair Dye, monitor, magnetoscope

CHRISTIAN BOLTANSKI
(París, 1944)

Inventari de l'home de Barcelona,
1973-1995
Fundació Antoni Tàpies, Barcelona
Instal·lació integrada per objectes quotidians extrets de l'habitatge d'un ciutadà de Barcelona

Inventory of the Man from Barcelona,
1973-1995
Fundació Antoni Tàpies, Barcelona
Installation consisting of ordinary objects taken from the home of a Barcelona resident

MARCEL BROODTHAERS
(Brusel·les, 1924 - Colònia, 1976)

Musée d'Art Ancien
Département des Aigles
Galerie du XXème Siècle
Reinstal·lació de l'obra realitzada a la Documenta 5, Kassel, 1972, dins el marc de l'exposició *Mitologies personals*

Re-installation of the work exhibited at Documenta 5, Kassel, 1972, within the framework of the exhibition Personal Mythologies

14 plaques de plàstic termoformat i pintat (col·lecció particular):

14 heat-welded and painted plastic plaques (private collection):

Section XVIIème Siècle, 1970
Dues plaques, de 121,5 x 87,5 cm cada una
Two plaques, 125,5 x 87,5 cm each

12345 David Courbet Ingres Wiertz, 1972
122 x 87,5 cm

12345 David Courbet Ingres Wiertz, 1972
122 x 87,5 cm

Le manuscrit, 1971
86 x 120 cm

Porte A, 1969
85,5 x 119 cm

Porte A, 1969
84,5 x 119 cm

Service Publicité, 1971
84,5 x 121 cm

Service Publicité, 1971
84,5 x 121 cm

Service Publicité, 1971
84,5 x 121,5 cm

Modèle: la pipe, 1969
84,5 x 121 cm

Département des Aigles, 1968
84 x 121 cm

Département des Aigles, 1968
84 x 121 cm

Les portes du musée, 1969
Dues plaques, de 193 x 89 cm cada una
Two plaques, 193 x 89 cm each

Les portes du musée, 1969
Dues plaques, de 193 x 89 cm cada una
Two plaques, 193 x 89 cm each

SOPHIE CALLE
(París, 1953)

Absència, 1991
Gentilesa de Galerie Chantal Crousel, París

Last Seen..., 1991
Courtesy Galerie Chantal Crousel, Paris

Vermeer, El concert, 1991
Fotografia i text
169,5 x 129 cm (fotografia)
86 x 78 cm (text)

Vermeer, The Concert, 1991
Photograph and text
169,5 x 129 cm (photograph)
86 x 78 cm (text)

The Koo, 1991
Fotografia i text
113 x 141 cm (fotografia)
51 x 51 cm (text)

The Koo, 1991
Photograph and text
113 x 141 cm (photograph)
51 x 51 cm (text)

Rembrandt, Autoretrat, 1991
Fotografia i text
90 x 70 cm (fotografia)
39 x 37 cm (text)

Rembrandt, Self-portrait, 1991
Photograph and text
90 x 70 cm (photograph)
39 x 37 cm (text)

Flinck, Paisatge amb obelisc, 1991
Fotografia i text
169 x 129 cm (fotografia)
68 x 85,75 cm (text)

Flinck, Landscape with an Obelisk, 1991
Photograph and text
169 x 129 cm (photograph)
68 x 85,75 cm (text)

Àguila, 1991
Fotografia i text
83 x 60 cm (fotografia)
49 x 49 cm (text)

Eagle, 1991
Photograph and text
83 x 60 cm (photograph)
49 x 49 cm (text)

Manet, Chez Tortoni, 1991
Fotografia i text
136 x 164 cm (fotografia)
41 x 50 cm (text)

Manet, Chez Tortoni, 1991
Photography and text
136 x 164 cm (photograph)
41 x 50 cm (text)

BILL FONTANA
(Cleveland, Ohio, 1947)

Font del Temps, 1995
Fundació Antoni Tàpies, Barcelona
Instal·lació sonora

Time Fountain, 1995
Fundació Antoni Tàpies, Barcelona
Sound installation

JOAN FONTCUBERTA
(Barcelona, 1955)

L'artista i la fotografia, 1995
Fundació Antoni Tàpies, Barcelona
Instal·lació de fotografia dividida en tres
seccions diferents

The Artist and the Photograph, 1995
Fundació Antoni Tàpies, Barcelona
Photographic installation divided into
three different sections

Diurnes: apunts de treball
Diurnes: Working Notes
Universitat Pompeu Fabra

Miró fotògraf
Miró Photographer
Fundació Joan Miró

Suite Montseny: fotopintures
Suite Montseny: Photopaintings
Fundació Antoni Tàpies

ANDREA FRASER

Una introducció a la Fundació Antoni
Tàpies, 1995
Fundació Antoni Tàpies, Barcelona
Cinta de vídeo VHS PAL, 25 minuts

An Introduction to the Fundació Antoni
Tàpies, 1995
Fundació Antoni Tàpies, Barcelona
VHS PAL video tape, 25 minuts

DAN GRAHAM
(Urbana, Illinois, 1942)

Tres cubs units / Disseny interior per a
una sala de projecció de vídeos, 1986
Whitney Museum of American Art,
Nova York
Videoinstal·lació integrada per 3 pannells
de vidre transparent, 225 x 156 cm;
5 pannells de vidre reflectant de doble cara,
225 x 156 cm, muntats sobre fusta;
6 monitors, 3 magnetoscopis,
3 amplificadors, 3 parells d'auriculars

Three Linked Cubes / Interior Design for
Space Showing Videos, 1986
Whitney Museum of American Art,
New York
Video installation composed of 3 panels
of clear glass, 225 x 156 cm; 5 panels
of two-way mirror glass, 225 x 156 cm,
mounted on wood; 6 monitors, 3 videotape
players, 3 audio amplifiers, 3 pairs
of headphones

JAMELIE HASSAN
(London, Ontario, 1948)

Fins i tot a la Xina, 1993
Clips de cabell, vitrina, 2 fotografies
68,6 x 66 x 35,6 cm
The New Museum of Contemporary Art,
Nova York

Even onto China, 1993
Hairpins in plastic, vitrine, two
photographs
68,6 x 66 x 35,6 cm
The New Museum of Contemporary Art,
New York

ILYA KABAKOV
(Dniepropetrovsk, 1933)

Incident en el museum o Música aquàtica,
1992
V. TARASOV - Compositor
Ronald Feldman Fine Arts Inc., Nova
York
Instal·lació dividida en dos ambients de
dimensions diverses amb cubells, cadires,
plàstics, sofàs; 14 olis sobre tela,
120 x 170 cm cada un; 4 dibuixos,
llapis de color, 15 x 20 cm

Incident at the Museum, or Water Music,
1992
V. TARASOV - Composer
Ronald Feldman Fine Arts Inc., New York
Installation divided into two different-
sized spaces with buckets, chairs, plastic-
covered, sofas; 14 oil on canvas paintings,
120 x 170 cm each; 4 drawings, colored
pencil on paper, 15 x 20 cm each

S.Y. KOSHELEV. **Dia de vent. Llac a prop**
de Barnaul / *Windy Day. Long Lake near*
Barnaul, 1929

S.Y. KOSHELEV. **O.V. Zhiltsova i el porc**
Zhenjka / *O.V. Zhiltosova and the Hog*
Zhenjka, 1933

S.Y. KOSHELEV. **Primera nevada.**
Al sanatori pioner / *First Snow. At the*
Pioneer Sanatorium, 1932

S.Y. KOSHELEV. **Quin xal és millor?.**
Belleses camperoles / *Whose Shawl is*
Better? Village Beauties, 1932

S.Y. KOSHELEV. **El número de la sort.**
Premi en bons de l'Estat / *The Lucky*
Number. Prize for State Bonds, 1934

S.Y. KOSHELEV. **Estigueu-vos quiets!.**
L'encarregada A. Gracheva fent la seva
tasca / *Stay Still! Foreman A. Gracheva*
and her charges, 1930

S.Y. KOSHELEV. **Va arribar a metge.**
Retrat de la família Tyryzynkulov / *He*
Became a Doctor. Portrait of the
Tyryzynkulov family, 1930

S.Y. KOSHELEV. **Retrat de l'honorable**
horticultor S.V. Zimin / *Portrait of the*
Honoured Horticulturist S.V. Zimin,
1933

S.Y. KOSHELEV. **Hora de dinar. Poble**
de Derevyanko / *Lunchtime. Derevyanko*
Village, 1926

S.Y. KOSHELEV. **Han arribat els actors.**
Ateneu de Nova Albada / *The Actors have*
Arrived. Village Club in New Dawns,
1927

S.Y. KOSHELEV. **En acabar la jornada.**
Presa de Myakishevsky / *After a*
Workday. At the Myakishevsky Dam,
1927

S.Y. KOSHELEV. **La nova mestra /** *The*
New Teacher, 1932

S.Y. KOSHELEV. **Matí a l'hort. Retrat**
de Z. i V. Beklemishev / *Morning*
in the Orchard. Portrait of Z. and
V. Beklemishev, 1932

S.Y. KOSHELEV. **Les pomes ja són**
madures. Abans de la collita en una granja
estatal / *The Apples are Ripe! Before the*
harvest at the New Way State Farm, 1934

S.Y. KOSHELEV. **Sense títol** (llapis gris) /
Untitled (Grey pencil), 1932

S.Y. KOSHELEV. **Sense títol** (llapis negre) /
Untitled (black pencil), 1932

S.Y. KOSHELEV. **Sense títol** (llapis vermell) /
Untitled (red pencil), 1932

S.Y. KOSHELEV. **Sense títol** (llapis blau) /
Untitled (blue pencil), 1932

LOUISE LAWLER
(Bronxville, Nova York, 1947)

Estimulació externa, 1994
10 petjapapers, 4 fotografies en blanc
i negre, 1 cibachrome
Llevat que s'indiquin altres fonts, les obres
han estat prestades per l'artista i Metro
Pictures, Nova York

External Stimulation, 1994
10 paperweights, 4 b/w photographs,
1 cibachrome
Unless otherwise indicated, these works
have been lent by courtesy of the Artist
and Metro Pictures, New York

Sense títol (Somnis), 1993
Vidre, cibachrome, feltre

Untitled (Dreams), 1993
Crystal, cibachrome, felt

Sense títol (Lloro), 1993
Vidre, cibachrome, feltre

Untitled (Parrot), 1993
Crystal, cibachrome, felt

Sense títol (Tija de rosa), 1993
Vidre, cibachrome, feltre

Untitled (Rose stem), 1993
Crystal, cibachrome, felt

Sense títol (Col·lecció de 60 dibuixos,
núm. 1), 1993
Vidre, cibachrome, feltre

Untitled (Collection of 60 Drawings, no. 1),
1993
Crystal, cibachrome, felt

Sense títol (Martin i Mike), 1993
Vidre, cibachrome, feltre

Untitled (Martin & Mike), 1993
Crystal, cibachrome, felt

Sense títol (Feliç Any Nou), 1993
Vidre, cibachrome, feltre

Untitled (Happy New Year), 1993
Crystal, cibachrome, felt

Sense títol (Saló Hodler), 1992
Vidre, cibachrome, feltre

Untitled (Salon Hodler), 1992
Crystal, cibachrome, felt

Sense títol (Ordinador), 1993
Vidre, cibachrome, feltre

Untitled (Computer), 1992
Crystal, cibachrome, felt

Sense títol (Gall), 1993
Vidre, cibachrome, feltre

Untitled (Rooster), 1993
Crystal, cibachrome, felt

Sense títol (Lligams), 1993
Vidre, cibachrome, feltre

Untitled (Attachments), 1993
Crystal, cibachrome, felt

«Gàbia» de vidre, 1991/1993
2 fotografies en blanc i negre, paspartú
imprès; 71,1 x 81,3 cm; 71,1 x 64,8 cm

Glass "Cage", 1991/1993
2 b/w photographs, with text on mat
71,1 x 81,3 cm; 71,1 x 64,8 cm

Mugró, 1984/1993
2 fotografies en blanc i negre, paspartú
imprès; 71,1 x 81,3 cm; 71,1 x 64,8 cm

Nipple, 1984/1993
2 b/w photographs, with text on mat
71,1 x 81,3 cm; 71,1 x 64,8 cm

Saló Hodler, 1992-1993
Cibachrome; 121,9 x 145,9 cm
Whitney Museum of American Art,
Nova York

Salon Hodler, 1992-1993
Cibachrome; 121,9 x 145,9 cm
Whitney Museum of American Art,
New York

MUNTADAS
(Barcelona, 1942)

Between the Frames, 1983-1991
Gentilesa de l'artista
Entrevistes realitzades entre 1983 i 1991:
8 cintes de vídeo UMATIC: Els marxants-
Les galeries (36'51"); Els col·leccionistes
(17'15"); Els museus (53'17"); Els guies
(12'20"); La crítica (53'50"); Els mèdia
(49'); Epíleg (38'32")

Between the Frames, 1983-1991
Courtesy of the Artist
Interviews made between 1983 and 1991:
8 videotapes UMATIC: The Dealers-
The Galleries (36'51"); The Collectors
(17'15"); The Museums (53'17");
The Docents (12'20"); The Critics
(53'50"); The Media (49'); Epilogue
(38'32")

JULIA SCHER
(Hollywood, 1954)

L'Estat institucional, 1995
Fundació Antoni Tàpies, Barcelona
Videoinstal·lació amb un circuit tancat de
televisió, 4 monitors, 4 càmeres CCTV,
interruptor de seqüència, ordinador,
impressora

The Institutional State, 1995
Fundació Antoni Tàpies, Barcelona
Video installation with closed circuit
television, 4 monitors, 4 CCTV cameras,
sequential switcher, computer, printer

FRANCESC TORRES
(Barcelona, 1948)

Pilots primigenis, 1995
Fundació Antoni Tàpies, Barcelona
Instal·lació amb fotografia muntada en
duratrans, 230 x 528 x 25 cm; figura
d'australopitec de fibre de vidre, 165 cm
d'altura; 12 «avions de paper» realitzats
amb vidre, 30 cm de longitud

Primal Pilots, 1995
Fundació Antoni Tàpies, Barcelona
Installation with photograph mounted on
a light box, 230 x 528 x 25 cm; fiber glass
figure of an Australopithecus, 165 cm
height; 12 "paper airplanes" made of
glass, 30 cm long

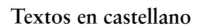

Textos en castellano

Los límites del museo

MANUEL J. BORJA-VILLEL

La idea del museo como receptáculo neutro en el que se distribuye un grupo de objetos que el público habría de percibir sin interferencias es algo utópico. Una exposición consiste en una encrucijada de prácticas y discursos en la que se inscribe la obra de arte. Esquemáticamente podríamos decir que toda muestra es, por un lado, una práctica que incluye la selección y evaluación de unas piezas determinadas, y por otro, un sistema de significados compuesto por una serie de afirmaciones o expresiones: el de las obras individuales. Estos significados son simultáneamente atrapados por los títulos, categorías y comentarios de la exposición, y a la vez liberados y diseminados por su mismo proceso de articulación. Y no olvidemos que una exposición se desarrolla en una disposición espacio-temporal fundamentalmente abierta, en la que el espectador puede seguir un discurso, o parar y volver atrás cuando lo juzgue necesario.[1]

Una exposición no puede nunca leerse como un texto único.[2] Hay toda una pluralidad de textos subyacentes que deben hacerse patentes en la misma, que así se convierte, en relación a la obra de arte, en una especie de paratexto. El museo o galería, su historia, su colección, su edificio, el modo en que se exponen los objetos, las etiquetas, el material pedagógico, la circulación, etc..., todo ello forma parte del «mensaje» que el espectador se lleva cuando visita una muestra. Todo ello forma también parte del bagaje con el que un espectador entra en el museo. Un bagaje al que tienen que enfrentarse el conservador y el comisario a la hora de elaborar una programación o de preparar una exposición.

A partir del momento en que Marcel Duchamp presentó como arte un objeto encontrado, la substancial hetereogeneidad del museo se hizo patente.[3] Duchamp rompió con la falacia modernista de la transparencia, esto es, la creencia en la posibilidad de una percepción inmediata de la obra de arte, que ha sido central en muchos museos a lo largo de este siglo. La historia de la museología moderna ha consistido en negar obstinadamente este fundamento heteróclito y ha tratado de reducir el museo a un sistema homogéneo. Esta fe en aprehender el sistema oculto que dé coherencia a todos los objetos de un museo ha persistido hasta hoy. Siguiendo unos parámetros pretendidamente naturales y universales, se han organizado las obras de acuerdo a criterios de autonomía formal que parecen responder a leyes de evolución interna, cuyo significado se cree visible para todo el mundo, independientemente de la ideología del visitante. El

arte es extraído de su contexto y el conjunto de piezas necesariamente hetereogéneo que forma toda exposición es homogeneizado.

El papel del museo como índice, es decir, como indicador de que un objeto es una obra de arte, y su función activa en el discurso de una exposición ya no pueden ser negados, sino que deben ser asumidos por el comisario. La obra de arte no es algo cerrado, sino abierto, y su red de significados se perfila precisamente en el contexto de la exposición. El comisario no se encuentra separado del hecho artístico y en busca de una verdad objetiva y exterior al mismo, sino que está absolutamente implicado con el artista y con la obra de arte. Desde una perspectiva tradicional, su posición respecto a éstos últimos deviene, por tanto, ambigua.

«Museo», «colección» y «estudio», entre otros, constituyen conceptos que no siempre se cuestionan, sino que se conciben como si estuviesen enraizados en la propia naturaleza del hombre. Sin embargo estos términos tienen una dimensión histórica definitiva, responden a las condiciones sociales del momento y se articulan en relación a una estructura de poder determinada. En este sentido, todo museo debería ser consciente del grado de complicidad que mantiene con aquello que critica. La reacción de artistas como Marcel Broodthaers y otros, durante los años sesenta y setenta, contra las imposiciones de los museos y del mercado, y a favor de un arte más comprometido con la realidad política de su tiempo, ya supuso un intento de romper con todo idealismo de raíz decimonónica. En efecto, es a principios del siglo pasado cuando lo que Broodthaers denominaba predisposición romántica del arte moderno toma carta de naturaleza y el museo sirve de coartada a la alienación del arte de su propia realidad social. La concepción idealista del arte, los sistemas de clasificación impuestos sobre él, la construcción de una historia cultural que lo contuviera, todo esto fue asegurado por el museo tal y como se iba desarrollando en el siglo pasado hasta llegar a su estado actual.

Fundado y organizado con la voluntad de presentar unos esquemas metódicos, comprensibles y utilizables, el museo se comporta en parte como un presidio, un hospital o una escuela, que fija aquello que se le opone, confiriéndole un carácter aséptico y favoreciendo su desdramatización. Todo queda inmovilizado y restaurado en un nuevo orden. En el museo, la obra de arte tiende a perder tensión y deja de ser inquietante. Si el artista es por definición el nómada que cruza y rompe las fronteras, el museo se fundamenta en el sedentarismo, ya que funciona como sistema de acumulación, clasificación y poder. Si ha de ser un centro de creación activo, el museo no puede dejar de construirse, destruirse y recons-

truirse continuamente. No puede ser mera acumulación, sino que debe ser hostil a ésta. Debe perder continuamente sus fines para poder asumir otros.

Toda manifestación artística radical es breve por necesidad. Sólo se entiende en un continuo estado de crisis. Cuando se extiende demasiado en el tiempo, acaba transformándose en estilo y perdurando como norma. El arte no muere en la crisis, sino en el éxito. Esto es patente en la actualidad con la creciente «museificación» de la actividad artística. Difícilmente puede ponerse en cuestión algo que empresas e instituciones utilizan generosamente para promocionar productos e incluso ciudades, para impulsar el turismo o para revalorizar un barrio. En este contexto, artistas y obras no son sino pretextos para que el mundo del arte no deje de girar; un mundo que parece necesitar continuamente del espectáculo artístico, de nuevos objetos y formas, es decir, de nuevas exposiciones con las que satisfacer una curiosidad devoradora de todo modo de expresión nuevo al que en el proceso a menudo deja vacío de cualquier sentido crítico. De ser subversivo, el arte ha pasado a ser alienante, alimento de curiosos, noticia sin contenido. La crisis pervive sólo como polémica. El museo conserva y expone los cuadros, pero no el drama.

Todo museo tiene algo de iglesia o de panteón. El artista es concebido a menudo como un demiurgo, un creador capaz de conferir vida espiritual a lo material e inerte. Su obra se sitúa así más allá de la realidad ordinaria, y se expone como si respondiese a un desarrollo autónomo. Al igual que la iglesia, el museo pretende hacer creer que el mundo que enseña y al que trata de convertir al espectador, en una clara actitud proselitista, forma parte del más allá. La historia del arte se convierte de este modo en una auténtica historia sagrada.

Este fenómeno es más evidente en el caso de los museos monográficos, cuya situación es por lo menos tan ambigua como la del museo general. Ahora bien, cuando el objeto de especialización es pertinente respecto a la situación histórica del momento, el museo monográfico puede convertirse en un centro de creación. Cuando el objeto es forzado, o cuando tratamos de un artista individual, corre el riesgo de devenir un templo, o sea, un lugar de culto más que de crítica. La solución consiste en crear una atmósfera no devocional, una atmósfera mediante la cual se cuestione el fenómeno artístico en todos sus aspectos. El museo monográfico será relevante sólo en la medida en que cubra las funciones de un espacio público, es decir, en cuanto sea capaz de articular sus actividades en torno a necesidades específicas de la sociedad en la que se integra. No será relevante si se limita a cubrir las funciones de un espacio privado y centra su interés en la con-

solidación y consagración de una mitología personal.[4]

Como consecuencia de la Ilustración y de sus ideales didácticos, se pensó que la educación en sí misma podría ser una herramienta de cambio y mejora. Pero, como remarcó Walter Benjamin, es imposible que el mismo tipo de conocimiento universal que asegura un determinado poder sirva para derrocar ese poder. Aunque con sus actividades y exposiciones los museos buscan a menudo el estímulo, la variación e incluso despertar el interés del público hacia unos conocimientos, si no tienen en cuenta la situación histórica y social, como clase o grupo, de la audiencia a la que se dirigen, lo máximo que pueden conseguir es el entretenimiento del espectador, hacerle pasar el rato. Cuando muestra los productos de momentos históricos particulares en un continuo histórico único, o cuando crea la ilusión de un conocimiento universal, el museo fetichiza los objetos expuestos, sin darle al visitante las armas para desmenuzarlos. Es necesario que su incorporación a una colección o exposición temporal se haga desde un punto de vista mediante el cual puedan establecerse nuevas relaciones, reinterpretar un pasado y, finalmente, reconocer un presente. Para que el museo tenga sentido hoy, es necesario que redefinamos nuestra noción de memoria, que no debe ser tanto la inscripción del pasado como la proyección hacia el porvenir, haciendo patente lo que la sociedad oculta. El museo debe extraer nuevos elementos de la confrontación de lo visible y de lo invisible, del ver y del saber.[5]

Esto es más importante hoy porque vivimos un orden mundial que busca con fatal insistencia la normalización y banalización del sujeto. Éste se encuentra inmerso en un sistema que tiende a esquematizar su singularidad. Las presiones para que el individuo se adapte a unas pautas y modelos preestablecidos son fortísimas. Como ha observado Julia Kristeva en otro contexto, la importancia de conservar la realidad psíquica de cada uno de nosotros a través de la recuperación de la memoria y de la subjetividad es primordial. Lo que define la memoria individual es su riqueza, su capacidad de generar asociaciones repentinas e imprevistas. Se trata de una reserva inmensa y abierta que supone una auténtica fuente de liberación. En ello, el museo puede y debe jugar un papel relevante.

Pero, ¿a qué individuo o individuos sirve el museo? ¿Quién constituye su público? Muchos museos invierten grandes dosis de energía y dinero para llegar a una audiencia lo más amplia posible. Sería, en efecto, muy difícil encontrar hoy un museo que no defienda esta apertura. En este sentido, las presiones son notables. Regularmente observamos cómo diarios y revistas dedican importantes espacios de sus secciones de cultura a la descripción y comparación del número de visitantes que acogen las diferentes instituciones culturales de una ciudad. Con matemática precisión se establecen gráficos, estadísticas y porcentajes: la ilusión y esperanza de todo centro que se precie es alcanzar las máximas cotas de popularidad. Éstas puede ser, sin duda, una garantía de patrocinio y de obtención de subvenciones públicas. Del mismo modo, no pocos creadores de opinión arremeten contra el «elitismo» de aquellos museos que a su parecer carecen de una cantidad suficiente de visitantes. Esta postura, disfrazada de populismo, es en el fondo conservadora y plantea un grave problema de base, no tanto por lo que dice, sino por lo que deja de decir. Sin entrar a discutir el hecho de que la noción excesivamente economicista de la cultura (o en el mismo sentido, de la educación y la sanidad) delata el origen neoliberal de esta posición, es importante remarcar que el público no es un ente general y uniforme al que se pueda acceder con un supuesto lenguaje común. La noción de público, tanto como la de museo, es una categoría ideológica, construida históricamente. Cuando el público es entendido como algo indiferenciado y no fragmentado por las divisiones sociales, se perpetúa la concepción idealista de la historia y no una visión crítica de la misma. El problema del museo no consiste en dirigirse indiscriminadamente a grandes masas, sino en atraer tanta gente como sea posible hacia aquellas cosas en las que el museo, dentro de su propia identidad, quiere estar presente. Un enfoque populista del museo sólo sirve para perpetuar el tradicional alejamiento del público al que pretende servir, olvidando que es fundamental cuestionarse continuamente el tipo de audiencia al que se dirige: activistas gay, inmigrantes, ecologistas, feministas, asociaciones de barrio... No todos estos grupos responden a parámetros idénticos. ¿Cómo nos dirigimos, pues, a ellos? ¿Quién representa a quién y en qué términos?

En un país como el nuestro, salpicado de lagunas y en el que la modernidad ha vivido secuestrada durante casi cuarenta años, esta situación es particularmente delicada. De la proverbial carencia de colecciones de arte contemporáneo, de la ausencia de una estructura moderna de museos hasta hace no demasiados años, se ha pasado a la construcción intensiva en este ámbito. Cada ciudad quiere tener un centro emblemático. En pocos años hemos asistido a la proliferación de edificios destinados a albergar unas colecciones de arte moderno y contemporáneo poco definidas, así como a promover una línea de actividades no siempre precisa. Hemos comprobado repetidamente cómo los directores de estos centros, sus patronatos, presidentes, etc. se enzarzaban en abruptas discusiones sobre sus programas y objetivos. Estas discusiones generan a menudo amplias polémicas de tono periodístico donde los problemas parecen ocultarse y confundirse en vez de analizarse. Ante esta situación, plantear una reflexión pública sobre el sentido y la función que el museo puede cumplir en nuestra sociedad parece imprescindible. Antes de configurar una lista con los posibles componentes de una colección permanente, antes de determinar la posible fecha de inicio de la misma, no debemos dejar de cuestionar si el museo es necesario y de qué tipo de museo hablamos, así como qué mensaje pretendemos transmitir y en nombre de quien actuamos.

NOTAS

1. Mary Kelly, «Re-viewing Modernist Criticism», en Brian Wallis *Art after Modernism* (Nueva York y Boston: The New Museum of Contemporary Art y David R. Godine, 1984): 100.

2. Ludmilla Jordanova, «Objects of Knowledge: A Historical Perspective on Museums», en Peter Vergo *The New Museology* (Londres: Reaktion Books, 1989): 32-33.

3. Douglas Crimp, *On the Museum Ruins* (Massachusetts: MIT Press, 1993), passim.

4. Aurora León, *El Museo. Teoría, Praxis y Utopía* (Madrid: Cátedra, 1990): 168.

5. François Dagognet, *Le Musée sans fin* (Seyssel: Champ Vallon, 1993): 68-69.

Sin fines ni límites a la vista

THOMAS KEENAN

«Dejaría de celebrar la pérdida si pudiera
descubrir lo que la sustituye.»
LYNNE TILLMAN

«MUSEO... Aquí jugaremos a diario hasta
que se acabe el mundo.»
MARCEL BROODTHAERS

Museo.... Del gr., *mouseion,* sede de las
Musas... *Musa...* Del gr., *mousa...*: pre-helé-
nico **montya,* raíz indogermánica **mon-
(:men- :mn-)* pensar, recordar, etc. Una de
las nueve diosas hermanas, hijas de Zeus y
Mnemósine... *(OXFORD ENGLISH DICTIONARY)*

Proyecto

¿Está llegando a su fin el museo, tal como
lo hemos vivido? ¿Ha sobrevivido a sus defi-
niciones, del clasicismo a la posmodernidad, y
si es así, en qué se convertirá? La reflexión
sobre la posible desaparición del museo no pue-
de separarse de un examen de sus objetivos,
sus propósitos y sus límites, y en este sentido
el interrogante se centraría en los límites del
museo. Está en juego nada menos que la memo-
ria y la promesa de nuestra cultura. Pero «nues-
tra» cultura y «el» museo –como institución,
como idea, y como práctica– no son ni pueden
ser una sola cosa. De hecho, lo que exige nues-
tra atención son las formas en que la institu-
ción ha evolucionado, convirtiéndose en la
expresión de múltiples deseos y objetivos, que
ahora más que nunca parecen contradictorios
entre sí. Clásicamente, el museo se orientaba
hacia la preservación y la conservación del
canon de la historia del arte y la estética. La
modernidad le confirió la tarea de encarnar el
poder utópico y recuperador del arte, y expan-
dió nuestra concepción de lo que podía consi-
derarse como arte. En la actualidad, el museo
intenta a menudo convertirse en un espacio
donde una nueva comunidad de culturas e his-
torias desafía los paradigmas estéticos hered-
dados. Estas definiciones e intenciones
heterogéneas no se han sucedido simplemente
unas a otras, sino que coexisten en una insti-
tución que se considera obligada a satisfacer-
las todas. ¿Es ese museo posible?

La finalidad de esta reflexión no puede con-
sistir simplemente en imaginar el museo del
futuro, ni en recordar nostálgicamente lo que
el museo fue o pudo haber sido. Se trata por
el contrario de elaborar una genealogía crítica
del museo. Esto implica no tanto una búsque-
da de sus raíces, como si la historia fuera sólo
una continua progresión a partir de un origen
dado, sino una concienzuda investigación teó-
rica sobre las desiguales tendencias del museo.
¿Cuáles son los presupuestos epistemológicos

de esta institución, lo que equivale a decir, cuá-
les son sus apuestas sociales, económicas y polí-
ticas? Aquí, el objetivo no es describir situa-ciones
ni prescribir soluciones, sino analizar las for-
mas en las que puede imaginarse el museo, den-
tro y fuera del contexto de las historias e
instituciones que lo han determinado en exce-
so. (De la propuesta para *Los límites del museo,*
John G. Hanhardt y Thomas Keenan.)

Anacronismo

Cabría preguntarse si nunca han parecido
los museos tan anacrónicos como ahora, no sólo
como moradas y guardianes del pasado, sino en
cierto modo, como reliquias del pasado, o inclu-
so de múltiples pasados. En la actualidad, hay
tantas protestas y objeciones contra lo que han
llegado a ser esas instituciones, que su propia
existencia, su razón de ser está en peligro.
Enumerar las críticas, una tras otra, es como
escuchar una repetitiva letanía: son aburridos,
monótonos, pero cobrando sistemáticamente su
peaje. ¿Qué les pasa a los museos? Los objetos
que coleccionan están amenazados por la irre-
levancia, en la era de la información global y las
tecnologías del ocio, de la televisión a los orde-
nadores, y de los vastos bancos de datos archi-
vados electrónicamente. Su participación y
complicidad en el mantenimiento de las dra-
máticas desigualdades en el reparto de la rique-
za, su función como árbitros del valor, y la
facilidad con la que pueden colaborar a la legi-
timización del capital transnacional y la finan-
cialización del planeta los han vuelto cada vez
más dignos de sospecha. La homogeneidad cul-
tural, el canon compartido de valores y fines, e
incluso el nacionalismo que a menudo parecen
presuponer cada vez resulta más insoportable,
si no inalcanzable, en una era de identidades
fragmentadas y divididas, y de desmorona-
miento de fronteras nacionales. Los museos casi nunca
consiguen acceder ni por asomo a un público
representativo, y el sueño de una esfera pública
común, o de un público en general, al que siguen
apelando pese a todo, se ha puesto seriamente
en duda, tanto en sus cimientos filosóficos como
en la emergencia de esferas antipúblicas y de
nuevos dominios públicos, especialmente los de
los medios de comunicación y la cultura de
masas. El supuesto museístico de un visitante o
un espectador no influido por la diferencia de
sexo, ni por el inconsciente, ni por la historia y
sus cicatrices, parece ingenuo en el mejor de los
casos, y autoritario en el peor, y resulta cierta-
mente insostenible en su ontología de la concien-
cia o la subjetividad. Y en cuanto a las
pretensiones de conocimiento, de un relativo
acuerdo sobre los contenidos y una relativa neu-
tralidad en la presentación, e incluso el propio
status y el valor del objeto artístico se han vis-
to desafiados en sus propios cimientos. Entonces,
¿para qué sirven los museos?

Estas críticas tienen una fuerza innegable.
En efecto, en uno u otro lenguaje, están implí-
citas en los argumentos abordados por las obras
que se exhiben en *Los límites del museo.* Pero
lo que se dice y se hace en esta muestra no
empieza y termina con estas críticas. ¿Qué dife-
rencia implica el hecho de que las críticas se
produzcan en este mismo lugar, en el museo al
que cuestionan? Los desafíos son de largo
alcance, pero no se limitan a proclamar sim-
plemente que el museo está acabado. La pre-
gunta de «para qué» deberían servir los museos
demuestra cierta fidelidad, no hacia el concepto
que el museo tiene de sí mismo, sino hacia algo
que aún sea posible en su interior. Para empe-
zar, podemos imaginar la respuesta de la ins-
titución a esas objeciones: las llevará hasta el
final.

¿Nunca ha parecido el museo más anac-
crónico? El tiempo verbal de la pregunta, con
el matiz extremo del adverbio, podría llevar a
una versión apocalíptica de la idea: los museos
han perdido, final y decisivamente, contacto
con los principios que los animaban, han sobre-
pasado sus objetivos originales, y ya no corres-
ponden a su finalidad. Han dejado atrás sus
razones, se han transformado en algo que los
ha llevado mucho más allá de los límites de su
definición original. No siendo ya clásicos, ni
modernos, ni posmodernos, han llegado a un
límite, a un final, que queda más allá de sus
objetivos o que ha perdido el contacto con ellos.
Los museos están agotados.

Este razonamiento catastrófico (en más de
un sentido) puede estar animado a su vez por
múltiples objetivos, algunos incluso contra-
dictorios. Puede encontrar ecos tan diversos
como el pensamiento fenomenológico radical
sobre «el fin de la filosofía», o la noción del
«fin de la historia» popularizada tras la gue-
rra fría. Podemos imaginar versiones conser-
vadoras o radicales: tal vez los museos han
perdido de vista los objetivos que deberían asu-
mir, o quizá han actuado sensatamente dejan-
do atrás objetivos desfasados. Ahora ya sólo
quedan fantasmas de museos, dicen, unos con
tristeza y los otros con alivio. En cualquier
caso, comparten una noción de temporalidad
y teleología que les devuelve precisamente a
los orígenes que el museo reclama para sí: la
pérdida y la inminencia del fin.

Los museos están construidos sobre la pér-
dida y su recuerdo: ningún museo existe sin la
amenaza de que algo se borre o quede incom-
pleto, todo museo está ensombrecido por la
idea de la destrucción inminente de aquello que
busca estabilizar y mantener. Para ser más exac-
tos, podemos decir que el museo encuentra en
la pérdida su más poderosa *coartada.* Cuan-do
algo se aproxima a su fin o es amenazado por
la extinción, reclama memoria y protección.
Inevitablemente, hay algo de cementerio y de
epitafio en torno al museo, incluso en los mu-

seos contemporáneos más vanguardistas y que están más al día. El fin es el objetivo, o mejor dicho, el aplazamiento del fin –a nivel de representación o de presentación–, pero su postergación depende de la inminencia del desastre. El museo quiere ser una institución salvadora y protectora, una máquina para la preservación y la transmisión, un archivo de lo que se ha perdido o corre el peligro de desaparecer, y un mecanismo para reanimarlo, una plataforma que le permite comunicarse una vez más con el presente. La pérdida y el miedo a la destrucción, especialmente tras exponer la fragilidad de una identidad colectiva, es un estímulo terrible para la preservación y para una ordenación higiénica del patrimonio y sus legatarios. Nada nos lo enseña mejor que la violencia que constantemente conllevan las respuestas a este miedo, hoy en Bosnia, en Ruanda o en los corredores del poder estatal de Occidente. Los museos defienden las tradiciones, recuerdan y representan, reúnen en colecciones y exposiciones lo que necesita ser rescatado o expuesto –ya sea tradición o vanguardia, centro o margen, ortodoxia o heterodoxia– porque su existencia física o su significación corren peligro. Los museos protegen no tanto los objetos como su significado, y su trabajo consiste en articularlos, vincularlos y disponerlos en una red de significado. El museo, sede de las musas, marca un espacio y un tiempo para la memoria, una memoria que apunta directamente al futuro. Por eso son tantas veces lugares de batalla: fundados o socavados, levantados o bombardeados, financiados o abandonados. Los museos se alimentan de la amenaza y la pérdida, y de la memoria que encuentra su origen en esta experiencia de extinción.

Por lo menos, eso es lo que dicen, y a menudo, lo que hacen. Según este escenario «finalista», queda una sola opción. Si el museo en sí mismo está amenazado, si ahora corre el riesgo del anacronismo (y esto no debe darse por sentado), entonces ha llegado el momento de plantearse nada menos que un museo de los museos, un espacio donde señalar y recordar el trabajo que han hecho los museos, para recordar sus orígenes y sus objetivos, registrar sus éxitos y sus fracasos, y reunir las huellas de sus existencias, no sólo para rememorarlos o para llorarlos, escuchamos decir a la institución, sino para valorarlos críticamente. Ahora, continua la historia, los propios museos requieren protección y preservación, refugio contra su irrelevancia o su anacronismo. De alguna manera, piden ser recordados a su vez, tras haberse sobrevivido, ahora ya sólo como recordatorios fantasmagóricos de una voluntad de recordar cada vez más olvidada. Y nadie mejor que el museo para ejecutar esta tarea de remembranza.

La inversión dialéctica es previsible y poderosa, como elegante maniobra de una institución basada en la ausencia y dedicada a su negación y a la recuperación. Al final del museo, un último museo. La apuesta especulativa pondría toda la institución en juego, arriesgaría toda la historia y el sentido del museo como proyecto para recuperar sólo esa unidad, lo que determina la totalidad de una meta que sólo al final llega a reconocerse frente a su aniquilación. Cuando todo está perdido, rescata la pérdida, y con ella, todo lo demás. Nada se adaptaría mejor para representar esta labor de negación, es decir, la negación de la negación, que la obra crítica que intenta llevar el museo a su fin. En tanto que devuelve el museo a sus orígenes de pérdida, permite a la institución la mirada de autorreconocimiento y la simetría de la recuperación: el museo ha muerto, larga vida al museo. Al final, en su propio final, el museo se reconoce y se reconstituye como la propia institución de esa pérdida.

¿Dialéctica especulativa o *mise-en-abyme*? La apuesta y el *pathos* del desastre son las estrategias desesperadas de una institución que se ha quedado sin medios para pensar en sí misma, que vuelve a sus orígenes –es decir, al origen– precisamente cuando éstos tienen poco o nada que ofrecerle. Hay otras maneras de interpretar la crisis contemporánea del museo, otras estrategias para pensar en las amenazas putativas a la institución, y nuevas formas de evadir las reivindicaciones del origen y la hegemonía del fin (en todos los sentidos). *Los límites del museo* señalan en muchas de esas otras direcciones, dirigiéndose menos a escenificar la crisis y a permitirle la recuperación especular que a inscribir dentro de la «misma» institución las maneras en las que puede diferir de sí misma, exponerse a la (¿propia?) divergencia de sus fines, de sus finales, de sus límites.

Pérdida (sin fin)

¿Hasta qué punto tiene autoridad el origen? Si el museo parece estar acabado –capturado por cierto ideal materializado de colección y preservación, o llorando la muerte de un sueño abandonado de utopía y crítica, o recuperado por un multiculturalismo que se niega a desafiar el concepto de cultura en sus cimientos, o dividido por la confusión de todos esos objetivos–, este veredicto sólo puede pronunciarse si continuamos subscribiendo las reivindicaciones que hace de sus orígenes. ¿Por qué limitar la institución a sus objetivos o a sus coartadas, y a la convergencia de esos objetivos en un ideal de protección? Si el museo ha sobrevivido, si ha conseguido comunicar efectivamente a pesar de esas amenazas, tal vez deba su futuro a esa misma desviación (pérdida, sí, pero ahora en sentido afirmativo), a la inevitabilidad de la deriva que ha alejado a la institución de su deseo original (imaginado).

No una pérdida del origen, sino una pérdida en el origen, una pérdida que no afecta al origen (del museo, de los objetos que preserva y a los que permite hablar, del público y del sujeto), sino que lo marca desde el inicio como destinado a un futuro abierto, a una identidad dividida y a un camino errante.

Al final, como al principio, debería haber una moratoria. Tanto si algo está determinado «en última instancia» como si no, la hora solitaria de la última instancia nunca llega, dijo Althusser. Lo cual, si bien libera un cierto *pathos* humanitario, de poca ayuda nos sirve, ya que no parece que ese «nunca» haya frustrado en lo más mínimo a los técnicos y teóricos de tantas soluciones finales en este bárbaro siglo. Criatura de Zeus y Mnemósine, el museo recuerda esas catástrofes, esos ascensos y caídas, las llora y las señala: violencia y memoria. Si siempre se ha movido por ese objetivo, ese miedo al fin, que en cierto modo también necesita de su inminencia para seguir adelante, siempre ha habido a la vez otro museo, otros museos que actuaban dentro de la interpretación dominante. El museo es incompleto, infinito: sus fines –el fin en sí mismo– nunca han conseguido gobernarlo. Ningún fin del museo, ningún apocalipsis (todavía no, como dijo Derrida), y ciertamente, ningún museo de los museos. No porque el museo esté vivo y sano y sea una institución vital para el próximo milenio, rotundamente no. Ni tampoco porque el museo esté muerto y enterrado, acabado, perdido o desorientado. Más bien porque toda la teleología que anima este escenario, el concepto de presencia, su erosión y su mantenimiento (en el tiempo, el lenguaje, la representación) se rigen por la misma metafísica que ha puesto el museo en cuestión. Si el museo se ve a sí mismo en peligro, amenazado por fuerzas externas (los media, la cultura de masas, la realidad virtual) o agotado internamente por una certera (arriesguémonos a pronunciar la palabra) descomposición, entonces el tono apocalíptico se produce a partir de la idea a la que el museo atribuye su animación en primer lugar –la idea de que la presencia de la intención originadora satura la institución, le da su razón de ser y define su existencia... en una palabra, la idea del «primer lugar» en sí mismo–, y que hace posible una institución organizada en torno a la afirmación y la recuperación de la pérdida. Tantos futuros posibles para que el museo emerja en la deconstrucción de este origen, en el hecho de exponerse a su propia confusión e incompletitud; esta vez no como debilidad y fatalidad inminente, sino como diferencia y afirmación. La Historia, como el museo, permanece abierta.

Así pues, un museo sin final, sin fines ni límites a la vista. ¿Implica esto una institución desligada de sus objetivos fundacionales, liberada de sus metas y fines, abandonada a una

incertidumbre sin otro rumbo que la certidumbre de la catástrofe? ¿O sugiere por el contrario un museo sin ataduras, voraz en adquisiciones y apropiación, omnívoro en su caza y su actividad compiladora, libre para perseguir esos fines con desenfreno, para albergar cualquier cosa, todo lo imaginable?

Tampoco. El museo sin final, sin límites (a la vista) sólo puede ser abierto, incompleto, no simplemente falto de totalidad sino resistente a ella. Duda sobre la utopía, especialmente las inmensas utopías de total infinitud e irrestricción, pura no-limitación y libertinaje. Estas son las fantasías de un sujeto o agente liberado a su ansiada soberanía, inasequible a norma o ley alguna, o del imperio que sólo entiende las fronteras, como dijo Marx en alguna parte, como nuevos territorios a conquistar. Y el museo que se abre lo suficiente para formular preguntas sobre esas fronteras, esos límites y esos fines, especialmente sobre su propia y rica reimaginación de sus funciones originarias de coleccionar, guardar y proteger contra la pérdida, antes que nada debe plantear preguntas sobre su propio e indócil sujeto, su yo en su voluntad infinita de poder. La ausencia de objetivos es meramente una incitación para este sujeto, una oportunidad para la decisiva transgresión, y no es en absoluto un gesto crítico. Como la proclamación *del fin*, de una vez por todas, simplemente estabiliza el presente de un sujeto y la seguridad de su posición en ese presente. El museo pone precisamente este concepto de subjetividad –y con él, la propia tradición de refugio, fundación, pérdida y presencia– en crisis.

Se trata de un museo de la crisis, no de otro monumento a la crisis, ni de otro esfuerzo para curar o reconciliar las heridas y pérdidas de la historia, para recomponer un sujeto y un público destripado o fragmentado, para superar y trascender las divisiones de nuestra cultura, que no es una sola. El objetivo de la reconciliación es indistinguible del sueño de pérdida y rescate, de una solución que finalmente pondrá fin al peligro. Ni el arte ni el museo esclarecerán las distorsiones, acallarán las preguntas, ofrecerán distancia crítica y una reunión armoniosa. El conflicto y la opacidad habitan en el corazón del «propio» museo, del mismo modo en que estructuran la sociedad, la cultura y la política como totalidades imposibles, necesariamente divorciadas de orígenes o conclusiones.

Poli-insaturados

Gracias a dios (o a lo que sea), aquí no hay ningún final-ismo, ningún movimiento concertado que pretenda poner fin al museo para siempre, que pretenda, por una transtornada fidelidad a algún origen imaginario, volver el museo hacia sí mismo en una celebración final de su propia pérdida. Los ecos de tal discurso

que hoy todavía son audibles, proceden de la propia institución, que parece impaciente de proclamar su propio anacronismo, vocear su carácter amenazado e invocar sus principios fundacionales como los propios peligros ocultos en los que se basa. ¿El museo borrado como una figura dibujada en la arena, a la orilla del mar? Derrida –hace ya más de un cuarto de siglo, en *Les fins de l'homme*– nos avisó del peligro de esta retórica del fin como el artificio ejemplar de un humanismo llevado a sus límites. El museo que proclama en voz alta su propia devastación, de principio a fin, descansa confortablemente en el núcleo de su tradición.

Los límites del museo ofrece, en piezas y fragmentos, otra historia, otra serie de historias. Necesariamente híbrida e incompleta, desarticulada y a menudo contradictoria, la muestra –o mejor dicho, la exposición del museo frente al museo, sin simetría ni especulación, sin fin, sino más a la manera de la figura retórica destotalizadora de la *mise-en-abyme* insiste a muchos niveles en la afirmación de conflicto y de crisis sin conciliación ni reconciliación, sin finalidad o recuperación final. Como el niño de la etiqueta de un bote de cacao que muestra a un niño con un bote de cacao en la mano, que a su vez muestra a otro niño con su bote de cacao, que muestra a otro niño... y etcétera, esta figura abismal afirma de un modo ilegible e insistente a la vez que no hay final a la vista. Con todo, la figura no es aquella de la eternidad del infinito retorno o del juego de espejos, sino de renuncia afirmativa a esa confortable totalidad. Perdemos la estabilidad de nuestro punto de referencia, intentando leer la *mise-en-abyme*, pero sin conseguir leerla o evadir el hecho ineluctable de que, nos guste o no, nos leerá a nosotros y leerá «nuestro» predicamento. De hecho, no hay nada nuevo en este gesto. La estructura de destotalización o crisis irrecuperable, del público y del sujeto (en otro vocabulario, el visitante) se disocia, hace necesaria a la institución. Si pudiéramos dar por sentada la totalidad –la pérdida y su recuperación, por ejemplo, o la continua deriva a partir del origen, o la preservación del objeto y sus significados para el futuro–, no tendríamos ninguna necesidad de museos. Lo que los museos han tendido a tratar simplemente como pérdida, pérdida de algo que antes fue presente, es en sí misma una interpretación de otra separación, un movimiento de diferencia irreconciliable y sin fin. Pérdida o fin es el nombre (antes lo hemos llamado una *coartada,* que connota «otro lugar» primordial), dada una divergencia o una discordancia en la visión de su solución final, que proyecta hacia atrás, hacia un momento pasado de imaginaria unidad, la supresión de la diferencia que quiere lograr para el futuro. Pero la transparencia de esta resolución sigue siendo un ardid. El museo depende de la divergencia «originaria», que

vuelve posibles –y problemáticos– todos sus actos: memoria, comunidad e incluso crítica. Pero no puede asegurarlos, ni puede borrar la opacidad que los hace necesarios. Hablamos con precisión porque no podemos estar nunca seguros de ser comprendidos. Actuamos juntos en público, entramos en la polis y reclamamos nuestros derechos, porque nuestra humanidad común es incierta y siempre está sujeta a objeciones. La disonancia, la distorsión, el disentimiento, la diseminación y la ambivalencia que estructura nuestra habla y nuestra actuación hacen del museo –al margen de sus aspiraciones, metas o supuestos orígenes– una institución de la crisis. Esto ciertamente lo coloca en una situación de riesgo (no *logra* reconciliar lo irreconciliable), pero ese riesgo es justamente su condición.

Los interrogantes sobre los fines, los finales y límites del museo dependen de esta condición poli-insaturada, y por eso no pueden ni deben reducirse a una proclamación del fin. La crisis del museo es de una evidencia deslumbrante, pero este ensayo requiere distintas interpretaciones de dicha crisis. Requiere nuevas lecturas de las categorías críticas con las que empezamos: objeto y medios, sujeto y público, memoria e historia. El museo no está más acabado que perdida la esfera de lo público, o lo que es lo mismo, la esfera pública ya está desapareciendo –esta es su definición en la tradición democrática, ya que sus límites y posibilidades están siempre y precisamente sujetas a la renegociación que quiere posibilitar– gracias a su publicitación. «La disolución de los marcadores de la certidumbre», que según Lefort define la emergencia del público y sus derechos, la invención democrática, afecta hoy al museo en su posibilidad y su riesgo. Además, la memoria que está en juego en el museo debe romper con su tradición recordatoria, interiorizadora y monumentalista, y exponerlo a la inalcanzable anterioridad del pasado y a la traumática historia que afronta el conocimiento. Ninguna reducción analítica del museo hacia sus orígenes –ya sea partiendo de la buena conciencia de «nuestra herencia» o del hecho culpable de «la economía», como partiendo de la santidad de la estética o el placer de lo turístico– basta para abordar su estructura radicalmente abierta. Vinculado al pasado, pero a un pasado que nunca podrá dominar, el museo se erige sobre un abismo y una divergencia que no toleran sutura alguna. «No hay "estructuras primarias"», dijo Broodthaers en un contexto en cierto modo distinto, aunque como siempre estuviera escribiendo sobre el museo: consagrado a lo primario, sigue siendo en su totalidad superestructura, absolutamente mediatizado, insaturado por los orígenes, abierto a la fragilidad y a la irreductibilidad de la pérdida, intenta confusamente invertir su posición. «Aquí jugaremos cada día, hasta que se

acabe el mundo», o bien, como dijo después, «todo el día, hasta el final de los tiempos».

Las cosas se caen a pedazos, dijo Chinua Achebe. Pramoedya de Indonesia habla simplemente de «cosas desaparecidas». Este terrible siglo, que ahora se acerca a su fin, marcado de modo indeleble con un Holocausto y otros tantos holocaustos, reclama memoria, pero no simplemente el contenido de la remembranza para conmemorar. La idea de que el desastre puede evitarse en el futuro mediante el valeroso acto del recuerdo parece cada vez más fuera de lugar. ¿De qué serviría recordar lo que no simplemente se ha perdido sino que ha desaparecido por completo? ¿Podemos imaginar un museo que no se contentara con el *pathos* de su memoria destinada al fracaso, un museo que quisiera interrumpir el curso de la historia y sus catástrofes en lugar de limitarse a recordarlas? Nada puede sustituir a la pérdida: lejos de señalar el fin del museo, esa es la razón de que haya museos, con responsabilidades imposibles, y sin final.

Acotamientos: en torno al espacio ideológico del museo de arte

JOHN G. HANHARDT

«El museo es malo porque no cuenta toda la historia.» *LE CORBUSIER*, «Autres icônes: les musées», en *L'Art décoratif d'aujourd'hui* (1925).

El museo ha pasado a ocupar un lugar problemático en la cultura y el comercio de finales del siglo veinte. Este siglo ha presenciado la consolidación del poder del museo y su expansión alrededor del mundo como institución capaz de conferir valor cultural y monetario a las obras de arte. Y al mismo tiempo, con las prácticas del arte vanguardista ha emergido una resistencia a esta institucionalización del arte y de la historia del arte. El provocativo ejemplo de Marcel Duchamp y su «objeto encontrado» encontraría en el horizonte la contestación post-sesenta a la valorización del objeto de arte dentro de la limitada economía del museo. Contra esta operación del museo como máquina cultural, que determina mediante su programa expositivo y de colección el destino de un discurso dentro de la sociedad en general, intenta resistir el artista con estrategias retóricas y materiales. Este proyecto crítico articulado implícitamente en las prácticas del arte es lo que se examina, en el contexto de la problemática más amplia del significado del museo, en la muestra *Los límites del museo*.

El museo es hoy una institución que contempla y asiste a su propia deconstrucción a través del arte que expone, mientras que al mismo tiempo, ese arte continúa moviéndose a través del museo, en la academia y la operación coleccionista de un mermado mundo del arte público apoyado por una élite social. Esta deconstrucción crítica del museo expone sus orígenes metafísicos en un lugar valorizado, situado a años luz del mundo cambiante que hoy nos rodea. El museo occidental se mantiene en un espacio igualador y homogeneizante que niega la diferencia y proclama una deuda para con el capital cultural del mercado y el poder, negando de paso la validez y el poder del arte local y periférico frente a las prácticas e intereses del centro. Hay una urgente necesidad de que los museos de arte regionales, nacionales, estatales, públicos y privados se reflejen críticamente en su actuación y su relación con el mundo que les rodea. Al mismo tiempo, las prácticas del arte y los discursos históricos y teóricos que las apoyan deben abrirse al desafío de las distintas necesidades y recursos de la expresión creativa.

El lugar del museo en la circulación mundial de capital y su papel estratégico en la definición ideológica de sociedad se demuestra en la rápida y progresiva expansión de la cultura museística en la ciudad, en un esfuerzo por preservar y crear capital cultural que atraiga inversión, turismo, y la clase de reconocimiento que asegura la metrópolis como medio de desarrollo y especulación. El museo, como la ciudad, participa en una economía capitalista global, basada en la adquisición de propiedad para comercializarla y desarrollarla en aras de un beneficio.

El museo es un lugar para escuchar historias sobre la cultura y el arte, en un proceso que convierte sus mitos en reales y sustanciales: las narrativas magistrales de la memoria colectiva de la clase dominante que se convierten en hechos, opiniones institucionalmente establecidas que se convierten en verdades; el museo opera como un aparato de estado ideológico que consolida el mito de la sociedad en torno a imágenes historiografiadas. Produce textos que confieren el poder de la verdad a las clases controladoras y lo preservan para ellas. Dentro de esta economía de poder, la plusvalía del arte, argumentada en base a la sacralización del objeto de arte, surge de un texto basado en un discurso público a través del expertizaje y de la operación historiográfica de la colección y exhibición del museo. El museo deviene un lugar destinado a conferir el poder de la propiedad y el privilegio del arte, así como el don de saber qué es «arte».

Actualmente, el museo (como la ciudad) experimenta una redefinición en los circuitos postindustriales del movimiento electrónico de información y estrategias comerciales. Las economías corporativas occidentales rivalizan para instalar las autopistas de la información como nueva conexión global para una vuelta a la industria de producción doméstica y a la sustitución de la ciudad como eje del comercio, y por tanto, de la cultura. La expansión del espacio de trabajo y de la fuerza de trabajo hacia una red global y dispersa de trabajadores de la información se argumenta sobre la base de una economía postindustrial de velocidad y cambio. En el horizonte de *Los límites del museo* se plantea el interrogante de cuáles serán los nuevos espacios y lugares del museo del futuro. Tal vez se pueda interpretar a los artistas representados en esta exposición preguntándose si el museo, tal como se ha definido y concebido tradicionalmente, se convertirá en un monumento a sí mismo, en una reliquia del pasado, o en el lugar a donde irán el artista y el nuevo coleccionista a ver y aprender sobre nuestra cambiante cultura visual, una cultura que está redefiniendo el centro y el margen, y donde quizá el museo haya perdido su rumbo y su lugar.

La problemática del museo en relación al arte de final del siglo veinte, arte creado como secuela de la modernidad, yace en el precario lugar donde se confiere el valor, basada en un paradigma en plena redefinición y transfor-

mación: la base material del arte se está desplazando y fragmentando a través de las prácticas de instalaciones multimedia, el enrarecido y sacralizado objeto de valor único se ha expuesto como una definición limitada del trabajo artístico, la globalización de la comunidad y las culturas populares transforman y derriban las barreras que encierran la expresión cultural, y hoy se considera que la visión que determina la línea expositiva del museo se basa cognitivamente en una perspectiva muy limitada del mundo. Al cierre del milenio, el museo puede verse como un lugar para la cultura estatal y corporativa, que continúa apropiándose de los recursos de los mundos reales y resistentes. Los artistas, en su utópica búsqueda de lo real y lo imaginario como expresión individual y colectiva, reaccionan ante esos intentos de apropiación y denegación, y en su resistencia describen un museo con múltiples partes. Conciben el museo como una idea o un ideal que puede renovarse hundiendo sus raíces, basando su multiplicidad de visiones comisariales en todas las historias y culturas, derribando sus muros institucionales, y resurgiendo con una visión transformadora y transcultural de renovación y esperanza.

Los tres recorridos que siguen a continuación son reflexiones sobre el museo a través de la obra de artistas que cuestionan, niegan y/o proclaman las ideas y valores del arte dentro de la cultura del museo.

Primer recorrido por el museo

«A diferencia de otros museos donde los edificios son monumentos, nuestro edificio actúa como bagaje, como plataforma para el arte, la naturaleza y la historia del entorno.» PETER EISENMAN en una conferencia de prensa del University Art Museum, California State University, Long Beach (1987).

¿Qué se convierte en monumento? La observación de Eisenman, elogiando al museo como bagaje para el arte de un lugar concreto, presenta el programa expositivo como algo que sólo requiere un espacio neutral para presentar arte, naturaleza e historia. Es esta noción del museo como contenedor de verdades por su mero diseño y existencia lo que informa nuestro primer recorrido crítico por el espacio del museo. Nuestra trayectoria es a la vez física e ideológica, se mueve sobre coordenadas espirituales e históricas, por un mapa de deseos psíquicos que ha sido marcado y remarcado por los artistas, creando un conjunto de textos que cuestionan implícitamente el espacio del museo.

Christian Boltanski ha creado, por medio de los laberintos de su memoria y de trozos de la historia, proyectos que marcan con postes materiales y físicos la presencia de la memoria, a menudo con la evidencia del fotógrafo ingenuo, directo en su comprensión de la figura humana como personificación de la memoria y del sentimiento de arraigo. El arte de Boltanski recolecta los recuerdos particulares de otros, reuniendo las huellas de la familia, los pueblos y los deseos en un gesto que imita física y psíquicamente, en un acto autorreflexivo, las acciones de definición y acotamiento del museo, todas las estrategias del museo que aislan el objeto, apartándolo de su lugar original de funcionamiento y significado. En el re-desplazamiento que hace del objeto personal, Boltanski reconoce su localización original como su propio lugar en el museo. *Inventario del hombre de Barcelona* sitúa el objeto procedente de una casa de Barcelona en el espacio del museo, y en este movimiento añade invariablemente a los objetos la dimensión del marco museológico y la distanciación de los objetos en el espacio expositivo. Convirtiendo lo ordinario en extraordinario, Boltanski niega a esas cosas sus significados originales en la medida en que irradian un aura de fragilidad, desnudos bajo la áspera mirada del museo. El museo sólo puede ofrecer el significado contextual de su propio espacio y aparece débil en contraste con el poder de Boltanski.

El hecho de alejar los objetos privados del hogar y del yo hacia el espacio del museo adquiere otra dimensión en la obra de Ilya Kabakov *Incidente en el museo o Música acuática*, que aparta el museo y reconstituye lo real como un lugar imaginado en el espacio de la Fundació Antoni Tàpies. La estrategia borgesiana de Kabakov se mueve a través de la realidad del museo históricamente politizado, que él recrea en un museo occidental del final del arco iris político e ideológico del comunismo estatal soviético, como un decadente y ruinoso depositario del naturalismo estalinista. Esta poderosa narrativa implícita en la instalación teatral de Kabakov ofrece un metacomentario sobre la incapacidad del museo de retener su propia historia y su lugar en la intención reconstruida del museo como espacio ideológico.

El objeto visto como Otro, que se suelta deliberadamente de la significativa ancla de su sentido original, se ha convertido en un movimiento retórico definidor para Marcel Broodthaers. Sus objetos, diapositivas, ambientes, películas y placas sitúan la palabra museo (el mundo del museo) en el seno de una compleja y estratégica reapropiación que redefine las posibilidades del museo. Esta obra arroja objetos a una imaginaria y significativa cadena de sentidos a través de colocaciones estratégicas y la edición de su espacio circundante. Las estrategias discursivas de los conjuntos de objetos de Broodthaers dan testimonio del inconsistente sentido del museo. Broodthaers se resiste contra ese sentido en un esfuerzo por denegarle al museo su autoridad para santificar el objeto, comprometiéndose e identificando el propio proceso de nombrar como el único acto del museo y de la historia del arte. El acto de poner nombre al objeto por parte de Broodthaers, apartándolo del contexto original, y su acto de nombrar al museo como nombre crean un proyecto metacrítico que cuestiona al comisario/historiador del arte como nombrador y santificador del objeto de arte.

Esta estrategia avanza un paso más en la compleja negociación que Joan Fontcuberta hace con el artista como creador de objetos que imagina haber hecho. En esta instalación situada en la Fundació Antoni Tàpies, como en la Fundació Miró y en el Museu Picasso, los tres artistas Tàpies, Miró y Picasso están representados por series de fotografías identificadas como su producción artística respectiva. *El artista y la fotografía* es otra negación del museo dentro del museo mediante una identificación errónea de la obra del artista, pero creando, al imaginarla, una simulación de lo posible. En el caso de Tàpies, por ejemplo, un vestigio de la fotografía como recuerdo de su pasado se posiciona aquí dentro del propio museo del artista, pues Fontcuberta desenmaraña el sistema museístico de expertizaje y autentificación de la autoría dentro de la propia institución del museo.

La inmensa mayoría de literatura sobre el museo como institución es sobre todo una celebración del edificio como arquitectura y de la arquitectura como museo. La monumental obra de Douglas Davis *The Museum Transformed* es una celebración similar, una representación del museo como documento, y la colección y exposición de arte como acto espectacular de propiedad y exhibición. Louise Lawler socava esta celebración crítica del espacio del museo con una serie estratégica de fotografías que representan los actos de acotamiento que son la exposición y colección del museo. *Estimulación externa* instala una selección de fotografías de cuadros como si estuvieran colgados en un espacio doméstico, un espacio que se convierte en el museo del espacio viviente *(Salon Hodler)*. La colección privada como museo alcanzó su apogeo con la fusión del coleccionista y el museo en la instalación del Ala Lehman en el Metropolitan Museum of Art. El coleccionista Robert Lehman estipuló que su donación de arte al museo debía instalarse en un espacio que recreara la manera en que tenía expuesta originalmente la colección en su propia casa. Aquí, el valor y sentido de las obras de arte son definidos por el coleccionista moderno mediante la manera en que los interiores domésticos del coleccionista enmarcan la colección. La creación actual de edificios de museo por coleccionistas privados está refundiendo el museo contemporáneo a modo de una *Wunderkammer* del coleccionista como especulador en la adquisición y la inversión. El hábil comentario de Lawler, a través de la selección de temas y la representación

de las obras de arte y los coleccionistas que sitúan sus adquisiciones «bajo el cristal» en los pisapapeles de *Estimulación externa,* es una brillante manera de enmarcar el acto de coleccionar y la proyección de la arquitectura del museo como un contenedor translúcido pero resistente.

Segundo recorrido por el museo

«Los objetos que se ponen en las vitrinas de nuestros museos son santificados... Son calificados de hermosos y presentados como modelos, y así se establece esa fatal cadena de ideas y sus consecuencias.» LE CORBUSIER, «Autres icônes: les musées», en *L'Art décoratif d'ajourd'hui* (1925).

A través de varios proyectos, algunos artistas contemporáneos han intentado resistir a esa sorda cadena de ideas, conectadas por y desde dentro del museo, que establece una causalidad ideológica fuera de la historia del arte. Resistiendo contra la santificación del museo, recreando sus espacios con otros medios y en formas que se resisten al acto de encierro o acotamiento museológico, una nueva generación de artistas está construyendo a partir de la brecha abierta por el movimiento conceptual. La brecha en el círculo hermenéutico de interpretación y autentificación del museo empezó con la atención a la postura fenomenológica del espectador, estableciendo un diálogo entre el espectador, la obra de arte, el espacio expositivo y el momento en que se experimenta la obra. Esta estrategia conceptual descerrajó la puerta del museo, reconociendo su presencia en la experiencia de transacción con el texto de la obra de arte. En esta teorización del «recorrido del museo», el texto de la obra de arte se define a través del vínculo cognitivo del propio compromiso del espectador con el sentido del texto.

La elaboración de la propia experiencia con el texto estético dentro del mundo del arte puede crearse como resistencia ante la exhibición directa de lo visual. La exposición de sonido como discurso estético que reconoce la materialidad de los espacios cotidianos ha sido el rasgo principal de los proyectos de instalación de audio-arte de Bill Fontana. Su proyecto *Fuente del tiempo* transmite sonidos desde diversos lugares hasta la Fundació Antoni Tàpies. *Fuente del tiempo* crea una presencia inmaterial de otros lugares en los espacios abiertos de la Fundació Antoni Tàpies. Fontana nos hace advertir la presencia del sonido eliminando los sonidos de su lugar de origen y llamando así nuestra atención hacia el propio espacio en el que encontramos las piezas. La poética de la instalación de Fontana se basa en un rechazo radical de lo visual, y en un compromiso de la experiencia auditiva como una especie de rearti-

culación subversiva de los sonidos no oídos de la vida cotidiana.

El tiempo que pasamos dentro de la galería observando objetos y experimentándolos sensorialmente implica una transacción compleja, enmarcada ampliamente dentro del museo como experiencia formal, textual, como valoración jerárquica, y como desarrollo codificado del objeto en su contexto histórico. Janine Antoni reflexiona sobre el objeto como proceso para comprometerse directamente a través del propio acto de su creación y de la huella que deja este acto. En su proyecto *Loving Care,* vemos en el espacio de la galería el tratamiento de la superficie del suelo y las paredes como áreas preparadas para el marcaje. El proceso se realiza en una performance en la que Antoni usa su propio pelo a modo de brocha humana, sumergiéndolo en un balde de tinte que luego aplicará al suelo. Aquí, la acción de la artista pinta el espacio, convirtiendo las paredes del museo en la superficie de la obra de arte. Las paredes del museo que contiene, alberga y santifica la obra de arte soportan literalmente la creación y recepción de *Loving Care* en la medida en que Antoni funde el proceso y la recepción. El resultado es una abstracción dinámica que sigue el movimiento del cuerpo de la artista y deja la documentación videográfica de la performance y la pintura como huellas en un registro, y como un resultado de la dual creación y recepción del arte en tanto que obra.

La naturaleza del objeto en tanto que representa los actos de recepción (o acogida) ha sido conceptualizada dramáticamente por Francesc Torres en *Pilotos primigenios.* El automóvil, como ícono del capitalismo industrial, se convierte en la pieza central de la instalación de Torres, que es un modelo de la momificación museística de la tecnología y la mistificación del artefacto cultural. Como los demás proyectos de Torres, *Pilotos primigenios* combina los elementos de la construcción social para fabricar una fantasía de las máquinas deseables de la tecnología, expresión del misterio construido en el centro de la ideología. Los aviones de papel, que simbolizan los movimientos artísticos, se revisten de fragilidad y transparencia gracias al material con el que han sido realizados, el cristal, y a su inclusión en el archivo del museo. Las pretensiones y falsificaciones de la ideología y el programa político construido a partir de ellas, como la seductora superficie del coche deportivo *hightech* y el barniz erótico que el mercado le confiere, ganan para sus objetos la admisión como piezas de museo. El espectador de esta meditación postindustrial asume un lugar cercano al primate, precursor de lo humano y presente como elemento animal codificado según unos parámetros genéticos humanos. La instalación de Torres sobre los procesos políticos y labo-

rales como producción y recepción actúa como intervención teatral en el circuito cerrado de la recepción y el consumo de una obra de arte. El automóvil, alejado de las calles del deseo, y el último primate visto en el museo de historia natural recuerdan a los visitantes su propia situación de desplazamiento dentro del museo como institución y el emplazamiento en el museo como espacio expositivo.

Los residuos de la vida diaria fuera de las paredes del museo se ponen en juego en *Incluso en China,* de Jamelie Hassan. Hassan alude sutilmente a la exposición museológica en su cubo transparente, que se convierte en contenedor de los restos de la cultura de consumo de masas occidental, con sus artículos fabricados en el hipercapitalismo de alcance global de una fábrica de Extremo Oriente, esas oligarquías industriales, con sus salarios bajos y sus zonas incontroladas de libre empresa que han creado un espacio de explotación laboral fuera de la vista del consumidor occidental. Los visitantes de la Fundació Antoni Tàpies pueden coger las horquillas del pelo del contenedor de Hassan y sustituirlas por otra cosa como evidencia de su presencia y testimonio del consumo del arte, reconociendo cómo el consumo y el museo forman parte del mismo discurso circulante de objetos y deseos que se mueve ante nuestros ojos y ante nuestra economía personal de deseo y de consumo.

Tercer recorrido por el museo

«Veamos lo que veamos, podría ser algo distinto de lo que es.» LUDWIG WITTGENSTEIN, *The Limits of My Language Are the Limits of My World.*

El museo transforma esos objetos expuestos dentro de sus espacios a través del contexto del lenguaje. Las cartelas, las guías de la galería, los textos de las paredes, los títulos de exposiciones y el propio nombre del museo contextualizan y definen lo que vemos y cómo lo vemos. Además, los fundadores y patronos identifican una posición y una ideología que está en juego a través de su apoyo a una exposición. Los distintos textos que informan y moldean la institución del museo son reconocidos y criticados dentro del texto de varios proyectos de artistas, poniendo en primer término los discursos retóricos y de poder que gravitan en torno a la idea y el nombre del museo de arte.

La función del museo consiste en hacer el arte comprensible para el consumidor, encarnado en el público que circula a través de sus galerías, presentando el punto de vista de la exposición a través de un argumento comisarial, y construyendo de este modo una estética. Andrea Fraser ha creado una serie de proyectos que se apropian de algunos sistemas y metodologías producidos y empleados de una forma no(auto)crítica por el museo y consu-

midos por el visitante del museo. Fraser ha resituado esos textos, guías, vídeos y visitas a galerías como ejemplificación de los circuitos de poder en el museo, los instrumentos usados para contextualizar y contener la obra de arte. En sus proyectos, Fraser examina el museo como instrumento de poder, y a lo largo de ese proceso establece una metacrítica de la espistemiología de la educación museística. En su vídeo, Fraser crea un diálogo autorreflexivo con Tàpies sobre la situación del artista y de los museos en Barcelona.

La posición de la obra de arte en el museo, y la disposición de una colección permanente como referencia y base de la autoridad del museo es el tema de *Ausencia*, de Sophie Calle, que documenta casos de obras de arte robadas de los museos. La pieza combina pruebas fotográficas, como representaciones realistas de la escena del crimen, describiendo la ausencia de una obra de arte de su espacio original en la pared de un museo, con un texto explicativo que describe la obra perdida. Aquí, lo real es la ausencia de la obra maestra, su recuerdo. La inserción de la historia de Calle y de las pruebas documentales de la obra de arte ausente presenta la exposición del museo y la obra de arte como algo problemático e impermanente, tan transitorio como el propio museo.

El museo como institución de formación y disciplina, que condiciona la mirada estética, la visión comisarial y la disciplina de la apreciación del arte y la historia, es restituido en dos proyectos, *Tres cubos unidos/Diseño interior para un espacio de proyección de vídeos*, de Dan Graham, y *El Estado institutional*, de Julia Scher. Estas dos obras, radicalmente distintas, subvierten la definición aparente o externa del museo. En *Tres cubos unidos*, de Graham, los espacios encerrados en cristal funcionan como contenedores a la vez transparentes y opacos para que el espectador vea vídeos en una máquina metamuseístico-arquitectónica. El espacio televisual de Graham crea un discurso multidisciplinar sobre cinta de vídeo. El metamuseo de Graham convierte el acto de mirar en una estructura que reconoce la transparencia de las intenciones del museo. Esa intención, el desempeño de un papel disciplinario por parte del museo, es abordado críticamente en el proyecto central de Julia Scher de desentrañar el mito del museo en su conexión e intercambio videográfico entre la Fundació Antoni Tàpies y los Serveis de Salut Mental de Sant Joan de Déu (Sant Boi). Esta conexión establece una ecuación entre los espacios disciplinarios de la educación y la rehabilitación. El objetivo de la utopía liberal de la institución psiquiátrica como centro de rehabilitación y el museo como benefactor cultural se exponen al desnudo en el proyecto de Scher. Su instalación *El Estado institutional* expone las raíces de la

sede de la Fundació Antoni Tàpies, un edificio que originalmente albergó a una editorial que combinaba el aprendizaje con el «trabajo duro».

Graham y Scher, a través de sus estrategias arquitectónicas, ofrecen un comentario autorreflexivo y crítico, estableciendo líneas de poder discursivo a través de las fantasías culturales y del mundo del arte que existen como fantasmas en las máquinas educativas institucionales de la sociedad: el museo, el hospital psiquiátrico y la fábrica.

Junto a todo esto, en el auditorio de la Fundació Tàpies, encontramos *Between the Frames*, de Muntadas, un ambicioso vídeo con diversas partes que traza un panorama de los múltiples aspectos del mundo del arte y se convierte en una referencia textual y una guía del museo y del mundo del arte, hilando sus proposiciones mediante palabras de explicación y estilo. Las ocho partes de este comentario visual sobre la gente y las instituciones localizadas entre el arte/artista y el público –marchantes, coleccionistas, galerías, museos, profesores, críticos, medios de comunicación, y un epílogo– constituyen un punto de referencia constante para *Los límites del museo*. Estos documentos directos, con su correspondiente locutor «cabeza parlante», y centrados en el mundo del arte institucional, se mueven dentro del propio sistema estructural de Muntadas y nos orientan hacia la realidad y la dinámica de las economías actuales de la cultura y la sociedad.

Último recorrido, fuera del museo

«Debemos continuar esperando que con cada proyecto el arquitecto esté construyendo un futuro mejor. Ese es el sentido del progreso que, al margen de la debilidad, desviaciones y defectos de nuestro trabajo, yo llamo galileico: *experiri plavet* (experimentar es agradable)...» ALDO ROSSI, en *Aldo Rossi: obras y proyectos* (1985).

El museo de arte del siglo veinte está arraigado en el proyecto occidental del progreso de la Ilustración. El museo se convierte en un medio de concretizar simbólicamente el poder de la clase dominante exhibiendo a sus ricos como proyecto público edificante. En el siglo dieciocho, la riqueza europea estaba concentrada en manos de las familias reales, mientras que en el siglo diecinueve se amasaron grandes fortunas a través del desarrollo espectacular del capitalismo. Así, el museo originario era un lugar para la exhibición de poder económico, y el museo posterior extendió su rol para convertirse en una institución educativa que ejercía cada vez más poder e influencia cultural. Las grandes colecciones privadas y posteriormente públicas se convirtieron en depositarias de la erudición y el expertizaje,

dedicadas a preservar y promulgar los valores culturales establecidos.

Los límites del museo ha querido seleccionar proyectos de arte que revelaran los apuntalamientos ideológicos y materiales del museo, construido de modo idealista. Debemos preguntarnos hoy cómo es posible que los museos de arte clásico y contemporáneo funcionen como paradigmas de la historiografía académica, validando el preciado y único objeto de arte como el bien de mayor valor y sentido cultural. La operación epistemológica del museo, su organización de objetos por parte del período histórico y el estado nacional, sus jerarquías de maestría y su plusvalía han relegado a la cultura no occidental y las formas de la oposición al dominio de la antropología o las historias marginales. Es esta marginalidad sancionada oficial e institucionalmente la que ha influido en la escritura de la historia del arte.

El auténtico museo postmuseo debe transformar sus recursos expositivos en un «laboratorio de ideas», un espacio conceptual que pueda desafiar los propios instrumentos de armazón que se han vuelto argumentos cognoscitivos para el expertizaje no reflexivo y la apropiación cultural. Este museo en redefinición se desarrollaría como un proyecto multidisciplinar, acogiendo aportaciones de todos los campos disciplinarios y escuelas de pensamiento. Moldeado en las formas radicales del arte de instalación, este museo se convertiría en un espacio de instalaciones multimedia, adaptándose a las ideas y temas de una estética que se redefine a través del propio espacio de su creación y albergue.

El museo debe redefinir la noción del arte como propiedad y su valoración en un mercado centralizado de bienes e ideas capitalizados. El museo debe ser un texto abierto de posibilidad, convertirse en un espacio híbrido y cultura comprometida en la comunicación y tecnologías, mediante proyectos que cuestionen constantemente sus límites y sus objetivos. De esta manera, el museo puede redefinirse para el próximo milenio y contribuir al replanteamiento del arte y la cultura.

Janine Antoni

ANTHONY IANNACCI

La lucha de las mujeres artistas durante los años setenta y ochenta ha creado una arena que ha ofrecido a artistas más jóvenes, que trabajan en el contexto de su diversidad, la posibilidad de hacerse más notorios. Muchos de esos jóvenes artistas son mujeres que exploran los temas feministas y la feminidad en formas imposibles para sus predecesoras. Si artistas como Hannah Wilke y Carolee Schneemann, por ejemplo, utilizaron su propio cuerpo para subrayar la presencia de las mujeres en el seno del arte contemporáneo y para desmembrar la vieja ecuación que alineaba a las mujeres con la naturaleza y a los hombres con la cultura, y más tarde, artistas como Barbara Kruger, Sherrie Levine y Jenny Holzer han cuestionado la autoridad masculina y la política sexista con palabras e imágenes, el hecho de utilizar su propio cuerpo para representar el deseo sin correr el riesgo de ser desdeñadas por el mundo del arte constituye un privilegio recién adquirido. Muchas veces, estas mujeres jóvenes se exhiben a sí mismas, exhiben su propia persona física, y al hacerlo, se adentran en un discurso muy arriesgado y desafiante hacia lo que se ha percibido como sexualmente explícito y las formas en que las mujeres articulan el deseo.

Como otras mujeres jóvenes que crean una obra en la actualidad, Janine Antoni intenta identificar su producción con las complejidades del erotismo femenino, los deseos y los sueños de las mujeres. Ella ha creado una voz muy personal y directa que habla a través de la identificación con el erotismo para afrontar su feminidad, y de este modo se asegura el hecho de no pasar desapercibida. Antoni lleva a los espectadores a los límites de la interpretación al desvelar las disfunciones de la administración de belleza y presentar una inquietante visión de la evolución de la psique femenina.

Claramente en deuda con el arte feminista de los setenta, la obra de Antoni mantiene una calidad visceral reminiscente de ese período, mientras que simultáneamente aborda nociones autobiográficas, el cuerpo como sujeto y objeto, la especificidad de la experiencia femenina como contenido, y la performance como proceso.

La obra de Antoni arraiga en los rituales corporales cotidianos y en la conversión de las actividades más básicas –comer, bañarse, fregar, dormir– en procesos escultóricos. De este modo, imita los ritos básicos de las bellas artes, tales como cincelar (como ella ha hecho con sus dientes), pintar (como ha hecho con su pelo y pestañas), posar y moldear (como ella ha hecho con su cuerpo). Su elección de materiales mantiene relaciones directas, del mundo real, con las actividades que se convierten en su proceso escultural. Esos materiales –jabón, manteca de cerdo, chocolate, tinte para el pelo, camisones y mantas, por ejemplo– entran en contacto íntimo con su cuerpo y ayudan a redefinirlo o localizarlo en la producción cultural. Para Antoni, esos materiales tienen además una relación específica con las mujeres en nuestra sociedad, y así, el sexo del espectador condiciona la lectura de la obra. Así, por ejemplo, en la performance titulada *Loving Care* (1994), Antoni fregaba el suelo con su propio pelo después de sumergirlo en tinte negro, marca Loving Care. Ahí convertía un ritual «femenino» cotidiano en un comentario anticonvencional sobre el lugar que ocupan las mujeres en la pintura abstracta. En una obra titulada *Eureka* (1993), en la que la propia Antoni se sumergía en una bañera llena de manteca de cerdo, moldeando la grasa con el peso y la forma de su cuerpo, una simple actividad cotidiana se utiliza como proceso para crear escultura y reflexionar sobre las condiciones más amplias de la vida de las mujeres.

Mediante nociones de regresión infantil, fijación oral, fetichismo y repetición-compulsión, Antoni sugiere deliberadamente que las presiones de la sociedad distorsionan la experiencia que las mujeres tienen de su propio cuerpo, especialmente cuando se manifiesta en los desórdenes de la alimentación, como la anorexia nerviosa y la bulimia. Para Antoni, la idea es que la experiencia y el significado se revelan a través de la acción y el proceso. Según sus propias palabras, no concibió su obra *Gnaw* (Mordisco) (1992), una instalación escultural que creó para la Bienal del Whitney Museum, como una pieza sobre los desórdenes de la alimentación, sino que simplemente quería darle un mordisco a un gigantesco pedazo de chocolate.

Gnaw consistía en dos cubos de casi 300 kilos: uno de chocolate y otro de manteca de cerdo, que se exhibían sobre pedestales de mármol. Las dos obras mantenían un fuerte vínculo con el cubo minimalista, pero habían iniciado un proceso invisible que dejaba señales evidentes. Antoni había mordisqueado obsesivamente las aristas superiores de cada cubo durante días, llevándose considerables porciones de chocolate y de manteca. Había huellas de la barbilla, la nariz y la boca visibles sobre la manteca blanda, y en la superficie del cubo de chocolate aparecían las marcas de la dentadura. El proceso de morder y decidir si tragaba o escupía el chocolate y la grasa animal situaba a Antoni en la postura del bulímico, y luego averiguó que el chocolate contiene feniletilamina, un componente químico producido por el cerebro cuando un individuo se enamora. Con esta idea in mente, la artista moldeó el chocolate que había escupido e hizo réplicas en chocolate y saliva de los envoltorios de bombones en forma de corazón y envasados al vacío. También combinó la grasa animal escupida con pigmento y cera de abejas, para fabricar unos 300 barras de labios caseras, de un color rojo brillante. Los productos resultantes se convirtieron en *Lipstick/Phenylethylamine Display* (Muestra de barras de labios y feniletilamina) y aludían a la manipulación de los deseos de las mujeres en la publicidad y la cultura de consumo. La poderosa presencia del chocolate y la manteca mordisqueados y los corazones y barras de labios perfectamente moldeados, con su expresivo título, subrayaban una idea de deseo inducido artificialmente y manifestaban la conexión entre los excesos secretos en la alimentación y el deseo de amor.

Al mezclar nociones como el ansia de dulces y el deseo amoroso, el temor a la gordura y la voluntad de transformar el cuerpo mediante el trabajo de mantenimiento de la belleza, *Gnaw* y *Lipstick/Phenylethylamine Display* exploran la forma en que nuestra cultura construye y presenta las imágenes de uno mismo. Como en *Loving Care* y *Eureka*, esta obra continuaba la exploración de Antoni sobre la conducta como motivo escultórico, mediante la cual examina las formas en que nuestros cuerpos crean significado en el seno de la sociedad contemporánea. Con *Gnaw*, el cuerpo sirve a la vez como medio de expresión y prueba evidencial de esta expresión. Aquí la boca de la artista se convierte simultáneamente en un medio infantil de familiarizarse con los materiales y los instrumentos con los que el material no artístico y cotidiano se convierte en escultura. Mediante el uso de su propio cuerpo a la vez como herramienta y medio, Antoni crea significado y su proceso lleva implícita una metáfora sobre la situación del cuerpo en un contexto cultural más amplio.

El proceso simultáneamente destructivo e íntimo –el mordisco, la masticación y el esputo– presente en cada uno de esos cubos, puede verse como un ataque contra la intransigente geometría y racionalidad del minimalismo. Antoni pone de relieve el hecho de que, mientras que sus predecesores minimalistas pugnaban por alcanzar un aura muda o sin lenguaje en torno a su obra que invocara una experiencia universal y trascendente, ella se llena literalmente la boca con la artificialidad del cubo para reconducir nuestra atención hacia su cuerpo con su actividad.

Gnaw ilustra claramente la influencia del minimalismo en la obra de Antoni, pero su absurda y curiosa elección de materiales y procesos subraya su exclusión de las prácticas minimalistas. Gran parte de su obra recoge la idea de la apropiación, aplicada específicamente a

la apropiación feminista del arte masculino. Los cubos de Antoni han sido vaciados, mordisqueados, escupidos, refundidos y moldeados, y esto también recuerda el enfoque minimalista de la fabricación, pero las apropiaciones de Antoni han llegado más allá de la racionalidad minimalista. En *Loving Care*, por ejemplo, utilizó el expresionismo, y en *Lick and Lather* (Lamer y enjabonar) (1993), presentado en la sección abierta de la última Bienal de Venecia y de nuevo en Nueva York, en 1994, Antoni se basaba en el clasicismo del XIX.

A través de su elección de materiales, *Lick and Lather,* como antes *Gnaw,* trabaja en una dicotomía de claroscuro al apoyarse en gran medida en el proceso y la presencia física de la artista. Aquí, Antoni usa de nuevo chocolate, pero en este caso, la manteca ha sido reemplazada por jabón. Para *Lick and Lather,* Antoni hizo un molde de su busto creando 14 réplicas exactas de su cabeza, cada una con su base esculpida para imitar la forma de un busto clásico. Siete de estos bustos se moldearon en chocolate color marrón intenso, mientras que los otros siete se moldearon en jabón blanco brillante, y todos ellos fueron situados sobre pilares blancos. En la instalación de Venecia, los 14 bustos estaban dispuestos en círculo, de modo que las 14 miradas ciegas se dirigían al centro del círculo. La más reciente instalación de Nueva York consistía en dos hileras paralelas de bustos: una hilera de bustos de chocolate y otra de bustos de jabón. Tal como sugiere el título de la obra, a través de un proceso escultórico de lamer y lavar, Antoni transformó su imagen. Cada una de las cabezas de jabón experimentó un ritual de lavado con períodos de tiempo diversos, y este proceso dejó sus rasgos en distintos estados de recognoscibilidad. Por otra parte, al parecer, las cabezas de chocolate fueron lamidas durante horas interminables, como si Antoni devorase literalmente su propia imagen. El lamido o el enjabonado erosionó los rasgos, creando distorsiones que variaban de un busto a otro. En uno, por ejemplo, los rasgos estaban completamente borrados, en otro, la artista se había hecho una exagerada «operación» estética de nariz, o bien había eliminado deliberadamente su atractivo haciendo desaparecer con sus lamidos la barbilla y el labio inferior. Mientras que algunas estatuas provocaban inicialmente la hilaridad, aquellas otras en las que Antoni se presentaba desprovista de ojos o de orejas resultaban extremadamente inquietantes.

En *Lick and Lather,* la relación entre los materiales y los procesos crea dicotomías que se mueven más allá del claroscuro para propiciar discursos sobre nociones de limpieza y suciedad, baño y alimentación, orden y actividad sexual. La presencia de Antoni como

artista y como mujer están literalmente en el centro de esta obra, y a través de esta presencia, ella sugiere una visión de sí misma al mismo tiempo bulímica y obsesiva/compulsiva. Esta obra subraya su participación en el impulso narcisista que a menudo crea el proceso artístico e ilustra los distorsionados estereotipos y obsesiones femeninos. Con esta obra, la artista se borraba literalmente mediante un proceso que llevaba implícitas simultáneamente metáforas de amor físico, extinción y destrucción, para crear un trabajo sobre las complejidades del narcisismo y las luchas de la identidad hipersexualizada que a menudo conlleva.

En su obra más reciente, *Slumber* (Dormitar) (1994), el yo físico de Antoni se convierte a la vez en sujeto y objeto, de un modo más directo, que remite inmediatamente a sus predecesoras feministas, autoras de performances realizadas veinte años atrás. Pero con esta obra, Antoni destruye toda distinción entre performance, presencia y proceso, explorando así nuevos territorios dentro del lenguaje feminista. Antoni instaló en la galería una cama con un dosel de madejas de lana y con unas 316 bobinas colgando encima. Al pie de la cama, colocó un gran tronco de arce. Mientras duró la exposición, cuando el público no estaba presente, ella dormía en la galería conectada al electroencefalógrafo, que registraba sobre el papel pautado los movimientos rápidos de sus ojos (denominados REM) durante su sueño. Cada día, la máquina reproducía un gráfico minucioso de su actividad onírica cerebral, un mapa de su vida fisiológica y un vínculo físico con su subconsciente. De día, Antoni tejía una manta con la lana mezclada con hebras de su camisón, siguiendo el zigzag de su gráfico REM con la misma precisión que las líneas de un tejido. Así, Antoni esculpía literalmente sus sueños. Luego, en la intimidad total, cada noche se cubría con la manta a medida que aumentaba su tamaño.

A menudo, la obra de Antoni es una forma de documentación de un rito privado gobernado por la compulsión y la repetición. A menudo significa, mediante el ritual, la obsividad del trabajo. La artista presenta materiales que han tenido un contacto íntimo con su cuerpo, pero a menudo niega al espectador cualquier representación clara y definida de su cuerpo. Vemos marcas de dientes sobre los bloques del chocolate y la manteca roídos, huellas de lengua en los retratos de chocolate, vemos el lecho de la artista y los gráficos de sus sueños. Sin embargo, la presencia física del sujeto que ha hecho esas marcas nos es denegada. Mediante su estrategia, Antoni sitúa a los espectadores en una relación fetichista con sus procesos. Podemos atrapar visiones de su boca, por ejemplo, aislándola como cincel, pero toda su presencia física ha sido eliminada de

su obra. Presintiendo esta visión fetichizante de una presencia femenina, Antoni desafía no sólo la noción del fetichismo femenino, sino también la posición de las mujeres en el arte. Su obra insiste en la presencia del autor, y de este modo traslada al espectador más allá de una representación del cuerpo, a un mundo gobernado por la experiencia personal de la artista tal como se ejecuta a través del deseo.

Musée d'Art Moderne Département des Aigles Sections Art Moderne et Publicité

Éste es un museo ficticio. Unas veces hace el papel de parodia política de las manifestaciones artísticas, y otras veces el de parodia de los acontecimientos políticos. Es lo que suelen hacer los museos oficiales y los órganos como la Documenta. Eso sí, con la diferencia de que una ficción permite captar la realidad y al mismo tiempo lo que ella oculta. Este museo, fundado en Bruselas en 1968, cierra sus puertas con la Documenta. Ha pasado de una forma heroica y solitaria a una forma próxima a la consagración, gracias a la ayuda de la Kunsthalle de Düsseldorf y de la Documenta.

Es por ello muy lógico que actualmente se quede encallado en el aburrimiento. Se trata indudablemente de un punto de vista romántico, pero ¿qué le voy a hacer? Tanto si se trata de San Juan Evangelista como de Walt Disney, el símbolo del águila, a nivel de lo escrito, tiene un peso especial. Pero yo escribo estas líneas, es decir que concibo el romanticismo como una nostalgia de Dios.

•

Es todavía algo pronto para describir las intenciones que me llevaron a la realización de la sección «Publicidad». Como la imagen de ésta coincide con la que apareció en el apartado publicitario del catálogo de la Documenta, ello me ahorrará los largos discursos. Cuando uno habla de arte, no hace más que caer de catálogo en catálogo.

•

Musée d'Art Moderne Département des Aigles

Este museo ficticio, fundado en 1968 en Bruselas y sometido a las presiones políticas del momento, cierra sus puertas durante la Documenta, tanto más cuanto que la manifestación de Kassel tiene el aspecto general de un museo ficticio.

Section d'Art Moderne
«Primer piso de la Neue Galerie»

Que ello no impida abrir la ventana y ver la ciudad de Kassel y su estupendo Hércules.

¿Dónde está el Museo? Escrito en letras demasiado grandes sobre esta ventana (acompañado por una inscripción Fig. 0) parece ser sólo una palabra que significa un horror cualquiera del vacío. Echemos un vistazo a las fotografías. Añadamos que esta sección se convierte en una sub-sección de la sección «Mitologías personales» de la Documenta. Una situación que yo había aceptado, al imaginar en aquel momento que la habría trastocado en provecho de mi reputación. De todos modos me conformo, pues para el comercio (el mío) resulta beneficioso proclamarse deudor de una relación ilusoria o real entre la práctica artística y la locura. Una estupidez inaudita, erigida momentáneamente, pasa por delante de mi intención primitiva, que era insistir de forma crítica en la noción de propiedad privada.

•

Musée d'Art Ancien Département des Aigles Galerie du XXème Siècle

Écrire Peindre Copier figurer Parler former Rêver Échanger faire informer Pouvoir

La postura de Marcel Broodthaers, su actitud antifetichista y antiesteticista es evidente a lo largo de su carrera. Sin embargo, las características de Documenta 5 le obligaron a realizar una pirueta para completar y terminar su proyecto, y mostrar de este modo su esencia, transformando su inicial *Musée d'Art Moderne, Département des Aigles, Section d'Art Moderne* en *Musée d'Art Ancien, Département des Aigles, Galerie du XXème Siècle*. Para ello, cerró su museo, cambió, entre otras cosas, la señalización, y pintó en las paredes negras un barco azul. (Manuel J. Borja-Villel)

•

Diez mil francos de recompensa

La figura del águila

Esta manera de pretender englobar unas fórmulas artísticas tan alejadas entre sí como pueden ser un objeto y un cuadro tradicional ¿no recuerda el encuentro de una máquina de coser con un paraguas sobre una mesa de disección?

Un peine, un cuadro tradicional, una máquina de coser, un paraguas, una mesa pueden hallar su sitio en el museo, en secciones distintas según una clasificación. Vemos las esculturas en un espacio reservado, las pinturas en otro, las porcelanas y lozas... los animales disecados... Cada espacio, a su vez, puede ser destinado a una sección: las serpientes, los insectos, los peces, los pájaros... que también se puede dividir en departamentos: loros, martines pescadores, águilas.

El *Musée d'Art Moderne* en Bruselas, en 1968, con cajas de embalaje que habían servido para el transporte de obras de arte y llevaban las inscripciones y marcas de su lugar de destino. ¿Era la *Section XIXème Siècle* inaugurada con un discurso del Dr. J. Cladders de Mönchengladbach?

Las peregrinaciones y transformaciones de este Museo están documentadas en diversas publicaciones. La etapa de Düsseldorf[1] hace el balance. La *Section des Figures* agrupaba pinturas, esculturas y objetos procedentes de numerosos museos. Cada pieza venía acompañada de la mención: «Esto no es una obra de arte», tanto si se trataba de una vasija sumeria procedente del Louvre como de un totem del British Museum o de un anuncio recortado de un periódico (cada pieza representaba un águila).

«Esto no es una obra de arte» es una fórmula que se obtiene mediante la contracción de un concepto de Duchamp y un concepto antitético de Magritte. Esto me permitió decorar el urinario de Duchamp con la insignia del águila fumando una pipa. Creo que ya he subrayado el principio de autoridad que convierte el símbolo del águila en el coronel del Arte.

¿Este museo no es tampoco un objeto artístico, una pipa?

«Esto no es una obra de arte»: la fórmula es una Figura 0. Cada pieza de esta exposición de Düsseldorf es una Figura 1 y una Figura 2. Cada etapa de este museo entra también en este sistema rudimentario. Volvamos a lo que

223

hemos descrito más arriba, donde una caja de cartón se convierte en el equivalente de una máscara, etc. Un espejo rematado por un águila –una antigüedad del siglo XVII– está en posesión de una asociación museográfica de Gante. Un espejo oficial, por así decir, que devuelve la imagen virtual de estas águilas que cuentan con sus múltiples cabezas la Historia de las armas desde el punto de vista del Arte. Este espejo es el del contrasentido. Por mucho que esté rematado por el mensajero de Júpiter, es un espejo para cazar, un señuelo.

¿De qué museo es usted conservador?

De ninguno, salvo que pudiera definir el papel y contenido de un museo cuyo estatuto no se leería en las aventuras de estos Pieds-Nickelés de Forton o en esta imagen del Bosco que describe cómo se extirpaba una piedra de la cabeza de los que sufrían de melancolía. (Hoy día la herramienta científica ha substituido a los martillos que estaban en manos de los Paracelsos del siglo XVI.)

El *Musée d'Art Moderne* sería entonces el del sentido. Entonces faltaría saber si el arte existe en alguna parte fuera de un plano negativo.

MARCEL BROODTHAERS
según una entrevista de Irmeline Lebeer (extractos)

1. Con el apoyo de Karl Ruhrberg y Jünger Harten y de la oficina de la Kunsthalle.

Ausencia

El 18 de marzo de 1990 fueron robados del Isabella Stewart Gardner Museum de Boston cinco dibujos de Degas, una copa, una águila napoleónica y seis cuadros de Rembrandt, Flinck, Manet y Vermeer. Pedí a los conservadores, guardias y otros empleados que me describieran, ante los espacios ya vacíos, el recuerdo que guardaban de los objetos ausentes.

VERMEER, THE CONCERT (VERMEER, EL CONCIERTO), 1991
Fotografía y texto
169,5 x 129 cm (fotografía)
86 x 78 cm (texto)
Galerie Chantal Crousel, París, 1994

Siempre me acordaré de este cuadro porque no podía verlo. Estaba expuesto a la altura de la cintura, detrás de una silla, con un cristal, pero cerca de la ventana, de modo que el reflejo impedía verlo ♦ Recuerdo que había un cuadro allí, pero no podría describir lo que representaba. Recuerdo que tenia un marco de oro, muy ancho, trabajado, decorativo ♦ En primer plano había una figura oscura, creo que era un piano, con una gran pieza de tela, una alfombra oriental que lo cubría y un instrumento como un violoncelo en parte tapado por la alfombra. En el centro había tres personajes. Uno era una muchacha que tocaba el clavecín y llevaba una blusa amarilla con mangas anchas y una falda blanca. También había un hombre que tocaba el laúd, que te daba la espalda, sentado en una silla, con una chaqueta roja, me parece. A la derecha, la mujer que cantaba iba de azul. Parecía embarazada y tenía la mano encima del vientre hinchado. Había dos cuadros colgados al fondo. Uno era una vista oscura y salvaje de un bosque. El otro, justo encima de la cabeza del cantante, era *La proxeneta,* de Van Baburen. Representa a una anciana, que es una especie de celestina, que vende a una chica muy escotada a un hombre de negocios distinguido, que la mira con ojos de lujuria, y es un contrapunto muy duro a la escena virginal y reservada del concierto. Tienes este rincón oscuro, bastante inquietante, y después el concierto tan bonito y también este cuadro muy vivo y picaresco en el interior de un cuadro muy tranquilo y sensible ♦ Es una cosa muy tranquila. Yo lo miraba cada mañana antes de ir a trabajar ♦ Venía por la noche, muy tarde y me detenía delante de él ♦ Una mujer está sentada al clavecín, está tan ensimismada en sus pensamientos que no está realmente presente. La otra, que sostiene un

pedacito de papel, es deliciosamente sencilla. Y después, de espaldas, está ese individuo misterioso, ese señor con el pelo largo que no conoceremos jamás. Toca un instrumento que parece una guitarra y que es casi fálico, sobre todo porque la mujer encinta está al lado ♦ Era un cuadro que parecía muy inocente, aunque los especialistas le dirán que contenía mucha energía sexual. Pero yo sólo escuchaba el piano y la voz de la mujer ♦ Los colores más llamativos eran el negro y el blanco de las baldosas, pero el punto más vivo era aquel amarillo del vestido de la muchacha. Pura pintura amarilla ♦ El blanco y negro del suelo saltaban a la vista, pero a mi me llamaba la atención el rojo del respaldo de la silla, ese rectángulo de luz roja, en el centro del cuadro, como el ojo de un toro ♦ Y, claro, está la luz. Era la mejor posible. La luz venía de izquierda a derecha, era fantástico ♦ Yo lo encontraba muy soso. Los colores estaban ahogados. No se veían las caras de los personajes y no se sabía muy bien lo que pasaba. No sé si es porque Vermeer es un pintor malo o porque él quería que fuera así ♦ Este cuadro producía una extraordinaria sensación de inteligencia y de orden. Como una clasificación científica. Yo lo veía más bien como una serie de planos. Casi se habría podido recortar. Las formas eran muy redondeadas, pero la organización muy plana ♦ Puedo recordar su profundidad. Es Vermeer. Ya sabe, Vermeer es Vermeer y aquello era un Vermeer ♦ Lo bonito en este Vermeer es que tienes el silencio en un concierto. Observas una gran tranquilidad y en cambio sabes que están haciendo música ♦ Podía oirlos cantar, pero todo parecía muy privado, tranquilo y puro. Te sentías como un intruso y no habrías querido que supieran que estabas mirando ♦ No me gustaba mucho, no era mi estilo.

THE KOO (EL KOO), 1991
Fotografía y texto
113 x 141 cm (fotografía)
51 x 51 cm (texto)
Galerie Chantal Crousel, París, 1994

Lo llamábamos el Koo. Era el objeto más antiguo del museo, tal vez del 1200 a.C. y era brillante. Se usaba para las ceremonias y recuerdo que yo pensaba que la embocadura era tan ancha que cuando bebían en él debían derramarse el vino por la barbilla ♦ Era acanalado y bastante alto, de unas 14 pulgadas, y tenía una forma elegantísima, con aquella embocadura fabulosa ♦ Era como una copa, con un fondo ancho y un cuello delicado. De un material más bien fino, de cobre, me parece. De tonos mates. Era sólo una cosa antigua, que había sido fabricada con mucho cuidado, hace tiempo ♦ Una copa de más de 2000 años. Me

parece que era azul... azul y oro... era muy bonita, como esas cosas que ves en el aparador de tu madre o en el campo. Como mi madre tenía antigüedades en casa, me recordaba uno de sus jarrones ♦ Parecía pesar mucho y sólo con verlo no se podía decir si era antiguo o no, porque parecía estar en perfecto estado ♦ Sólo pensaba que era un objeto magnífico, pero aquí no estaba bien colocado, debajo de esta especie de español con cara de majara. Parecía muy antiguo y casi primitivo, debajo de este hombre con aspecto serio. Parecía realmente viejo, gastado y hecho a mano ♦ Primero no me gustaba la colocación del jarrón chino, me parecía que estas flores de plástico al lado quedaban horrorosas. Dominaban a nivel de color. De modo que no miraba el Koo como tal vez habría podido mirarlo. No me gustaba mirar en aquella dirección ♦ Yo habría pasado por delante... mi conciencia masculina sólo se habría fijado en los muebles. Seguramente no lo habría visto si la mujer de mi vida no me hubiese hecho fijar en él ♦ Creo que lo que más me gustaba eran los dibujitos como remolinos, como unas formas de nubes incisas en la pieza. Era algo sencillo y lírico... de unas 12 pulgadas de altura, de bronce y oscuro... muy oscuro, pero brillante por dentro ♦ Nunca me había intrigado, era diferente, pero no me intrigaba.

REMBRANDT, SELFPORTRAIT
(REMBRANDT, AUTORRETRATO), 1991
Fotografía y texto
90 x 70 cm (fotografía)
39 x 37 cm (texto)
Galerie Chantal Crousel, París, 1994

¿El pequeño autorretrato, el pequeño? Estaba colgado a la izquierda de la puerta según se entra. Y era un aguafuerte. Magnífico, muy típico de Rembrandt. Un bosquejo muy libre, pero impresionante. Sólo la cabeza... casi flotaba... mirándote directamente a los ojos. Parecía muy seguro de sí mismo... casi demasiado seguro, en cierto sentido. Medía digamos unas 4 x 4 pulgadas y estaba cubierto con un cristal ♦ ¡Ah! el pequeño retrato, me gustaba mucho, aquél. Es algo así, me parece, como un hombre tranquilo, de campo, y me parece que se pasea. Lleva una camisa y un sombrero, un sombrero increíble. Parece feliz y satisfecho, allí, quizás en un pueblo de Italia, no sé... parece italiano ♦ El pequeño autorretrato, yo no lo encontraba nada bonito, pero tenía un aire de hippy, no cree? Yo siempre le llamaba el hippy original ♦ Muy pequeño, una pieza diminuta. La mayoría de la gente ni lo veía cuando entraban. Era sólo un retrato sin rostro, sin fondo, sin detalles de ropa, sólo con mucho pelo, unas sombras muy bonitas obtenidas con el cruce de los rasgos de la cara y un

sombrero con pluma ♦ ¡Ah! Ése lo recuerdo por la mirada de Rembrandt. Parecía sorprendido. Me parece que tenía los ojos muy abiertos, como si levantara las cejas ♦ Pasaba mucho tiempo con él. Y me gustaba mirarlo porque me daba la impresión de que él también me estaba mirando. Estaba muy trabajado, grabado y regrabado. Creo que tenía tres bigotes, y me gustaba el sitio donde estaba, colgado a un lado del armario ♦ No era una cosa que yo mirara mucho. Quizá porque estaba a un lado... pequeño y modesto... en un marco pequeño de madera. Me gustaba mucho por sus dimensiones ♦ Ya lo habían robado a finales de los años sesenta y lo encontró un marchante de New Rochelle, Nueva York, que nos lo devolvió. Yo me sentía muy protector con este cuadro. Tenía la costumbre de pasar por delante de él y sonreirle o echarle un vistazo, para estar seguro de que el cuadro seguía allí. Es una cosa de bárbaros, habérselo llevado con su pequeño marco ♦ No me acuerdo de nada sobre él, sólo que era pequeño y que era un autorretrato de Rembrandt ♦ Digamos que era un esbozo del artista.

FLINCK, LANDSCAPE WITH AN OBELISK
(FLINCK, PAISAJE CON OBELISCO), 1991
Fotografía y texto
169 x 129 cm (fotografía)
68 x 85,75 cm (texto)
Galerie Chantal Crousel, París, 1994

Era un paisaje magnífico con un obelisco a lo lejos, un árbol inmenso en el centro y un camino por el que andaban dos hombres y un asno... y parecía que amenazaba tempestad. Las nubes giraban alrededor del árbol, pero los personajes no parecían darse cuenta, avanzaban como si en el cielo no pasara nada. Todos los colores se mezclaban unos con otros, el negro y el marrón, el verde y el oro ♦ Era sólo color, un color difuso, había luz por todas partes. Me acuerdo de un verde cromo con un amarillo limón y también un ocre amarillo que cubría como un barniz, estos colores más vivos. Me parece que había un poco de rojo por alguna parte y un blanco azulado en el cielo, las nubes. Había sobre todo colores, y había que mirar a través de ellos para captar la imagen ♦ Es un paisaje muy rico, muy festivo, unas tonalidades aterciopeladas y muchas líneas agitadas, pero no resulta turbulento, hay un sentimiento de soledad porque hay un obelisco que destaca sobre una colina, como una especie de presencia solitaria. Todo lo demás es naturaleza, una presencia grandiosa de la naturaleza ♦ Yo siempre he experimentado una sensación de abandono al mirarlo. Recuerdo que miré el obelisco y pensé que era un objeto muy raro. Parecía no estar en ninguna parte, res-

plandeciente. Sólo recuerdo que este cuadro era muy oscuro, con este único punto de luz. No recuerdo si había gente, pero eso no parecía importante ♦ Sólo el obelisco en el medio. Muy enigmático. Sin él, sería sólo un paisaje más de color. Pero había este elemento enigmático, esta rareza ♦ En primer plano, en el centro, un campesino discute con un caballero acompañado por su perro. El sol reaparece después de la tormenta, y lo que más destaca es el color dorado del conjunto. Recuerdo un obelisco que era un poco borroso, en unos tonos difusos, con sólo un toque de blanco ♦ Si he de ser franco, no recuerdo ese cuadro pero creo que había mucha vegetación al fondo y otras cosas ♦ Nunca me gustó el Flinck. No tenía vida suficiente. Era apagado. Animado, pero apagado. No era lo bastante bueno para ser obra de Rembrandt ♦ Me gusta mucho el hecho de que por un tiempo se atribuyó a Rembrandt. Cuando quedó claro que el auténtico autor era Flinck, nadie quedó decepcionado, el público respondió pensando: ¡Bueno, era casi un Rembrandt! ♦ El cuadro era rectangular y no muy grande. Había un paisaje, había una oveja, un perro... Sí, había un perro. Parecían estar cazando o algo así. No me acuerdo de nada más, aunque estuvo aquí durante 25 años. Mire usted, cuando a uno no le interesa el arte... ♦ No dediqué mucho tiempo a ese cuadro, yo siempre miraba el Vermeer del otro lado.

EAGLE (ÁGUILA), 1991
Fotografía y texto
83 x 60 cm (fotografía)
49 x 49 cm (texto)
Galerie Chantal Crousel, París, 1994

La verdad es que no era un objeto que mirara mucho. Siempre miraba la bandera y me gustaban las abejas en el campo de la bandera, así que no prestaba atención al águila. Y claro, ahora que ya no está, la veo más que antes porque se nota mucho su ausencia ♦ Había una bandera napoleónica y un águila que estaba en el mismo mango que la bandera, muy dorada ♦ Era sólo algo en lo alto de la bandera. No me impresionaba mucho. Lo que sí que me gustaba era el color, el color dorado era bonito ♦ El águila sólo era de latón. Supongo que era latón. Me acuerdo que estaba aquí, que era una parte del objeto y ahora lo encuentro espantoso sin ella. El conjunto tiene un aspecto horrible, con ese miserable pedacito de madera ahí. Así que ahora la echo de menos ♦ Yo creía que no tenía valor. Que sólo era una cosita ahí encima. Nadie lo vigilaba. Si encontramos al que robó esta águila, encontraremos al que robó los cuadros ♦ Tenía la costumbre de mirar esta bandera de regimiento porque me gusta Napoleón. A la señora

Gardner también le gustaba Napoleón. Supongo que le gustaban los hombres fuertes y bajos, quién sabe... pero esta águila en la punta... un águila que tal vez ha matado... que habría podido ser dorada con bronce? Seguramente yo sabía que estaba ahí y la había visto brillar, pero no la miraba. Miraba más bien las abejas ♦ Creo que esa águila se la llevaron como trofeo personal de lo que el ladrón consiguió hacer en estas salas. Pues sí, creo que era una especie de águila de oro.

MANET, CHEZ TORTONI, 1991
Fotografía y texto
136 x 164 cm (fotografía)
41 x 50 cm (texto)
Galerie Chantal Crousel, París, 1994

Era un hombre joven, de treinta y pocos años, que miraba al espectador sosteniendo una copa de champán, me parece, y que estaba escribiendo algo. Llevaba un sombrero de copa negro y un traje negro. Arriba a la izquierda había una vista del exterior del restaurante, pero no se veía mucho ♦ No lo recuerdo en absoluto. Pero sí recuerdo que había un tipo con un sombrero de copa y quizá llevaba bigote ♦ Era un escritor local que almorzaba cada día en el café Tortoni y siempre se dejaba el sombrero puesto. Manet solía comer allí y un día le dijo: «¿Le molestaría que le pintara?» ♦ Es más bien pequeño y hay un hombre bien vestido con un sombrero de copa, tiene un lápiz y bebe ajenjo. No recuerdo mucho el fondo porque le miraba sobre todo los ojos ♦ Era vibrante y el hombre sentado en el café te miraba con unos ojos llenos de satisfacción y placer ♦ Tenía una mirada inquisitiva. No era un hombre con responsabilidades ni autoridad. Apreciaba la vida, pero tampoco era únicamente un vividor. Se notaba que en él había un alma que trabajaba ♦ Parecía mirar a lo lejos. Miraba fuera del cuadro, pero no hacia ti, como en un sueño ♦ Estaba colgado justo encima del impresionante retrato de la madre de Manet, pero era mucho más entrañable y accesible ♦ Yo, a la madre, la odiaba. Parecía muy dominante ♦ Este señor tan fogoso resultaba muy pequeño al lado de *Madame*. A mí me atraía más la soledad de la mujer. Recuerdo que había comentado *Madame Manet* con los visitantes y después les dije: «¡Ah! por cierto, no se olviden de echar un vistazo a ese señor.» ♦ A parte de la piel, que la tenía muy blanca, los colores eran más bien rústicos: marrón oscuro, azul oscuro y mucho negro ♦ Recuerdo un tono marrón-rojo, a parte del rosa pálido del rostro y las manos ♦ Es una obra muy entrañable. Me recuerda algo del siglo posterior, un cartel llamado *Café*, en la pared del dormitorio de mi colegio, realizado por un artista que tenía el mismo estilo ♦Estaba firmado por Manet, abajo, a la izquierda.

Fuente del tiempo

Esta obra ha sido diseñada para la exposición *Los límites del museo* de la Fundació Antoni Tàpies, y se instala en el espacio del atrio central vertical.

En el nivel más elevado del atrio, cuyo vértice tiene una forma prácticamente triangular, se reproducen dos sonidos delicadamente repetitivos: el mecanismo de la torre del reloj del Campanar de Gràcia y la *Fuente de mercurio* de Alexander Calder de la Fundació Joan Miró.

Estos dos sonidos flotan sobre el espacio arquitectónico de la Fundació Antoni Tàpies. Simultáneamente se escuchan en Madrid, en la escalera principal del Museo Nacional Centro de Arte Reina Sofía. La resonancia acústica reflectora de este espacio expande al mismo tiempo las dos fuentes de sonido produciendo un eco. Este eco es reconducido a la Fundació Antoni Tàpies, donde se difunde a través de altavoces situados a un nivel inferior al vértice, en las esquinas del hueco de la balconada. La gente que se sitúa junto a la barandilla de la balconada, con los oídos situados entre ambos niveles, oye la diferenciación espacial de la expansión temporal.

En la planta baja, directamente en el centro del atrio, sobre un banco de madera hay un altavoz de baja frecuencia. A través de dicho altavoz, se extiende el sonido ambiental que normalmente penetra el edificio, vibraciones de baja frecuencia de una estación de metro cercana. Un micrófono situado en el túnel de la estación subterránea retransmite la repetitiva alternancia en el tiempo de la estructura de sonido y silencio de los trenes subterráneos mediante el altavoz de baja frecuencia. Dado que en la Fundació Antoni Tàpies sólo se escuchan las bajas frecuencias del metro, la sensación experimentada es más física que sonora. La gente sentada en el banco puede percibir esas vibraciones, que también estremecen levemente el edificio. Ese temblor es una remembranza acústica de las locomotoras que pasaban frente a este mismo edificio cien años atrás.

•

El atrio central vertical de la Fundació Antoni Tàpies tiene tres niveles.

Como espacio acústico, yo lo utilizo como metáfora de la simultaneidad, haciendo llegar a cada nivel sonidos en directo desde otras localizaciones.

•

La *Fuente de mercurio* de Alexander Calder es una escultura cinética movida por cientos de galones de mercurio líquido.

Suena...

Ese sonido es un secreto no oído, oculto tras las paredes de cristal transparente.

La escalera principal del Museo Nacional Centro de Arte Reina Sofía es un espacio extraordinario desde el punto de vista acústico, pues los seis tramos de escaleras circulan en torno a un largo hueco central vertical y sin obstáculos, que yo utilizo a modo de cámara de reverberación. Esta escalera no se usa normalmente como espacio expositivo, es sólo un paso vertical. Cuando el museo de arte visual se convierte en lugar de una escultura sonora, tales espacios resultan más interesantes que las galerías normales.

En esta instalación, el sonido en directo del reloj mecánico y de las campanas del Campanar de Gràcia se escucha a través de un altavoz situado en la parte superior del hueco de la escalera, mientras que el sonido en directo de la *Fuente de mercurio* de Alexander Calder se sitúa en el fondo del hueco. Cuando la gente sube y baja las escaleras, estos dos sonidos se mezclan y producen una reverberación. En la parte central del hueco, unos micrófonos envían los ecos de vuelta a Barcelona, a la Fundació Antoni Tàpies.

•

El mecanismo del reloj del Campanar de Gràcia consiste en engranajes de cobre que se mueven y detienen, con una estructura temporal que alterna el sonido y el silencio. Durante esos silencios, puede oírse el murmullo ambiental de la Plaça Rius i Taulet de Gràcia. Cada 15 minutos, el sonido alternante del reloj mecánico es puntuado por las viejas campanas, que marcan el paso del tiempo.

•

El sonido como imagen virtual

Miramos a nuestro alrededor y casi todo lo que vemos, excepto los reflejos de luces y sombras, corresponde exactamente al lugar donde miramos. Escuchar no ofrece la misma sensación de correspondencias espaciales que produce la percepción visual. Con la percepción visual, miramos directamente lo que vemos, mientras que al escuchar, nos orientamos hacia el lugar donde está el sonido, pero no necesariamente hacia el lugar de donde procede. En la percepción visual, hay una simultaneidad entre el espectador y el objeto de percepción. Con el sonido, a menudo se produce un intervalo de desajuste respecto al tiempo, ya que muchas veces podemos oír una fuente de sonido antes o después de haberlo visto. En la percepción auditiva, a veces no vemos lo que estamos oyendo realmente. Como el sonido se experimenta en un ángulo de 360

grados, en cada momento dado oímos residuos de múltiples sonidos que se superponen entre sí. Si nos entrenáramos para volvernos mentalmente hacia cada cosa que oímos, lograríamos un sentido de correspondencia espacial comparable a la percepción visual. Dado que nuestra cultura no nos prepara para conferir al sonido esta orientación espacial, el intervalo de tiempo entre lo que vemos y lo que oímos y las disparidades resultantes entre nuestros sentidos de las correspondencias espaciales visuales y auditivas han contribuido sobremanera a nuestro punto ciego (sordo) cultural actual, el concepto del ruido.

Este sentido de las correspondencias espaciales es indicativo del modo en que, como cultura, convertimos la percepción en significado. Mirar hace que el objeto visual sea separado e identificable, con la posibilidad lógica inherente de ser considerado por sí mismo. Esto se expresa mediante un nombre. Los nombres que utilizamos se han desarrollado a partir de experiencias funcionales de tipo visual; los sistemas semánticos hacen que esas experiencias sean claras y distintas.

«...Si la descripción general del mundo es como una plantilla del mundo, los nombres se clavan en él hasta cubrirla por completo.» (Wittgenstein, *Investigaciones filosóficas*)

El lenguaje ha sido la línea de demarcación. Sirve para determinar dónde colocamos el foco mental. Ha sido el espacio mental donde se aclaran las cosas.

«Una imagen nos atrapa y no podemos salir porque subyace en nuestro lenguaje y el lenguaje sirve para repetírnosla inexorablemente.» (Wittgenstein, *Investigaciones filosóficas.*)

En una cultura orientada hacia lo visual, nuestras respuestas al mundo cotidiano son semánticas. Percibimos los sonidos cotidianos como desprovistos de significado semántico (ruido). La contaminación sonora (a excepción de los sonidos de intensidad peligrosa [la proximidad excesiva de un avión o de maquinaria pesada] puede explicarse como problema semántico. Dado que los sonidos deben semantizarse para ser significativos, como cultura, nuestras principales preocupaciones auditivas han sido el lenguaje y la música.

«...Los colores están "naturalmente" presentes en la naturaleza. En la naturaleza no hay sonidos musicales, excepto de un modo puramente accidental e inestable; sólo existen ruidos. Sonidos y colores no son entidades de la misma categoría, y la única comparación legítima sería entre colores y ruidos, es decir, entre modos visuales y acústicos de la naturaleza... La naturaleza no produce ruidos, ni sonidos musicales: los últimos son sólo una consecuencia de la cultura, que ha inventado los instrumentos musicales y el canto. Pero aparte del ejemplo del canto de los pájaros... el hombre

no conocería los sonidos musicales si no los hubiera inventado.» (Claude Lévi-Strauss, *Lo crudo y lo cocido.*)

El mundo del sonido cotidiano está lleno de ambigüedad semántica. La mayoría de gente se enfrenta a esta experiencia sin reconocer pautas en el sonido cotidiano. El ruido es la interpretación resultante conferida a la experiencia normal de sonidos no semantizados. La ambigüedad semántica del sonido cambiará cuando la sociedad desarrolle una capacidad para percibir pautas o cualidades reconocibles como parte de un contexto de significado, como los vocabularios del sonido de la música contemporánea y el arte acústico.

El problema del ruido se ha desarrollado históricamente a partir de una acumulación de diseños erróneos, provocada por una falta de pensamiento sobre lo acústico, a consecuencia de lo que ocurre en el entorno humano. La polución sonora es un problema circular: la gente no presta atención a los sonidos que oye y con los que convive a diario, y por tanto, la consideración de las consecuencias acústicas no entra en el proceso de diseño de ningún producto. Este problema es un punto ciego (sordo) cultural que se autoperpetúa en la conciencia colectiva.

La tarea del arte acústico y del diseño acústico consiste fundamentalmente en desafiar todas las viejas definiciones de ruido y las consiguientes ideas preconcebidas que la mayoría de gente tiene de los sonidos con los que convive.

Durante los últimos 25 años, mi trabajo se ha basado en una investigación sobre el significado estético de los sonidos que se producen en un momento determinado de tiempo. Esto me ha llevado a crear una serie de proyectos que tratan el medio urbano y natural como una fuente viva de información musical. La conclusión más básica que he extraído es que en cualquier momento dado hay algo significativo que oír. De hecho, he concluido que la música –en el sentido de pautas sonoras significativas– es un proceso natural que se produce constantemente.

La mayoría de mis proyectos han sido creados en espacios públicos urbanos, utilizando una situación arquitectónica como punto focal físico y visual de sonidos reconducidos hacia esas situaciones. Normalmente, esto incluye la instalación de altavoces en el exterior de un edificio o monumento, empleándolos para deconstruir y transformar la situación creando una realidad de sonido virtualmente transparente.

Mi proyecto más reciente, *Isla de sonido*, se ubicó en el Arco de Triunfo de París. El Arco de Triunfo es una isla situada en el centro de un inmenso círculo de tráfico. Es una isla de arquitectura urbana, no rodeada de agua, sino por un mar de coches. Si uno se sitúa bajo el

monumento, contemplando París, la experiencia visual y auditiva dominante del tráfico que obtiene se centra en el flujo constante de los cientos de coches que lo rodean. Esta escultura sonora exploraba la transformación de la experiencia visual y auditiva del tráfico. En directo, a través de altavoces instalados en la fachada del monumento, se retransmitían sonidos naturales blancos del mar de la costa de Normandía. La presencia de las olas rompiendo y colisionando creaban la ilusión de que los coches eran silenciosos. Esto se lograba en contradicción con los aspectos visuales de la situación. El sonido del mar es un sonido naturalmente blanco, y tiene la capacidad psicoacústica de enmascarar otros sonidos, no por una cuestión de volumen, sino por la pura complejidad armónica del sonido del mar.

El emplazamiento de una obra de arte acústico dentro del espacio de un museo de arte plantea una serie de temas interesantes. Los museos son instituciones dedicadas a la experiencia visual, retinal. La idea de colocar en un espacio museístico una escultura sonora que no puede percibirse con los ojos supone una contradicción aparente, por eso muy pocos museos se han interesado por el tipo de obra que estoy haciendo. Las esculturas sonoras situadas en el exterior de un edificio se enfrentan a los aspectos visuales de la arquitectura y el paisaje urbano en el que se sitúan, creando una tensión perpetua entre lo que se ve y lo que se oye. Las esculturas sonoras, situadas en el interior de un museo, sin ningún elemento visual aparente, crean una nueva tensión. Están formadas a partir de sonidos que proceden de lugares que conocemos, imaginamos y reconocemos como situaciones visuales. Si alguien va más allá de la impresión de extrañeza que produce oír sonidos desnudos y se toma el tiempo de escuchar, los aspectos visuales reales de la escultura sonora se hallarán entonces en su imaginación, en su espacio mental personal para crear imágenes virtuales.

El artista i la fotografía

Picasso, Miró y Tàpies son tres artistas de prestigio internacional a los que su ciudad de origen o adopción, Barcelona, ha dedicado un museo monográfico. Esta procedencia como denominador común, un mismo espíritu de vanguardia y la graduación de sus carreras a lo largo de este siglo han propiciado que su obra se presentara conjuntamente en muchas exposiciones. Por otra parte, estas exposiciones han pasado revista a la pluralidad de disciplinas y procedimientos trabajados a lo largo de su trayectoria, fruto de la voluntad de experimentación y de una viva curiosidad por los distintos medios y materiales. Así pues, además de la pintura, que ha sido su territorio predilecto, Picasso, Miró y Tàpies han creado grabados, esculturas, cerámica, carteles, tapices, escenografías y vestuarios para obras de teatro, etc.

Con todo, sorprende la escasa atención que se ha dedicado a su relación con uno de los medios más influyentes de la estética y la sensibilidad modernas: la fotografía. Los tres artistas han hecho incursiones en el campo de la fotografía, pero por diversas razones, estos trabajos son poco conocidos. En realidad, estos contactos con el medio fotográfico no deberían asombrar a nadie, ya que los fotógrafos frecuentaban los círculos vanguardistas. Las actitudes abiertas, el afán de investigación y la lógica colaboración entre unos y otros permiten deducir el resto.

El Museu Picasso, la Fundació Joan Miró y la Fundació Antoni Tàpies participan en la presentación simultánea de tres pequeñas muestras dedicadas a la obra fotográfica o relacionada con la fotografía de estos tres artistas. Por la modestia que las caracteriza, *Diurnes: apunts de treball* (Diurnas: apuntes de trabajo), en el Museu Picasso; *Miró fotògraf* (Miró fotógrafo), en la Fundació Joan Miró; y *Suite Montseny: fotopintures* (Suite Montseny: fotopinturas), en la Fundació Antoni Tàpies, más que exposiciones en sí mismas, son proyectos de futuras exposiciones, que exigirían estudios en profundidad para ofrecer balances más precisos, por no decir definitivos. Con esta muestra conjunta sólo se pretende ofrecer un ensayo inicial, que, en sintonía con el interés creciente hacia la fotografía, saque a la luz algunas tentativas de Picasso, Miró y Tàpies con la máquina de fotos o en la cámara oscura. En sus manos, la fotografía se convierte en un instrumento intensificador de la mirada o un soporte que genera nuevas indagaciones plásticas. En definitiva, se demuestra que la lente, la luz y los materiales fotosensibles, como el pincel y el pigmento, sólo son herramientas que posibilitan el trabajo del artista.

Para dar más coherencia a esta triple presentación, se han seleccionado series que datan del mismo período: el inicio de los años sesenta. Esta coincidencia permite poner de relieve no sólo la manera en que los tres artistas adecuaron los recursos fotográficos a sus tendencias y estilos respectivos, sino también la forma en que los resultados finales contribuyeron al desarrollo expresivo del lenguaje fotográfico de la época. En un marco europeo, estas aportaciones se inscribirían en la línea iniciada por el grupo Fotoform en Alemania, que después daría lugar al movimiento de la Subjektive Fotografie teorizado por Otto Steiner, que pretendía trascender el mero documentalismo mecánico para lograr un equilibrio renovador entre los valores espirituales y formales de la obra fotografiada.

Finalmente, hay que destacar que las tres entidades organizadoras, pese a que comparten la titularidad municipal, nunca habían colaborado tan estrechamente como en esta iniciativa. Podemos felicitarnos por lo que esto significa en este caso concreto, pero sobre todo porque abre nuevas vías de potenciación de la escena expositiva de Barcelona.

JOAN FONTCUBERTA
Coordinador
El artista y la fotografía

Diurnes: apuntes de trabajo

Picasso ha sido un modelo privilegiado para los fotógrafos. La importancia de su obra y la personalidad de su rostro propiciaron que muchos reporteros le siguieran constantemente la pista y nos legaran unos cuantos retratos impresionantes, en los que convergen la agudeza psicológica y unas cualidades compositivas particularmente valiosas. Pero la relación de Picasso con la fotografía no se acaba ahí: recordemos su gran amistad con Brassaï, y sobre todo, la relación con la fotógrafa Dora Maar, con la que convivió entre 1936 y 1945.

No obstante, su interés hacia el arte de la luz no nace a partir de estos contactos: el año pasado, el Musée Picasso de París presentó la exposición *Picasso Photographe 1901-1916*, que reunía autorretratos, naturalezas muertas, vistas de su taller y algún paisaje, así como también una cierta memorabilia que daba cuenta de su paso por el laboratorio fotográfico (notas manuscritas con fórmulas y composiciones químicas para el revelado, notas con comentarios sobre la técnica fotográfica, etc.). La segunda parte de esta exposición, que abordará la producción posterior, está anunciada para mayo de 1995.

Ahora bien, si las imágenes seleccionadas en dicha muestra tenían un gran valor documental respecto a la evolución del artista, no evidenciaban ninguna voluntad de expresión, ni podían llegar a considerarse dentro de la categoría de obras. Con toda certeza, la única excepción es la edición de litografías tituladas *Diurnes* (1962), realizada en colaboración con el fotógrafo francés André Villiers.

Villiers y Picasso, que se conocían desde tiempo atrás, decidieron realizar un trabajo conjunto a base de aplicar *découpages*, con siluetas de claras resonancias de la fauna y la mitología picassianas, sobre una serie de paisajes y elementos naturales de la Provenza francesa, donde ambos vivían. Fotógrafo y pintor se encerraron durante quince días en el laboratorio que Villiers tenía en el sótano de su mas de Lou Blauduc y produjeron medio centenar de imágenes, de las que sólo se editó una treintena. De las pruebas descartadas no se supo nada hasta la primavera de 1993, cuando el historiador del arte y profesor de la Universidad de Aix-en-Provence, Jean-Pierre Alcyr, encontró tres sobres de papel fotográfico de las marcas Agfa y Mimosa que contenían dichas pruebas. En muchos casos, se trata de copias manchadas y un tanto estropeadas, pero para los profanos, constituye un importante material recuperado del olvido, y para los conocedores de la obra de Picasso y de *Diurnes* en particular, la oportunidad de acceder a unos genuinos apuntes de trabajo.

Miró fotógrafo

A lo largo de su vida, puede decirse que Joan Miró tuvo dos fotógrafos de cabecera: Joaquim Gomis y Francesc Català Roca. Ambos documentaron exhaustivamente el entorno personal del artista, así como el proceso de trabajo en su taller, y el resultado se ha plasmado en numerosos libros y exposiciones. Pero por su amistad, Gomis mantuvo sin duda una relación más íntima y fue el inductor de unas sorprendentes tentativas de Miró con la cámara fotográfica. Los collages que incorporan imágenes fotográficas de origen diverso o las intervenciones pictóricas sobre fotografías, generalmente tomadas por Gomis, se han divulgado considerablemente, pero en cambio, hasta ahora, el auténtico ojo fotográfico de Miró, las fotografías hechas por el propio artista (con ayuda de Gomis) no habían sido objeto de una presentación monográfica.

Gomis, cronista fiel de sus encuentros con Miró, relata en su diario que durante el verano de 1960, paseando por los alrededores de la casa de Mont-roig, Miró le pidió la cámara, una Rolleiflex 3,5 E con fotómetro incorporado, para hacerle un retrato. A Miró le divertía la imagen invertida sobre el visor de cristal esmerilado, y sobre todo, la posibilidad de dar énfasis a un objeto aislándolo de su contexto o desenfocando selectivamente el resto de la imagen. Este descubrimiento dio paso a lo que Gomis, medio en broma, llamaba un «vicio»: la obsesión por fotografiar todos aquellos objetos que le llamaban la atención. Al principio se limitaba a objetos encontrados, como cepas torturadas, cortezas de formas sinuosas, conchas sobre la arena de la playa, herramientas de trabajo en el campo, etc., pero después empezó a fotografiar también una especie de assemblages, composiciones de cosas que más adelante podían convertirse en proyectos de esculturas. Miró disparaba la máquina y Gomis revelaba la película y hacía las ampliaciones. Al final, harto de tener que dejarle la cámara, Gomis se la regaló.

Miró debía de utilizar la cámara como cuaderno de apuntes, para recordar ideas que más tarde serían el embrión de grandes pinturas y esculturas. Rara era la vez que Miró resistía a la tentación de escribir o pintar (con gouache, pastel o las técnicas más diversas) sobre los positivos de las fotografías que había hecho, lo cual demuestra su naturaleza de material de trabajo o de esbozo de una obra posterior. Así pues, estas son las coordenadas en las que hay que situar la experiencia fotográfica de Miró, que también nos ofrece datos muy valiosos sobre su proceso de trabajo (desde la inspiración a la ejecución final), y revisa una serie de objetos capaces de perfilar la riqueza de raíces del universo mironiano.

Suite Montseny: fotopinturas

A pesar de su predilección por la pintura, Antoni Tàpies ha sido un artista muy versátil y polifacético. Fiel a la voluntad de acercar su obra al público en todas las vertientes, la Fundació Antoni Tàpies se complace en presentar unos trabajos inéditos del artista, realizados con un método muy poco conocido, la fotopintura. Aunque el artista nunca llegó a considerar estos trabajos como obras acabadas y definitivas (lo cual explica la ausencia de firma y título), y sólo recientemente se han visto rescatados del olvido de un estudio plagado de pruebas y proyectos en curso, resultan interesantes para entender en profundidad el complejo proceso de creación de Tàpies, y por otra parte, tienen una relevancia especial en la actualidad. En efecto, esta operación de rescate se produce en un momento en que la fotografía, con su diversidad de procedimientos, se ha convertido en en un foco de atención en la escena del arte contemporáneo. Durante los años ochenta y noventa, muchos artistas jóvenes han reivindicado y popularizado el uso del medio fotográfico en la creación artística, probablemente sin conocer las experiencias realizadas una década antes por artistas como Tàpies.

Esta serie de imágenes se engloba dentro de la llamada *Suite Montseny,* que también consta de dibujos y pinturas (algunas sobre papel de estraza), datadas a principios de los años ochenta. De hecho, Tàpies empezó a sentir curiosidad por la fotografía mucho antes, cuando conoció a Marcel Zelich y entabló amistad con él. Zelich era un ciudadano alemán de origen turco que se instaló en Barcelona poco antes de finalizar la II Guerra Mundial. Persona cultivada, diletante de la música y las artes, la buena marcha de su empresa de confección de géneros de punto con telares de importación le dejaba mucho tiempo libre para dedicarlo a su gran pasión: la fotografía. En enero de 1990, la familia Tàpies y la familia Zelich coincidieron unos días en el Hotel Sant Bernat, en el Montseny. Una repentina nevada bloqueó los accesos y les obligó a prolongar la estancia en el hotel. Quizá porque los hijos respectivos jugaban juntos, los dos matrimonios compartieron muchos ratos, y en un momento dado, Zelich animó a Tàpies a que intentara trabajar en su cámara oscura.

Tàpies inició entonces una serie de obras inspiradas en el Montseny y quiso poner en práctica algunas ideas surgidas de las conversaciones con Zelich. Zelich entendía la práctica fotográfica de una manera bastante tradicional. En cambio, Tàpies, pese a interesarse por su dimensión realista, daba prioridad a unos usos alternativos, como la propia fotopintura (uso de la luz y de los agentes químicos reveladores en lugar de los pigmentos), el fotograma (huellas de objetos obtenidas mediante la acción de la luz sobre las superficies fotoemulsionadas) o el quimigrama (huellas de objetos obtenidas mediante la acción de agentes químicos sobre superficies fotoemulsionadas). Estas técnicas pertenecen al patrimonio expresivo de las vanguardias de entreguerras, pero Tàpies se las apropiaba, añadiéndoles una dimensión de análisis de la materia mucho más más íntima, con una profundidad –por decirlo en una palabra– casi radiográfica.

ANDREA FRASER

Notas sobre la condición pública de los museos

Según el National Endowment for the Arts, para que una institución sea calificada como museo en Estados Unidos debe tener, entre otras cosas, «instalaciones permanentes abiertas al público con un horario regular» y debe ser «una organización no lucrativa y exenta de cargas impositivas».[1] Que un museo de arte no lucrativo disfrute de esta exención fiscal, aplicada también y sobre todo a sus actividades capaces de generar beneficios, como la comercialización de objetos, depende de su objetivo benéfico primordial, consistente en «ofrecer al público experiencias educativas».[2] Según esta concepción, la finalidad educativa se concreta en primera instancia, no mediante ningún programa o práctica educativa, sino en la mera presentación de arte al público; no sólo «con un horario regular» (como cualquier galería de arte comercial), sino específicamente por parte de una «organización no lucrativa y exenta de cargas impositivas».

Parece, por tanto, que la condición de exención fiscal es lo que califica una obra de arte como objeto de experiencias educativas, de las cuales depende la propia condición de exención fiscal.

Esta tautología puede romperse introduciendo un simple desplazamiento; no es la condición de exención fiscal lo que condiciona el valor educativo de los objetos de arte, sino el gesto filantrópico mediante el cual esos objetos acceden a la esfera de lo no lucrativo.

Así llegamos a la lógica un tanto contradictoria del estatus privado y no lucrativo del museo como institución pública. La condición material del museo de arte consiste en recibir subsidio público: directamente, a través de ayudas municipales y de subvenciones estatales y federales, e indirectamente, a través de su condición de exención fiscal y las desgravaciones benéficas. (Según el Acta de Reforma Fiscal de 1969, de cada 1.000 dólares donados a una fundación u organización exenta de obligaciones fiscales, la aportación de los contribuyentes llegaba al 60-70%.)

Ahora bien, esta condición pública se afirma y al mismo tiempo se oculta tras la privacidad mucho más publicitada de banqueros y financieros, abogados e industriales, ejecutivos y corporaciones, de cuyo compromiso filantrópico con una organización no lucrativa depende la función educativa del museo.

El subsidio público no permite tanta publicidad. La deducción benéfica es prácticamente invisible; las ayudas municipales van a parar a los aspectos más humildes y menos visibles del funcionamiento del museo; equipamiento, servicios de mantenimiento y seguridad. No hay ninguna placa que diga: «Esta bombilla fue donada al museo por la ciudad de Nueva York.»

El objetivo del museo es dar publicidad al arte, pero sólo como emblema de la privacidad burguesa, es decir, en cierto modo, dar publicidad a la privacidad. En mi opinión, esta es la función educativa del museo.

Evidentemente, esta ha sido siempre la lógica de la política pública americana. Si deben existir unos fondos públicos para estabilizar a una población sujeta a las virulentas oscilaciones del capital, sólo deben existir como promesa (nunca como derecho), retrayéndose perpetuamente hacia la esfera privada. Históricamente, este retraimiento ha dejado una estela de instituciones y organizaciones que operan en nombre de la educación pública.

Durante el último cuarto del siglo XIX, cuando los museos de arte empezaron a proliferar en Estados Unidos, los pocos programas públicos de beneficencia que existían fueron sistemáticamente desmantelados y privatizados. Algunos de los defensores de la privatización fundaron museos y bibliotecas y otros crearon asociaciones benéficas. Al igual que los museos, estas sociedades sólo ofrecían cosas para la mente y el espíritu. En lugar de ofrecer ayuda material, pretendían educar.

¿En qué consistía dicha educación? No se trataba de escolarizar ni de ofrecer formación profesional, sino más bien «visitas amistosas», destinadas a «corregir el carácter, ejerciendo la influencia directa de miembros de las clases medias y altas, personas cultas y amables, prósperas y con inquietudes, sobre los necesitados.»[3] Educar con el ejemplo; educar mediante identificaciones estructuradas según la política pública y el discurso institucional.

Si la condición pública del museo tiene la función de estructurar la identificación popular con la privacidad burguesa, lo consigue mediante la simple visibilidad y accesibilidad: «con un horario regular» de apertura, ofrece el contenido de las casas a la exhibición pública.

En segundo lugar, como «organización no lucrativa y exenta de obligaciones fiscales», a menudo con subvenciones municipales directas, el museo impone sobre la población una inversión económica en sí mismo, dado que el museo llega a la población contando previamente con su apoyo.[4]

En tercer lugar, a la «deuda real» del museo hacia el público se superpone una deuda simbólica del público hacia el museo; una deuda justificada por el gesto filantrópico de los patronos que ofrecen un apoyo más visible. El museo arrastra a la población hacia un pacto cultural y la obliga a hacerse merecedora de las donaciones de capital.

Por último, tras endeudar a la población y forzarla a entrar en él, el museo le ofrece, como si fuera suya, lo que ya se ha convertido en cultura «pública».

Si la cultura consiste en los objetos simbólicos y prácticas narrativas con las que un grupo determinado representa sus intereses y su experiencia, su historia y sus futuros posibles, las bellas artes representan los intereses y experiencias, en primer lugar, de la comunidad profesional de artistas generalmente de clase media que lo producen, y en segunda instancia, los de los patronos burgueses que lo coleccionan y re-presentan en los museos bajo sus propios nombres.

El museo, como institución pública, ofrece esta alta cultura como si fuera la cultura pública de todos, la cultura nacional y universal, convirtiéndola en la única moneda cultural capaz de calificar a un individuo como miembro de la civilización, representando a la burguesía como poseedora principal y privilegiada de esa civilización, y desterrando todos los objetos simbólicos producidos fuera de la esfera especializada de la actividad artística pública al olvido de las vidas individuales, donde no tienen autoridad ninguna para representar la experiencia «pública».

NOTAS

1. National Endowment for the Arts, *Museums USA* (Washington D.C.: U.S. Government Printing Office, 1974): 4.

Otros criterios incluyen: instalaciones abiertas por lo menos tres meses al año, un presupuesto operativo de un mínimo de 1.000 dólares (en 1971-1972), propiedad de por lo menos una parte de la colección exhibida, y un mínimo de un empleado con preparación académica a jornada completa.

2. *Museums USA*, pp. 25-35.

3. Walter I. Trattner, *From Poor Law to Welfare State: A History of Social Welfare in America* (Nueva York: The Free Press, 1974): 97.

4. Los museos de arte, como ha sucedido históricamente con las escuelas públicas, pueden promover un empobrecimiento material de las prácticas culturales locales. En Nueva York, por ejemplo, el objetivo y el efecto directo de instituir un sistema de escuela pública –o mejor dicho, un impuesto para pagar la escuela pública–, a mediados del siglo XX, era impedir que la mayoría de inmigrantes irlandeses enviaran a sus hijos a escuelas parroquiales católicas, por las que tendrían que pagar. Así pues, la escuela pública sirvió para romper las organizaciones de la comunidad forzando a una inversión masiva en una esfera pública, controlada naturalmente por una burguesía protestante y americana de nacimiento.

Prospecto preliminar

Andrea Fraser suministra servicios artísticos para proyectos concretos de individuos, instituciones, fundaciones, corporaciones y programas públicos de arte.

Los servicios que ofrece la artista constan de dos fases consecutivas con objetivos diferenciados. La primera fase es interpretativa; en la segunda se produce la intervención. De acuerdo a las discusiones iniciales, estas fases se producen de distintas formas, según la naturaleza del cliente y sus intereses.

Para instituciones culturales públicas o privadas no lucrativas y dirigidas al gran público

Para los museos de arte públicos o privados no lucrativos y otras instituciones que coleccionan y exhiben arte para el gran público, el servicio que la artista ofrece consiste en una interpretación de las relaciones de la institución con su público, y una intervención en relación a esas relaciones.

Dado que las instituciones públicas y privadas no lucrativas son, por ley, administradoras del patrimonio público y representantes del interés público, la artista considerará a ese público como su cliente *de iure*. Así pues, el servicio que ofrece la artista se dirigirá a este público como principal beneficiario. Con todo, hay que señalar que en muchos casos este beneficio público se producirá a través de la obra de la artista siguiendo la línea que adopta la institución para realizar su misión de servicio público.

El objetivo primordial de los museos de arte públicos y privados no lucrativos consiste en ofrecer experiencias educativas y estéticas al público. Históricamente, este objetivo se ha definido como el desarrollo de una apreciación del arte por parte de las poblaciones urbanas no predispuestas hacia ello. Consecuentemente, el compromiso del museo con el público ha sido a menudo indistinguible de su compromiso de apoyar y conservar la cultura que presenta, si bien su objetivo se define por la suposición de que el público al que se dirige no se identifica con esta cultura.

Para los museos, cada vez es más difícil responder ante esta contradicción con fórmulas paternalistas sobre el bien público, pero los conflictos que provoca tampoco son más fáciles de resolver. ¿Con quién está obligado el museo en primer lugar, con el público, o con los artistas y las tradiciones culturales que los profesionales y patronos del museo representan? Cuando los museos se deciden en favor del público y abandonan sus alianzas culturales históricas, pueden descubrir que se han identificado con un público que no aparece o que ni siquiera existe. Y por otra parte, una decisión a favor de la cultura del museo puede costarle a la institución su dinamismo, así como su relevancia en la vida contemporánea.

La artista no se propone resolver esos conflictos, sino más bien plantearlos a través del esfuerzo de la institución de cumplir su misión de servicio público. Y pretende hacerlo convirtiendo las contradicciones inherentes a esta misión en la base de la experiencia educativa que el museo ofrece.

Nota: Dado que esta oferta se centra en el desarrollo a largo plazo de las relaciones entre una institución y su público, en este programa, la artista no aceptará ningún compromiso para exposiciones temporales o situaciones excepcionales, tales como períodos en que partes significativas del museo se hallan cerradas al público. Con algunas instituciones sin colección propia, instituciones jóvenes, instituciones sin instalación permanente, actuaciones orientadas hacia programas de arte específicamente contemporáneos, y bajo ciertas circunstancias adicionales, la artista puede determinar que la institución se dirige menos a un público general que a comunidades interesadas por la cultura que presenta. La artista considera tales casos en el prospecto preliminar sobre organizaciones culturales de base corporativa.

Primera fase

Para las instituciones culturales públicas o privadas no lucrativas y dirigidas al gran público, la primera fase empieza con una visita inicial a las principales instalaciones de la institución y el área circundante. Durante esta visita inicial o en visitas subsiguientes, la primera fase consistirá en una investigación dirigida por la artista. El objetivo primordial de esta investigación consiste en comprender, en primer lugar, cómo ha articulado la institución el servicio que ofrece al público. En segundo lugar, cómo ha definido la institución al público que se beneficia de su servicio. Y en tercer lugar, entre qué sectores de población se ha anunciado este servicio. Se prestará una atención especial a la diferencia entre el segundo y el tercer punto. Es en esta diferencia donde la artista sitúa al público de la institución. La artista no considera empíricamente a este público –como receptáculo demográficamente definido de la condición pública del museo–, ni ideológicamente –como su beneficiario evocado de modo retórico–, sino dinámicamente, en la diferencia entre aquél y éste; es decir, como una población que se convierte en público mediante la actuación de la institución.

La investigación se centrará sobre todo en las publicaciones pasadas y presentes del museo, así como en las relaciones públicas y el material educativo. Existe la posibilidad de que la artista solicite entrevistar a los patronos o al personal del museo durante esta primera fase, o en la preparación de la segunda fase. El material de las entrevistas no será utilizado en presentaciones públicas, no será publicado ni distribuido de ningún modo por la artista sin el consentimiento de los entrevistados.

La primera fase concluirá con la presentación de un informe que contendrá la interpretación realizada por la artista a raíz de la investigación, y una propuesta concreta para la segunda fase. Si la propuesta se considera poco operativa, la organización podrá solicitar una segunda propuesta. Con la presentación de la segunda propuesta concluirá esta primera fase, independientemente de que la organización decida continuar con la segunda fase o no.

Aunque la institución puede publicar el informe y la propuesta, o bien pedirle a la artista que lo haga, la organización no tiene ninguna obligación de hacer público ningún aspecto de la primera fase. La artista se reserva el copyright del informe, transcripciones y propuesta, pero aceptará ciertas restricciones respecto a su publicación y distribución.

Segunda fase

La segunda fase consiste en la implementación de la propuesta presentada al final de la primera fase, y se concibe como una intervención respecto a las condiciones descritas en el informe. Esta intervención puede dirigirse a distintas funciones institucionales, incluyendo relaciones públicas, educación pública o programas de exposiciones, así como comercialización de objetos y eventos especiales. La intervención puede adoptar las formas habituales de dichas funciones: catálogos o carteles; material adicional textual, videográfico o auditivo; material del mostrador de información; conferencias y visitas guiadas; e instalaciones.

Cualquier manifestación física permanente de la intervención será propiedad de la organización. No obstante, la artista se reserva los derechos de reproducción y publicación.

Prospecto preliminar

Andrea Fraser se dedica a suministrar servicios artísticos para proyectos concretos de individuos, instituciones, fundaciones, corporaciones y programas públicos de arte.

Los servicios que ofrece la artista constan de dos fases consecutivas con objetivos diferenciados. La primera fase es interpretativa; en la segunda se produce la intervención. Tras las discusiones iniciales, estas fases se producen de distintas formas, según la naturaleza del cliente y sus intereses.

Para organizaciones culturales de base corporativa

El servicio descrito en el presente texto se dirige a fundaciones culturales públicas y privadas de carácter no lucrativo, a organizaciones y colegios profesionales, así como a galerías de arte comerciales. Todas estas entidades pueden describirse como «asociaciones u organizaciones de base corporativa», en el sentido de que se han fundado principal y directamente para servir a una comunidad profesional o bien a una comunidad de socios no profesionales. Bajo esta definición, una organización de base corporativa puede ser de carácter público o privado, de orientación comercial o no lucrativa, puede contar o no con un espacio para la exhibición de arte. Además, algunos museos de arte dirigidos a un público amplio funcionan como asociaciones de base corporativa en determinadas circunstancias, como por ejemplo, en las exposiciones panorámicas de arte contemporáneo, o en general, como los museos que se dirigen a un público predispuesto a la cultura que presentan.

Históricamente, las instituciones culturales públicas y privadas no lucrativas y dirigidas al gran público se fundaban para educar a un determinado público en una cultura hacia la que dicho público no sentía ninguna predisposición. Es decir, para reformar la cultura de un público determinado. En cambio, las organizaciones de base corporativa funcionan como lugares de reproducción de las comunidades a las que se proponen servir. Si la dinámica generada por las instituciones dirigidas al gran público puede calificarse de interclasista, en las organizaciones de base corporativa, las relaciones en juego son intraclasistas. De forma similar, mientras que las primeras se guían por el interés de imponer su hegemonía dentro de una esfera pública, las últimas se definen por el esfuerzo de mantener o mejorar la propia posición respecto a los demás miembros constituyentes de la comunidad.

Para las organizaciones o asociaciones de base corporativa que sirven a comunidades de productores y consumidores culturales (ya sean observadores o compradores), esas relaciones intraclasistas tienden a manifestarse en luchas competitivas por los valores cuya legitimidad afirma la organización. Si bien estas luchas competitivas pueden producir un progreso temporal al precipitar la redistribución de estos valores, los ciclos inflacionistas que provocan debilitan cualquier beneficio.

Así pues, la reproducción cultural comporta a menudo ciclos de competitividad continua entre los miembros constituyentes, así como entre las organizaciones. Esto no es muy agradable. Pero si bien ambos –los miembros constituyentes y las organizaciones– sufren estas condiciones, las organizaciones pueden tener mayor interés en perpetuarlas hasta el punto de que la competitividad mantenga la demanda de los valores y propiedades que las organizaciones ponen en circulación.

Primera fase

Para las fundaciones culturales públicas y privadas, las sociedades de afiliados y los colegios profesionales, y para las galerías de arte comerciales, la primera fase empieza con una visita inicial a las principales instalaciones de la organización. Las organizaciones públicamente activas en localidades concretas tendrán que programar además una visita más amplia, de modo que la artista pueda familiarizarse con la zona circundante.

Durante esta visita inicial o en visitas posteriores, la primera fase consistirá en una investigación por parte de la artista. Aunque puede ir acompañada de material escrito, la investigación consistirá sobre todo en entrevistas a los empleados, los miembros de la administración, del equipo de dirección y los clientes. El objetivo de las entrevistas se centra en la comprensión de los valores particulares –bienes, disposiciones, competencias, etc.– que circulan en torno a la organización y la naturaleza de la competitividad que ocasionan. En la mayoría de los casos, la artista solicitará la participación en dichas conversaciones de la persona responsable del proyecto por parte de la organización. Aunque el objetivo primordial de las entrevistas se centra en generar material para la interpretación y la propuesta, las experiencias de la artista han demostrado que estas conversaciones grabadas tienen muchas veces la ventaja de fomentar la comunicación en el seno de la organización.

La organización será la responsable de facilitar transcripciones rigurosas de las entrevistas, a partir de las cuales la artista elaborará textos estructurados. Estos textos expresarán formalmente una interpretación de las relaciones manifestadas en las entrevistas.

La primera fase concluirá con la presentación del texto estructurado junto con una propuesta concreta para la segunda fase. Si la propuesta se considera poco operativa, la organización puede solicitar una segunda propuesta. Con la presentación de una segunda propuesta concluirá la primera fase, independientemente de que la organización decida continuar o no con la segunda fase.

Aunque la institución puede publicar las transcripciones, el texto elaborado y la propuesta, o bien solicitar a la artista que lo haga, no hay ninguna obligación de hacer público ningún aspecto de la primera fase. No obstante, la propuesta de la artista para la segunda fase puede incluir la presentación pública de parte del material de las entrevistas.

La artista se reserva el *copyright* de las transcripciones, el texto elaborado y la propuesta, pero aceptará ciertas restricciones respecto a su publicación y distribución.

Segunda fase

La segunda fase consiste en la implementación de la propuesta presentada al final de la primera fase, y se concibe como una intervención respecto a las condiciones descritas en el texto elaborado. La intervención puede dirigirse a las relaciones entre el equipo directivo o el personal de la organización, las relaciones entre la organización y su base corporativa, y los mecanismos de legitimación de los valores y propiedades que circulan en torno a la organización.

Cualquier manifestación física de la intervención será propiedad de la organización. Sin embargo, la artista se reserva los derechos de reproducción y publicación.

Two-Way Mirror Cylinder Inside Cube and Video Salon: Rooftop Park for Dia Center for the Arts (1991)

(Doble espejo cilíndrico en el interior de un cubo y sala de vídeo: Terraza/parque para el Dia Center for the Arts) (1991)

Este proyecto tenía el objetivo de reconfigurar la función del espacio museístico del Dia Center for the Arts de Nueva York como espacio expositivo artístico y social, mientras que al mismo tiempo funcionaba como obra de arte autónoma dentro del programa existente del Dia, un programa de artistas de élite que realizan una obra perfecta bajo condiciones ideales.

La pieza es al mismo tiempo un instrumento óptico y una modificación arquitectónica de la azotea anterior, que no se utilizaba, para darle al complejo expositivo Dia una serie de nuevas funciones.

Los espacios del Dia se habían utilizado previamente como espacios expositivos interiores «ideales» para la contemplación, especiales para instalaciones y obras de Arte «elevado», concebidas para ser observadas por espectadores individuales bajo unas condiciones expositivas óptimas. Mi obra necesita un público numeroso en el que cada uno tenga conciencia de la mirada de los demás, como de su propia mirada hacia unas obras de arte alteradas constantemente por las condiciones solares y celestes.

La obra es una terraza/parque, un área de recreo al aire libre, un espacio de performance, observatorio, laboratorio fotográfico, instrumento óptico, sala de vídeo y cafetería, con múltiples posibilidades de uso.

En el centro de la terraza hay una plataforma elevada de madera, similar a una acera, que contiene un cilindro de doble espejo con una puerta por donde los espectadores pueden acceder al interior. La vista interior ofrece a los espectadores una imagen anamórfica cóncava y expandida de sí mismos contra el cielo y el paisaje urbano. La vista exterior muestra al espectador una imagen anamórfica y convexa de sí mismo.

En los márgenes de la plataforma elevada hay un cubo de doble espejo. El cilindro está centrado en su interior y tiene las mismas dimensiones que cualquier torre de agua de madera de Nueva York. Refleja el horizonte y el cielo de alrededor, en un ángulo de 360 grados. El cubo representa la trama urbana de un plano callejero del centro de Nueva York.

Hay una dialéctica entre la percepción de uno mismo y de otros cuerpos percibiéndose que hace al espectador consciente de sí en tanto que cuerpo, en tanto que sujeto perceptivo, aislado del resto del público. Se trata del fenómeno contrario a la habitual pérdida del «yo» que se produce cuando el espectador mira a una obra de arte convencional, hacia la que se proyecta mentalmente el «yo», identificándose así con el sujeto del arte. Mis pabellones-escultura atraen la mirada del espectador para convertirlo en el sujeto de la obra. El doble espejo y la estructura de acero constituyen una analogía de la ciudad que le rodea. El doble espejo tiene efectos especiales «cinemáticos».

Mis pabellones-escultura aluden a los modernos edificios de oficinas. Mientras que las fachadas de espejo de los edificios de oficinas de empresas de los años ochenta sólo reflejan el exterior por un lado (reflejan el cielo y otras fachadas de edificios), impidiendo la penetración visual del espectador hacia el interior, pero ofreciendo al espectador del interior una vista transparente del exterior, mis pabellones dominan esta relación unidireccional, pero además son igualmente transparentes y reflectantes en el interior y el exterior. Los cambios de la luz solar afectada por la cubierta de nubes alteran continuamente la reflexión contra la transparencia de cada lado.

El diseño de la terraza del Dia rememora las galerías inundadas de luz natural que se prolongan a lo largo de los vestíbulos de los edificios de oficinas de los ochenta, con sala de vídeo y cafetería aprovechando un espacio de almacenaje existente en la terraza. La zona central está elevada para ofrecer una mejor vista del río Hudson y del perfil superior de la ciudad, por encima de la protuberante cúpula con tragaluz.

Mi obra requiere un público numeroso y socialmente consciente de sí mismo, en contraposición con el reflexivo espacio interior del Dia, característico de los años setenta y ochenta, bien iluminado artificialmente para ofrecer unas perfectas condiciones de visibilidad.

Programáticamente, también he intentado que mi «instalación» modificara el inicio de la transición del Dia hacia un fenómeno emergente en los noventa, que consiste en espacios alternativos tipo setenta, al estilo de su vecino geográfico más próximo, *The Kitchen,* que presentaba la obra de una gran variedad de artistas de vídeo, performance y música, o de los espacios museísticos en forma de patios interiores típicos de los ochenta, como el IBM Atrium o el *Wintergarden* del New Financial Center, en Battery Park City, que también incorporaba un espacio tipo área de recreo, con cafetería y pastelería. Para facilitar los vínculos históricos con las obras de vídeo, música y performance expuestas en espacios como *The Kitchen*, organicé un programa en el Dia que adquiere y proyecta un archivo de vídeos seleccionados por directores de museos invitados, centrados en música, performances, animación y arquitectura.

Mi plan original para el diseño del interior (sala de vídeo y cafetería) con mobiliario inflable realizado con doble espejo, que ofrecía sensaciones corporales blandas intersubjetivas, análogas a los efectos «duros» de las superficies de doble espejo acristalado, ha resultado temporalmente irrealizable, pero todavía se investigan sus posibilidades.

•

Cilindro de cristal reflectante en el interior de un cubo y sala de proyección de vídeo

La ciudad como museo

Hacia 1810, la ciudad de París se estaba convirtiendo en una exposición diseñada para la educación de la emergente clase media: «una colección de recordatorios permanentes» de la grandeza y la continuidad de «la nación francesa», pero también de «la comparable (aunque sin duda algo inferior) contribución de una Europa mayoritariamente subordinada». Desde Napoleón en adelante, todos los gobernantes utilizaron los nuevos y amplios bulevares, con plazas y rotondas, para transformar París en un museo al aire libre. Esta es quizás la primera aparición de un tema recurrente en el siglo XIX, en el que «la ciudad como museo... [era] un concierto positivo de cultura y educación... una benévola fuente de información fortuita pero cuidadosamente seleccionada... La ciudad como museo conciliaba... el decoro clásico... [con]... el impulso liberal... y el libre comercio». París, y más adelante el Munich de Ludwig I, eran ciertamente ciudades de «libre comercio» y «satisfacción del deseo», «una mezcla de reliquias griegas e italianas, con unos cuantos fragmentos nórdicos, un entusiasmo tecnófilo esporádico y tal vez un breve flirteo con los vestigios sarracenos de Sicilia.[1] A medida que la ciudad se convertía en el dominio de un número creciente de propietarios privados individuales, el reino de lo público fue disolviéndose en un fragmentado sistema de construcción. La ciudad como museo quedó encerrada en su estructura arquitectónica segregada.

El museo encerrado

El museo nacional burgués como institución educativa se desarrolló de forma simultánea a la transformación de la gran ciudad en un museo al aire libre.

Entre 1796 y 1800, el clérigo Alexandre Lenoir, el principal propagandista del museo nacional, albergó originariamente su colección en la capilla de un convento abandonado, forjando lo que sería el prototipo de la colección nacional francesa, y dividiendo la historia cultural de Francia en distintas épocas, con unidades temporales básicas de cien años. A cada sala, o «siglo», se le daba el «carácter, la fisonomía exacta del siglo que debía representar».[2] De este modo, se añadían fragmentos genuinos de ventanas, puertas y otros elementos decorativos de interior para aumentar la autenticidad. El museo encerraba sus tesoros por razones de seguridad, pero su objetivo esencial era mostrar al público en general el buen gusto aristocrático de su patrono burgués.

Galerías e invernáculos

Mientras Haussmann racionalizaba políticamente el trazado urbanístico del París de principios del siglo XIX, adaptando un entorno superpoblado y polucionado a las necesidades del orden público y a los principios básicos de higiene y ajardinamiento, empezaron a construirse pasajes y calles artificiales para el comercio. Para Walter Benjamin... estas galerías con arcadas de hierro acristalado, dedicadas a la exhibición de mercancías, configuraban un mundo soñado en el que «la conciencia individual se sumerge en un sueño aún más profundo. Pero al igual que quien duerme... emprende un viaje microcósmico a través de su cuerpo, y los sonidos y sensaciones de su interior generan alucinaciones o imágenes oníricas que trasladan y explican [estas sensaciones], lo mismo le ocurre al colectivo durmiente que se sumerge en su propio interior».[3]

Precursoras de los palacios de cristal construidos para las exposiciones internacionales y de los grandes almacenes, las galerías exhibían sus mercancías en escenarios que representaban un sueño, mientras que las superficies acristaladas reflejaban el cuerpo y la mirada de los consumidores hacia el brillo de los productos iluminados. La imagen parcialmente reflejada y proyectada sobre el producto identificaba narcisísticamente la sensación del comprador de que le faltaba algo. Benjamin consideraba los bienes de consumo como la creación de un sueño de incesante renovación, de forma que cada producto ayudaba al espectador a olvidar el producto, idea o estilo devaluado (passé). Los productos industriales se exhibían como si de obras de arte se tratara, ofreciendo la sugerencia de un mundo futuro, accesible a la clase media gracias al progreso tecnológico.

Por su parte, los invernáculos que formaban parte de los palacios de cristal sobrevivían al desmantelamiento de las exposiciones. Se convertían en reductos naturales donde hallar sosiego y refugiarse temporalmente de la vida cotidiana, antídotos de la congestión urbana y de la corrupción industrial del medio. Pese a su identidad autónoma, estos jardines de invierno estaban emparentados con las galerías comerciales y los palacios de cristal, aquellos inmensos edificios de hierro y cristal que albergaban las exposiciones internacionales. Ambos eran réplicas de un mundo dentro de otro mundo.

El uso del cristal reflectante en los edificios comerciales

Así como las ventanas de cristal transparente de los edificios de oficinas de la posguerra mostraban su función y exponían a sus empleados a la vista del público, hacia los años setenta, las ventanas de cristal reflectante empezaron a sustituir a las transparentes. Esta nueva fachada reflejaba el entorno exterior, ofreciendo a los empleados la seguridad de poder contemplar el paisaje sin ser vistos desde fuera.

El cristal reflectante y el uso de placas solares para suministrar energía a los edificios con atrios o patios amplios con luz natural formaban parte del estilo de cápsula espacial de 2001. La capa externa del edificio reflejaba la luz solar y el calor, conservando la energía, y la fachada se interpretaba y funcionaba según los parámetros «ecológicos».

El Park Avenue Atrium

Diseñado por Edward Durell Stone Associates en 1983, el Park Avenue Atrium de Nueva York es un jardín interior, con plantas y flores en jardineras de acero bruñido que reflejan anamórficamente el entorno.

Las paredes laterales están revestidas de cristal reflectante y acero pulido, en una compleja geometría de formas cristalinas que brillan al sol. La calidad de la luz cambia constantemente con el movimiento del sol y las nubes. En su tentativa de recuperar el glamour de la tecnología y de conciliarla con las preocupaciones medioambientales, este tipo de arquitectura urbana niega la crítica de la tecnología planteada por el movimiento ecologista.

El Park Avenue Atrium es uno de los parques interiores más futuristas de Nueva York. Además de las superficies de cristal y acero, hay unos ascensores de cristal que suben y bajan a toda velocidad, proyectando a los visitantes hacia el cielo.

Como el interior de una cápsula espacial, o como el mundo artificial que Arthur C. Clarke describía en su novela Rendezvous with Rama, este mundo tiene «forma de cuenco», como un «gigantesco pozo... un cilindro enorme... con unas superficies de metal perfectamente lisas... sin ninguna juntura visible... que vomitan luz [mientras,] más allá de este pequeño oasis luminoso, la tierra se levanta para encontrarse con el cielo, o mejor, para convertirse en cielo».

Cuando los ascensores de cristal transparente del Park Avenue Atrium ascienden por la aerodinámica superficie metálica, se acercan a las placas de energía solar situadas en el techo. Cuando sube o cuando baja, el espectador puede ver en secuencia vertical un equivalente del siglo XX de la perspectiva horizontal creada en los jardines barrocos por las hileras de setos denominadas allées.

El atrio como museo

El atrio y el museo de IBM combinan la seguridad del invernáculo interior con la cafetería y el espacio destinado a actividades diversas. Una vez más, las cámaras y el personal de vigilancia garantizan la seguridad. El atrio funciona esencialmente como un vestíbulo para el subterráneo Museo de la Ciencia y el Arte, y marca otra fase en los espacios corporativos, la época en que se generalizó en Nueva York el patrocinio de los museos públicos por parte de las empresas, la década de los setenta. Durante este período, diversas ramas descentralizadas del Whitney Museum se instalaron en los vestíbulos de edificios corporativos.

Conclusiones

Las preocupaciones ecológicas de los años setenta generaron un nuevo ethos cultural que no aceptaba la idea de «progreso», ni su imperativo tácito de experimentar con la naturaleza a fin de crear un futuro constantemente renovable. En consecuencia, las actitudes a favor de la conservación de los recursos naturales se unieron a la conservación del pasado. Estos cambios en la perspectiva social se reflejaron culturalmente en la moda de las recreaciones «históricas» del pasado, característica de los años setenta.

Si bien la función del arte o de la arquitectura no consiste en resolver el conflicto social o ideológico mediante una hermosa obra, ni tampoco en construir un nuevo contenido que sirva de contrapeso ideológico, la obra de arte dirige la atención a los puntos de unión entre las diversas representaciones (revelando la conflictiva multiplicidad de lecturas ideológicas).[4] Para hacerlo así, la obra utiliza una forma híbrida, que participa de múltiples estratos de significado: el código popular de los medios de comunicación de masas y el código «culto» del arte y la arquitectura; el código popular del entretenimiento y el análisis político de la forma con una base teórica; y finalmente, el código de la información, junto al código estético formal. Desde algún punto entre el arte y la arquitectura, esta forma híbrida reflexiona sobre la situación de ambas disciplinas.

NOTAS

1. Anthony Vidler, «Promenades for Leisure», Oppositions (primavera 1977-1978): 4-9.

2. Alexandre Lenoir, citado por Anthony Vidler, *The Writing of the Walls* (Princeton: Princeton Architectural Press, 1987): 170.

3. Citado por Susan Buck-Morss en «Benjamin's *Passagen-Werk:* Redeeming Mass Culture for the Revolution», *New German Critique* 29.

4. Dan Graham, «Art in Relation to Architecture / Architecture in Relation to Art», *Artforum XVII, 6* (febrero 1979): 29.

•

Three Linked Cubes / Interior Design for Space Showing Videos (1986)

(Tres cubos unidos / Diseño de interior para un espacio de proyección de vídeos) (1986)

Three Linked Cubes es una serie de compartimentos rectangulares con un lado abierto y paneles laterales que alternan el doble espejo con el cristal transparente, y posee una identidad dual. Situada en el exterior, se convierte en un pabellón abierto, iluminado por el sol; situada en el interior, se transforma en el *Interior Design for Space Showing Videos*. Aquí, varios monitores de vídeo y altavoces se sitúan para ofrecer tres programas independientes a un público dividido en 6 grupos. Los efectos de la iluminación cambiante producida por las imágenes de vídeo reflejadas en los paneles de cristal distorsionan a los «fantasmas» o imágenes del espejo de los miembros del público que se ven en otros compartimentos situados por encima del tabique divisor. La obra es el diseño funcional de una sala de exhibición, y a la vez es una obra de arte óptico que muestra las imágenes de vídeo y la reacción de los espectadores al proceso de visionado del vídeo en el espacio y la situación social característicos de una proyección de vídeo.

•

Espacios de museo, espacios de vídeo: un programa de vídeo para la exposición *Los límites del museo*

JOHN G. HANHARDT

Los límites del museo articula en su exposición y su simposio argumentos especulativos sobre el papel del museo en la imaginación occidental. El impacto del cine y el vídeo en la formación de nuestra cultura visual juega un rol estratégico y crítico al cuestionar la formación y la función del museo como contenedor e intérprete de cultura. La cultura videográfica de finales del siglo veinte mediatiza nuestro mundo y construye poderosos discursos mediante los cuales las prácticas artísticas pueden verse de nuevas maneras. Como historia y como práctica, el arte ha cambiado para siempre. ¿Cómo se mantendrá el museo en nuestra cultura, como monumento al pasado o como laboratorio y contexto renovador para el futuro? La obra de Dan Graham *Three Linked Cubes / Interior Design for Space Showing Videos* (Tres cubos unidos / Diseño de interior para un espacio de proyección de vídeos) ofrece una oportunidad para reflexionar sobre las condiciones del visionado de vídeo en el museo.

Three Linked Cubes / Interior Design for Space Showing Videos y sus tres áreas de proyección de vídeos abordan este tema convirtiendo la presentación de vídeos en algo simple y directo. Los cojines en el suelo contribuyen al ambiente confortable e informal, donde el espectador puede relajarse y mirar uno de los monitores que emiten programas de vídeo, situados cerca del suelo. Las áreas de proyección de vídeo están demarcadas por paredes de cristal que crean un área definida estructuralmente, erradicando al mismo tiempo dichos límites mediante el uso de paredes transparentes y de doble espejo. El resultado de este sistema permite que, mientras vemos un vídeo, podamos observar simultáneamente a los grupos de gente que ve otros programas de vídeo.

Cada uno de los monitores de las áreas de proyección emite distintos programas. El primero muestra vídeos de artistas elegidos con criterio comisarial por la relación de su obra con los intereses de Graham, y en particular, su preocupación por el papel de los media en la construcción de formas y debates culturales y sociales. El segundo monitor es un montaje de los propios vídeos de Graham, y el tercero emite vídeos sobre Dan Graham, como entrevistas y discusiones con el artista sobre su obra y los temas que trata.

Nosotros, espectadores, llegamos al museo esperando una representación e interpretación de y por artistas cuya obra ha alimentado la historia cultural y, en el caso del arte contemporáneo, también le está dando forma. Como discurso estético, a lo largo de sus treinta años de desarrollo, el vídeo ha desempeñado un papel en una serie de movimientos artísticos que han definido el período, incluyendo a Fluxus, los happennings, el conceptual, el body art y el arte de las performances. Además, el medio videográfico se ha expandido a través del discurso de canal único, unidireccional, (cuyas obras creadas para verse en un solo monitor o televisor, proyectado en una pantalla a gran escala o bien en una pared con una superficie preparada para la ocasión), para añadir una nueva dimensión a la escultura y la instalación multimedia. La historia del vídeo se compone de una gran variedad de géneros y estilos, incluyendo documentales, narrativa y procesado de imágenes, cintas de danza y de performances, así como una gran variedad de tiempos de emisión, temas y preocupaciones formales, desde la simple grabación directa de lo que hay delante de la cámara al desarrollo de imaginería abstracta.

Al presentar esta compleja historia en un museo, uno puede descubrir las interrelaciones entre distintas formas de arte y los medios, los artistas y los movimientos artísticos, y explorar así cómo las nuevas tendencias de los media pueden permitir a los artistas una expresión más creativa y un tratamiento de los temas relativos a los límites históricamente definidos de las prácticas de arte tradicionales. Para hacer visibles dichas interrelaciones, las instalaciones y las cintas de vídeo de canal único tienen que presentarse no sólo para que el espectador pueda verlas como pretendía el artista, sino también de modo que pueda explorarse la naturaleza de los medios y las formas. Por ejemplo, los vídeos pueden presentarse en espacios diseñados para albergar proyecciones de pantalla grande, que animen al visitante a contemplar esta obra junto con las pinturas, instalaciones, dibujos y fotografías presentados en otros puntos de la sala.

En *Three Linked Cubes / Interior Design for Space Showing Videos,* vemos los vídeos en lugares diseñados para ofrecer unas condiciones de confort e intimidad a la proyección. Sin embargo, la transparencia de las paredes de cristal convierte la experiencia de proyección privada en un acto simultáneamente público. Este elemento rompe la práctica antaño familiar de contemplar cintas de vídeo de artista en monitores colocados sobre pedestales, con sillas colocadas enfrente o sin asientos de ninguna clase. Si estas condiciones formaban parte de la familiar práctica museística de situar las obras de arte «sobre un pedestal», también permitían controlar y aislar las imágenes de vídeo, algo a menudo deseado por el comisario para ofrecer una experiencia de proyección

235

ininterrumpida y sin obstáculos. Estas condiciones espartanas, aunque idealmente subrayaban el adecuado control de la imagen en cuanto a color y sonido, tenía poco que ver con la manera de ver la televisión en casa. Y de eso se trataba: de crear unas condiciones de proyección que diferenciaran el modo de ver vídeos artísticos del modo en que experimentamos la televisión comercial.

En sus espacios de proyección, Graham tiende un puente sobre el abismo entre el espacio privado y el público, las condiciones para la proyección privada y la presentación pública. Además, esos espacios aluden directamente a sus diversos proyectos interiores y exteriores, que nos han invitado a considerar la arquitectura en su relación con los entornos urbanos y naturales. Por ejemplo, su propuesta *Video View of Suburbia in an Urban Atrium* (Proyección de vídeo sobre los suburbios en un patio urbano) (1979-1980) consiste en monitores de vídeo situados en el patio del Citicorp que proyectan escenas de naturaleza suburbanizada, fuera de la metrópolis. En *Three Linked Cubes / Interior Design for Space Showing Videos*, encontramos un espacio híbrido para mirar y ser mirado, para ver vídeos y moverse entre espacios con objeto de ver distintas selecciones. La instalación de Graham en el Dia Center for the Arts en Nueva York invitaba al espectador a explorar una estructura encerrada en cristal y situada en la azotea. A medida que uno se movía, la estructura se hacía visible e invisible, inspirando una consideración sobre el paisaje urbano como entorno artificial.

Todos esos espacios comparten con los vídeos de Graham la exploración del medio, de la vídeo cámara en directo como medio de abordar el proceso de performance y la representación del espacio de la performance. Su vídeo *Performer / Audience Sequence* (Secuencia actor/público) (1974-1976) desafía las condiciones de la actuación y la percepción, mientras que *Local Television News Program Analysis for Public Access Cable Television* (Análisis de los informativos de una televisión local para una televisión por cable de acceso público) (1980) examina su interés en la televisión de acceso público y la construcción de información. Otro elemento importante en los vídeos de Graham –que juega un amplio papel en su *Rock my religion* (Rock, mi religión) (1982-1984)– es su exploración de la cultura pop, de la música rock y su rebelde negación de los estilos de vida, la economía y los estados de ánimo tradicionales y apoyados por y en el capitalismo corporativo.

Estos son los temas explorados en dos de las tres áreas de proyección de *Three Linked Cubes / Interior Design for Space Showing Videos*. En el tercero, hay una selección de obras de otros artistas que tratan de la cons-

trucción estandarizada y la explotación del individuo y el grupo mediante la educación y el lugar de trabajo en el espacio público y privado. Este es el tema de las dos extraordinarias series de televisión de Jean-Luc Godard *Six fois deux/Sur et sous la communication* (Seis por dos/Sobre y bajo la comunicación) (1976), y *France/tour/détour/deux/enfants* (Francia/vuelta/rodeo/dos/niños) (1978). *Production Notes: Fast Food for Thought* (Notas de producción: Comida rápida para el pensamiento) (1987), de Jason Simon, expone los métodos de los publicistas en el desarrollo de las narrativas que moldean y venden productos. Los espacios urbanos como entornos comerciales son explorados en *Casual Shopper* (Comprador casual) (1981), de Judith Barry, y *CASCADE / Vertical Landscapes*, de MICA-TV, (CASCADA /Paisajes Verticales) (1988); el rock and roll es el telón de fondo del vertiginoso tratamiento que hace Dara Birnbaum del consumismo en *PM Magazine/Acid Rock* (1982), donde la artista muestra cómo los noticiarios de televisión y los programas populares venden un estilo de vida sexista y estático. *Video is Television?* (¿Vídeo es televisión?) (1989), de Muntadas, reconceptualiza radicalmente las imágenes de televisión y de los media en tanto que tecnología en este collage editado a toda velocidad y basado en metrajes encontrados e imágenes de tecnología televisiva; *Fade to Black* (Fundido en negro), de Tony Cokes y Donald Trammel (1980), examina el racismo en la ciudad a través de los media y de la experiencia personal.

Las tres áreas de proyección se complementan como espacios, como lugares para ver vídeos, mientras que los programas ofrecen distintas aproximaciones a la obra de Graham, así como a las preocupaciones que comparte con otros artistas. En conjunto, los vídeos de Dan Graham, en su exploración creativa de temas y en su propia estructura, reinventan la manera en que vemos vídeo en el museo.

Diálogo entre I. Kabakov y J. Bakstein sobre la instalación *Incidente en el museo o Música acuática*
(4 septiembre 1992)

I.K. Intentaremos hacer una grabación sobre la instalación *Incidente en el museo o Música acuática*, realizada en la galería Feldman.

J.B. Nos proponemos llegar a entender qué es esto, de qué estamos tratando, es decir, el objeto, el tema y la sustancia de la instalación.

I.K. La galería Feldman se ha remodelado totalmente. Esta instalación, con respecto a otras, constituye un tipo total, es decir, se ha transformado todo, se han reconstruido y se han pintado de nuevo las paredes, se ha colocado de nuevo la luz, se ha rehecho todo el interior. El local se ha convertido en dos salas y pasillos, dos salas de un museo ruso muy elegante pero provinciano. Con los dinteles dorados, con marcos dorados en las paredes, con paneles que exponen los cuadros de un pintor conocido en su tiempo, en los años treinta, Stepan Yakovlevich Koshelev. Hablamos de una persona que tiene su biografía, que pasó sus últimos años en Barnaul. La colección de sus obras se encuentra en Barnaul. La exposición, que se presenta por primera vez en EE.UU., sigue la tradición con que se muestra el descubrimiento de nuevos nombres en Rusia, figuras teñidas por la luz y la gloria de los pintores famosos de los años veinte, y aunque resucitan algunos nombres nuevos, salen a la luz con la esperanza de formar parte también de ese panteón.

Para tal fin, la galería Feldman ha organizado una exposición de ese pintor. Pero poco antes de inaugurarse la muestra, tal vez durante la mañana de la apertura, se ha producido un incidente, bien debido a que alguien ha hecho una zanja hasta llegar al agua o bien que se ha reventado una cañería. En una palabra, el agua corre por las dos salas con la particularidad de que en una cae a chorros por toda la superficie y en la segunda gotea, pero también con bastante intensidad. Los trabajadores de la galería, como es natural, intentan salvar la situación: extienden plásticos, colocan botes y palanganas para recoger el agua que cae...

Los espectadores, al entrar en la galería, se encuentran en una situación que les permite apreciar que se trata de una exposición muy buena, es decir, ven expuestos unos cuadros muy buenos porque están muy bien iluminados. La situación es del todo museística, en

medio de las salas hay unos divanes mullidos para que el espectador pueda sentarse en ellos, es decir, todo está dispuesto para que puedan contemplarse unas buenas obras, como lo son las que cuelgan de las paredes. Pero he aquí que ese extraño, ese horrible ruido del agua que cae frustra la situación. He contado el argumento...

J.B. Tú te planteas la siguiente pregunta: ¿Cómo se reacciona ante todo esto?...

I.K. La cosa es que cuando yo empecé a hablar sobre el tema del espectador, me planteaba la cuestión siguiente: de qué espectador se trata, qué tipo de espectador es ése. Para mí, es algo que de ningún modo se puede reducir a una única figura: «el espectador»...

De modo que un espectador real entra en una exposición real. Esos espectadores reales pueden dividirse en varios grupos. Vamos a detenernos sumariamente en dos de estos grupos. En mi caso, siempre desempeña un papel esencial el dirigirme de forma concreta a un espectador, y la exposición sólo funciona teniendo en cuenta todo el espectro de reacciones del espectador. Esto no es menos importante que los colores, la música, la luz. Me refiero a la reacción del espectador al entrar en la instalación, una instalación total, por supuesto. Su reacción sumaria, el color, y los otros componentes, el personaje en particular puede ser como una cita, es decir, autónomo. Por eso, para mí son importantes las situaciones sumarias de varias categorías de espectadores.

Así pues, dividamos para empezar a los espectadores en dos grupos: el espectador ingenuo y el espectador experimentado. El espectador ingenuo o banal, sabe muy poco de la técnica de las instalaciones, por lo menos no lo suficiente como para entender el carácter específico de este género. Él cree que esto es algo semejante a una exposición. La mayoría de la gente no establece la diferencia entre una instalación y una exposición. «Una instalación es una exposición bien hecha», es decir, a este género de actividad se le hurta su signo específico y el hecho se remite a los escaparates de unas tiendas...

Para el espectador occidental banal, la galería no se diferencia en nada de una tienda o de un museo, porque en Occidente es típica una actitud enormemente atenta hacia los objetos, hacia las cosas, hacia sus diferencias, la calidad, la individualidad, el funcionamiento de esas cosas. El lugar donde se colocan realmente esos objetos se ignora, pasa desapercibido. Esos lugares deben ser simplemente cálidos, bien iluminados, secos y bien pintados, de forma neutral...

Por eso el espectador ingenuo sólo mira lo que allí se expone. Al entrar en la galería Feldman y ver lo que allí sucede, entiende que tiene que mirar a los cuadros y que éstos están

bien iluminados. El sabe lo que es un cuadro, ha visto muchos cuadros en los museos y lentamente recorre las paredes examinando un cuadro tras otro.

Aquí, de nuevo nos aproximamos a la categoría del espectador inocente; éste descubre enseguida dos cosas: a) que los cuadros son repugnantes, y b) que los cuadros no están mal hechos. Para empezar, examinemos al espectador que cree que los cuadros son repulsivos. Se trata de pintores a) que se dedican a la pintura, b) que se dedican a una pintura buena y original, pintura expresionista, metafísica, comercial, abstracta, minimalista, etc. Todos los pintores ven que se trata de una cosa indigna... Después de lo cual, al comprender con repugnancia que Feldman o bien ha perdido la chaveta o aquí hay algún error, un malentendido, se marchan.

Prestemos atención además a la categoría de los pintores rusos emigrantes, unos pintores que aman el Arte, al que estiman no sólo como pintura sino como una actividad sagrada. En este sentido, los cuadros repugnantes ofenden al «yo» espiritual de esos pintores, que se sienten profundamente indignados al comprender que se trata de una acción vil, propia de bandidos, una actividad que está relacionada con el dinero, con la corrupción, con el saco de dólares occidentales. Tras esta actividad se mueve gran cantidad de dinero y ya sabemos adónde conduce todo ese dinero: colgar una mierda en la pared y venderla. Por supuesto, todo eso está hecho para vender, como es sabido. Además, están llenos de un profundo odio y una ira muy superiores a los de un artista norteamericano normal. Éste simplemente se irá aburrido. En cambio, el pintor ruso, al entender qué es lo que allí ha pasado, y al saber que se trata de una exposición, se da cuenta de la degradación que implica la venta.

Pasemos a la categoría del espectador ingenuo al que le han parecido buenos los cuadros...

Si bien no es posible engañar a los profesionales, en cambio el aficionado al arte sólo ve un buen cuadro. En ese caso, el hombre se queda largo rato ante esa obra extraordinaria y –la verdad, lo más importante es que está hasta las mismísimas narices de todas esas porquerías conceptuales, de esas basuras, cordellillos y demás–, por primera vez tiene ante sí, en una galería de verdad, una buena pintura. Entonces concentra su atención y se sumerge en la contemplación de un buen cuadro, y luego, o bien se marcha meneando la cabeza satisfecho, o bien se pregunta cuanto valdrá el cuadro. No porque lo quiera comprar, sino porque quiere saber cuánto vale una buena obra. Y al convencerse de que vale una buena suma se sentirá más satisfecho todavía, porque no está en un mercado, no está en Canal

Street, sino en una galería de prestigio junto a otras obras de gran calidad. Lo único que le resulta desagradable es el agua que cae, pero son cosas que pasan.

Así pues, esas dos categorías de espectador ingenuo han recibido su trozo de pastel y su sentimiento pleno y profundo de satisfacción, una satisfacción de signo positivo en unos, y de signo negativo en otros. En lo que se refiere al tanto por ciento, creo que este tipo de espectadores representan el 98% de todos los espectadores. Los pintores rusos, los pintores extranjeros y los aficionados al arte. ¿A ti te parece que no es así?

J.B. En cierto modo, sí. Creo que, realmente, pueden venir espectadores del Soho...

Pues bien, esa gente entra y ¿qué es lo que ve? En primer lugar ve el todo en su conjunto, porque ya están habituados a hacerlo. Está claro que hay una diferencia en la actitud hacia la instalación, hacia el grado de totalidad o de parcialidad. Ellos ven, por supuesto, una determinada acción, cierto show. Más adelante intentan cotejar este mismo show. La correlación de la significancia entre los elementos, los cuadros, el interior transformado (la galería Feldman es bastante conocida). Y, claro, ven lo que sucede aquí...

I.K. Es decir, ¿tú crees que ese espectador ingenuo al que me he referido no existe?

J.B. Aquí hay otro aspecto, más sutil incluso. La llamada «reacción ingenua», como aspecto, aparece en la percepción del espectador del Soho, que tiene una predisposición a cotejar. En la cabeza del espectador hay ya un buen ordenador, un ordenador desarrollado que lo computa todo, todas esas variantes.

I.K. Al cotejar, él tiene en cuenta la variante prevista para el espectador ingenuo, aunque en él también se conserva, y la integra, la combina con la del espectador experimentado que entiende que le tratan como a un espectador ingenuo... Es decir, comprenderá que está ante un concepto, entenderá al instante que eso es un museo; eso, un escape de agua, y lo que el autor ha querido decir, etc. Así pues, se entiende el elemento chocante, lo ingenioso de la idea, y en general...

J.B. ...la performance es una tradición bien conocida.

I.K. ...Y se detiene en el punto que ha constituido el fundamento. Aquí hay dos composiciones que constituyen el elemento básico. Son la música y los cuadros.

J.B. Para el pintor soviético, el problema más importante hubiera sido la lectura del componente musical. Porque es bastante inusual. Se trata de un gesto poco común, bastante vanguardista. Para el espectador occidental, en cambio, sería al revés...

I.K. La música o el goteo son algo conocido en la música francesa, japonesa.

J.B. Sí, todo esto ya es bien conocido. Se han hecho performances de este tipo. Ha habido gestos así, y también de *body art*. Pero ¿esto qué es?

I.K. Sí, esto me parece algo convincente. Para el espectador occidental, el elemento pasivo será la música y todos los acordes que surgen a partir de la riqueza de las percepciones. En cambio, el cuadro aparecerá confuso. En Rusia, en una exposición así, el cuadro no hubiera suscitado ningún interés, en cambio, las innovaciones musicales, sí... Para Occidente, constituye una novedad trabajar con el medio, es algo que causa sensación, algo incomprensible. El hecho de que un hombre trabaje con el aire, con el vacío, es algo que salta a la vista. Pero funciona.

Lo segundo, que constituye una capa mucho más profunda en la que quedan atrapados los espectadores, es cuando se comprende que, en presencia de la totalidad, el hombre imita la realidad, una realidad casi etnográfica. Pero esa realidad no reconstruye ni la etnografía ni las asociaciones que se producen en la vida cotidiana, se trata sencillamente de una pesadilla. Se trata de una falsificación premeditada, evidente, y a menudo, mal realizada, hecha de forma repugnante. Un hombre se ve inmerso en una instalación total, que parece representar a todo el mundo, pero ese «todo el mundo» es totalmente falso: una falsa caída de agua, falsas paredes, falsos marcos, falsas explicaciones y concepciones, y lo más interesante es que incluso los cuadros son falsos.

¿Qué significa un cuadro falso? Existe la tradición enormemente extendida de desenmascarar cuadros falsos. En realidad, toda la historia del arte es un juego en torno a la autenticidad del cuadro. Pero resulta que semejante reconstrucción inversa del cuadro en lo que se refiere a su autenticidad se convierte en algo muy extraño.

Todos conocen la evolución del cuadro: al principio era un buen cuadro, después se convirtió en malo, luego lo empezaron a romper, a desgarrar, a cortar. Más tarde el cuadro se convirtió en algo redondo, luego se cagaron en él, luego lo colocaron en el suelo, luego sencillamente empezaron a echar tinta sobre el cuadro, pero la patria del cuadro es Poussin, toda la evolución parte de Poussin. Y sólo porque esa evolución existe Schnabel puede pisotearla.

Aquí se produce una operación del todo inversa. El pintor actual (está claro que esa cosa pintarrajeada está hecha hoy mismo) reconstruye el cuadro de Poussin, es decir su estatuto poussiniano, pero ¿de qué modo y cómo ha sido eso posible?, porque ya se ve que ahí no hay ningún Poussin. Si una persona hubiera hecho un falso Poussin o una falsificación de otro clásico... (por cierto, Komar y Melamid dan justamente este paso: se hace un cuadro falso de Poussin, de Lorraine, etc.), pero aquí,

en realidad no se pretende ni siquiera eso. Aquí el espectador queda atrapado por el principio de que es un buen cuadro.

Este punto me parece muy importante. Si esos cuadros se remitieran a algún estilo conocido y se pudiera adivinar que lo que desea el propio autor es justamente esto (citemos de nuevo el ejemplo de Komar y Melamid), los pintores cambian algo (Komar y Melamid cambian el argumento, Baselitz lo invierte, si bien está claro que se trata de cuadros expresionistas), pero remitiéndonos a un original. En cambio, aquí este cuadro no nos remite a nada. Sin embargo se plantea la cuestión: quizá (la obra) nos remita al realismo ruso.

Lo extraño de todo esto consiste en que es imposible atribuir con bastante precisión la postura de este... Por supuesto, se trata de un personaje, pero en este caso se da una forma más de extrañamiento. No podemos adivinar qué pensaba este personaje como tampoco lo que pensaba Kabakov. ¿He liado el problema?...

J.B. Aquí hay un aspecto muy decisivo, y es que todo esto está construido sobre la polarización. Existe una tradición que nos remite a los cuadros y una tradición que valora más el medio. En esta exposición ambos aspectos están separados y son polares. Por un lado, es evidente que el *quid* de la cuestión es la creación de un medio, de un entorno especial, o de una acción especial, que también es total.

¿En qué consiste una performance? Nos referimos a una determinada acción que es total, precisamente porque las fronteras entre la vida y el arte, entre el espectador y el autor son del todo imprecisas, y aquí estriba la fuerza de este género. La performance cataliza la situación. Por eso, cuando un hombre entra en una exposición comprende que está ante una situación especial, total, ante una performance expositiva de carácter particular. Al mismo tiempo, ve que el elemento más importante, el básico y fundamental, que el elemento insustituible de este acto es el cuadro, ¡un cuadro que él no computa! Él ve que se trata de un cuadro en general, pero de ningún cuadro en particular...

I.K. Voy a proseguir mi versión de la crítica a esta instalación. Justamente me refiero a que allí se da la situación, como decía una amiga mía «excita pero no satisface». Porque cuando ya te has confiado a la obra pictórica o artística –ahora sólo podemos entregarnos a las cosas conceptuales y originales complejas–... ocurre que después de entregarte a ello te invade el sentimiento y la necesidad de derramar lágrimas. Y por ello, tanto el experto o como el simple espectador tienen que sollozar. Tienen que permitirse a sí mismos sollozar y la obra debe permitirles sollozar. ¿Porqué llorar, qué es lo que hay que admirar en *El lavabo*, por ejemplo? Allí hay algo por lo que llorar; cuan-

do ves el diván, la fotografía, la manta que cubre la cama de la pobre mamá, entonces comprendes que allí se puede llorar. ¿En esta instalación hay momentos en los que puedas echarte a llorar?

J.B. Pues claro, los cuadros.

I.K. Pero si son falsos. ¿Cómo se puede sollozar ante algo que es falso?, ¿«Ante la invención lágrimas verteré»?

J.B. Vuelvo al punto en que hemos iniciado la conversación. La paradoja consiste en que una cosa absolutamente falsa es absolutamente veraz.

I.K. ¿Puedes explicar eso?, ¿Cómo?

J.B. Se trata de cierta vida desconocida, ajena...

I.K. ¡Pero si está construida por Kabakov, si es falso! ¡O eso da igual?

J.B. Siempre se ve la mano del maestro, su aliento, la presencia metafísica de la vida.

I.K. Ésta se abre paso a través de toda la falsedad, de la falsedad del propio Kabakov, que quiso dárnosla a todos a través de la falsedad de ese artista, de ese pintor que no sabe porqué ha dibujado, porqué ha mezclado el impresionismo con el realismo, a través de todo, del carácter descuidado de esta pintura falsa, etc. A través de todo ello se abre paso algo. ¿Tú quieres decir que hay algo que no podemos comprender?

J.B. El aliento de la Rusia soviética, de su enorme cuerpo...

I.K. El momento de la contemplación, que constituye el fundamento –el arte no es un arte del consumo sino un arte de la contemplación–. El planteamiento profundo de esta instalación consiste en que ahora, en los museos no se pueden mirar los cuadros. Pero los cuadros no se pueden mirar en ninguna parte como en un museo. Para retornar al museo su carácter de museo, es necesario que éste vierta agua, que se halle ya en un estado de destrucción. Entonces, saboreando un flujo suplementario a través de la música del agua, estos trinos de Bajchisarái, entonces nos sumergimos (¡gracias a esos trinos!) en un estado de anabiosis, y entonces, ya en este estado, podemos mirar juntos los cuadros. Retornamos al museo en el momento en que el museo perece, en el momento en que en el museo cae el agua. Y sólo entonces podemos mirar los cuadros.

Resulta impresionante, conmovedor. Repetiré el esquema. Los cuadros se pueden mirar sólo en el museo, pero mirarlos en el museo es imposible, y existen circunstancias en las que miramos los cuadros, y esas circunstancias son ajenas al museo. Se trata del modelo de la vida, claro está: para entender la verdad, tenemos que alejarnos de ella...

J.B. Sí. Aquí se produce un proceso análogo. Hacer esto mediante esfuerzos aislados es imposible, no podría computarse. Por eso, la misma exposición implica una óptica de la

mirada que permite al espectador norteamericano descubrir ese cuadro. Y toda esa construcción es justamente la exposición, incluyendo, claro está, el importantísimo aspecto musical. Se trata de una óptica.

I.K. Resumiendo nuestras conversaciones, estamos diciendo que el espectador occidental mirará los cuadros...

J.B. Lo que dices plantea un tema aparte, que podemos discutir. ¿Qué quiere decir «mirar un cuadro»?...

I.K. Quisiera aclarar algo. Yo había hecho estos cuadros durante la primavera y el verano, los he pintado bastante deprisa, en tres o cuatro meses, con el mismo ritmo con que más o menos hacía los libros. Pero decir que he hecho algo totalmente falso, que me he carcajeado, que he hecho el payaso ante el lienzo tampoco es exacto. En efecto, toda la parte relativa al dibujo, toda la parte argumental está hecha de forma sólida, pero es algo muerto, que no es mío. Sin embargo, cuando he empezado a equilibrar el color he sentido que me emocionaba, que me ponía nervioso, que sentía que el color no me salía, que tenía que volverlo a pintar. He alcanzado cierto nivel en los cuadros. Tu podrás decir que en mí hablaba la voz del profesional; ahí no hay ninguna pasión, no hay nada. Me eran simpáticos aquellos argumentos y los personajes, y en mi fuero interno me sentía identificado con ellos.

Y segundo, en el momento de dibujarlos experimentaba unas tensiones emocionales bastante intensas. Es decir, no era simplemente un trabajo bien pulimentado. Yo tenía muy claro la total ausencia de elementos innovadores que por lo general constituyen el fundamento de la creatividad.

Y ahora diré una cosa que hasta ahora no se sabía. El instante creativo no se produjo. Yo sabía que realizaba un trabajo bastante conocido, es más, yo no soy un pintor figurativo, todos mis esfuerzos no se refieren a la obra original.

No soy muy diestro con el color, ya lo sabes. Por eso, lo que me salía era más bien gris. Además, yo no quería hacer nada con amor. Yo no quería aportar ese punto en el que se ve que el artista flota, acaba, se estremece. Toda la pintura parece hecha de forma mediocre, pero regular, profesionalmente. Y esa cuestión es aún más profunda para mí.

Desde que era niño, los cuadros han supuesto un enigma para mí, era un misterio si tenía yo talento de pintor o no. En el ámbito de la ilustración, durante muchísimo tiempo, cerca de 15 años, no podía colorear nada. Podía dibujar cualquier tema, desde cualquier ángulo, desde un caballero hasta Caperucita Roja, cualquier animal. ¡Pero lo que es pintarlo...! Me hundía literalmente de pavor, porque para mí aquello era lo mismo que preguntarme de qué color pintar unos pantalones, no veía el color, era como un daltónico. Después, cuando todos los colores se apelmazaban en una bola, entonces yo no podía desenredar todo el lío, no podía entender dónde estaba el error. Paulatinamente llegué a construir cierta armonía de la que echaba mano, pero la adquirí a partir de una gran práctica, de un modo mecánico. En un determinado momento puse punto final a los experimentos y empecé a realizar mi producción.

Lo mismo me ocurre en la pintura. Yo no siento pasión hacia ella, ni tampoco hacia la escultura. De hecho soy una persona muy fría en ese sentido, y me refiero a las artes plásticas. Comprendo las artes plásticas, las oigo, pero no las veo. Sólo siento satisfacción por el hecho de comprender un concepto, una idea aguda, compleja, pero no puedo apreciar una cosa en particular por su aspecto plástico. Ese es mi más horrible defecto. Una persona así, en principio, no debería dedicarse a las artes plásticas. Pero he ahí el meollo en el cual se esconde el enigma: yo, una persona que carece de talento para las artes plásticas y para quien éstas carecen de interés, manipulo formas plásticas. Por supuesto, a modo de citas y aludiendo al significado que se esconde en ellas. En concreto, el relato que lleva implícito el cuadro me atrae más que todo lo demás. Es un retorno al carácter literario, al espíritu literario más descarnado en su forma más primitiva, sin la historia de las artes plásticas del siglo XX.

¿Y para qué digo todo esto? Lo digo a propósito de las dudas que surgen en torno a derramar lágrimas cuando se está junto a estos cuadros. Sí, el asunto tiene su propia energía, se refleja cierta perversidad rusosoviética, de un país donde las cosas se aprecian no por lo que son sino por lo que han sido o por aquello de que «tú me recuerdas a». «No, no es a ti a quien amo tan ardientemente...». «Amo en ti los sueños de antaño». Algo parecido a eso, así de blasfemo...

Hace poco Volodia y yo recordábamos las canciones de los años treinta y algunas de los sesenta. No sólo te echas a llorar con esos recuerdos, sino que vuelve toda la autenticidad, la pasión, el amor, la forma irreprochable, el carácter popular, un ataque de increíble energía. Recapacita, me decía entonces. Porque yo recuerdo esas canciones, esas películas, como algo originariamente falso, como algo inventado, creado por unos podridos compositores chapuceros, como algo lleno de temas falsos, pasados a través de la censura burocrática, canciones cantadas con voces falsas. Grabadas, por cierto, en unos discos de mala calidad en los que se oían crujidos y zumbidos. Pero entonces, ¿de dónde viene ese sentimiento cuando nos sentamos y las escuchamos como si viéramos las viejas películas americanas con Fred Astaire o la *Serenata del Valle del Sol*?

¡Lágrimas y nada más! Aunque en ellas no haya nada más que mediocridad y vulgaridad. Tal vez ahí se dé un efecto del que hablaré ahora.

Para mí, cada vez más, los artistas pop se dividen en los del grupo principal –Lichtenstein, Rosenquist, etc.– y Warhol. Warhol cada vez se aleja más de ellos y ellos, en cambio, se desplazan hacia el otro lado, porque cada vez empiezo a creer más en el amor y las lágrimas de Warhol con respecto a la sopa Campbell y al encanto de Marilyn Monroe. Claro, se puede repetir cien veces aquello de la manipulación premeditada de los símbolos del amor, del sexo, etc. Pero tal vez todo eso no signifique nada, quizá no tenga absolutamente ninguna importancia si Warhol ironizaba o si lo que quería era dinero, o si simplemente imitaba a un personaje que se limita a crear obra (al igual que mi personaje) a la velocidad de cincuenta piezas cada media hora...

J.B. Quisiera hacer un balance provisional. Es bastante complicado explicar hasta el final la paradoja de este cuadro, su función. Y eso es síntoma de que su lugar se ha encontrado correctamente. Se ha hallado el equilibrio al que una obra de arte llega en último término. Desde mi punto de vista, el trabajo está equilibrado. Siento que los cuadros desempeñan un papel sustancial e importante, porque todo el rato estoy hablando de ellos. Ellos son el punto a través del cual uno puede imaginarse fácilmente una situación sentimental.

I.K. Cuando me puse a mirarlos y a escuchar la música acuática, que nos sumerge en los trinos de la fontana de Bajchisarái... Pero entonces en los cuadros falta aquello hacia lo cual podríamos alejarnos. Son demasiado sociales. Pero, bueno, ¿qué es esto? ¡Parecen unos cerdos! Allí debería aparecer un paisaje de Moscú o los atardeceres de Moscú con sus puestas de sol...

Notas sobre *Between the Frames*

Between the Frames, iniciado en 1983, formaba parte de tres proyectos (con *haute CULTURE* y *Exposición)* con idénticas preocupaciones: las relaciones entre el arte y la sociedad; la representación del arte, su interpretación, sus valores; su relación con la cultura popular; los media y la arquitectura como fenómeno contemporáneo. Si bien estos proyectos fueron concebidos al mismo tiempo, tuvieron una puesta en marcha y una evolución distinta.

haute CULTURE,[1] un proyecto que se prolongó a lo largo de dos años, fue presentado en 1983 en el Musée Fabre y simultáneamente en las galerías comerciales del Polygone, en Montpellier (1ª parte). En 1984, la instalación se inauguró en el I.C.A. de Boston. La obra ha ido evolucionando y enriqueciéndose en significado con cada nueva presentación. La más reciente tuvo lugar en Santa Monica Place, Los Ángeles, en 1985.

Exposición, una instalación sobre el sentido del espacio (galería), la significación de la presentación (exposición), la significación de la representación (valores e interpretación), fue concebida también a principios de los años ochenta. Se presentó por primera vez en la Galería Fernando Vijande de Madrid, en 1985, y más tarde, en 1987, se exhibió una segunda versión, *Exposition,* en el Exit Art de Nueva York.

Between the Frames se desarrolló como una visión extensiva del sistema artístico de los años ochenta. Se inició en 1983 y fue concluida en 1991.

En 1983, participé en una exposición titulada *Comments,* en el Long Beach Museum of Art.[2] Al día siguiente de la inauguración, en el museo, decidí seguir a un grupo de guías en su visita a la exposición. En un momento dado, empezaron a hablar de mi instalación *La Télévision.* Sus explicaciones me intrigaron tanto como la interpretación que hacían de mi obra.

El proyecto *Between the Frames*[3] y el primer capítulo de la serie (Capítulo 5: Los guías)[4] surgieron a raíz de este acontecimiento «personal» –y de su interpretación subjetiva–, junto con las manifestaciones públicas, especialmente el estado de las artes en la década de los ochenta, su relación con el mercado, las decisiones del poder y la definición de los roles y su mediatización.

Veamos a continuación la estructura del proyecto:

Between the Frames constituye una serie de comentarios visuales de la gente y las instituciones situadas entre el arte/el artista y el público. La serie se compone de ocho capítulos:

1. Los marchantes
2. Los coleccionistas
3. Las galerías
4. Los museos
5. Los guías
6. Los críticos
7. Los media
8. Epílogo

Cada capítulo funciona separadamente y como parte integrante de la serie. Cada uno de los capítulos examina la función (las funciones) de las personas y las instituciones que se sitúan entre los artistas y el público como inter/media/rios:

• dar información directa sobre la función del sujeto por sus comentarios (audio) y

• provocar nuevas relaciones entre estos comentarios y un sistema de representación abierta de las imágenes, *open visuals.* Las imágenes (vídeo) operan como un metalenguaje o un contrapunto metafórico de los comentarios.

El tema de cada capítulo determina la longitud y el tratamiento de cada parte. Con todo, todos los capítulos tienen una estructura similar, que consiste en la yuxtaposición de dos tipos de materiales: audio para las entrevistas de los personajes, y vídeo, mediante la utilización de un sistema de imágenes *open visuals* para cada uno de los capítulos.

Todos los capítulos empiezan con el siguiente texto:

«El arte forma parte de nuestro tiempo, de nuestra cultura y de nuestra sociedad, comparte y se somete a reglas, estructuras y tics como los demás sistemas económicos, sociales y políticos de nuestra sociedad.»

Entre 1983 y 1985, el proyecto evolucionó siguiendo la estructura descrita. Las entrevistas se realizaban en función de la accesibilidad y la disponibilidad de los entrevistados, del equipo de producción, del transporte, del equipamiento y también de mi tiempo, ocupado a la vez en otros proyectos. Esta flexibilidad me permitió realizar las entrevistas en diversos países, situaciones y lenguas, con un presupuesto limitado. El segundo capítulo, que en la actualidad comprende el capítulo 1 (Los marchantes) y el 3 (Las galerías)[5] concluyó en Vancouver, en 1985. Entonces decidí convertir estos dos capítulos en uno solo, a raíz de las similitudes entre ambos temas.

El período comprendido entre 1985 y 1989 fue crucial para este proyecto. Yo quería acabar la obra sin precipitarme, quería disponer de tiempo para comprender y reflexionar, pero también quería tener la posibilidad de añadir una perspectiva histórica, más allá de la reflexión sobre los años ochenta.

En 1989, gracias al interés y a la ayuda del Ministerio de Cultura francés, pude finalizar las entrevistas. En 1990, hice un primer montaje en el Banff Centre de Canadá y el montaje final en el Wexner Center for the Arts de Columbus (Ohio). Durante esos años, pude reflexionar sobre los planes de la instalación de *Between the Frames.* Decidí añadir la palabra «forum» a *Between the Frames,* para distinguir entre las cintas de vídeo y la instalación.

The Forum, un lugar para hablar, discutir, etc., me sugirió la idea de una especie de pabellón dividido en siete partes –una por cada capítulo–, con un espacio central desde el que podrían verse todos los capítulos: una versión invertida del fenómeno panóptico. El público debía desplazarse de un modo itinerante, y con su gesto, «acabaría» la obra.

Si bien *haute CULTURE, Exposición y Between the Frames: The Forum* no debían constituir originalmente un tríptico, están claramente vinculados unos con otros, y desde un punto de vista retrospectivo tienen intereses similares.

NOTAS

1. Dos columpios metálicos con una instalación de vídeo de dos canales. Un columpio instalado en un museo y el otro en una zona comercial.

2. *Comments* era una exposición organizada por Connie Fitzsimmons, con la participación de Barbara Kruger, Cecil Abish, Vernon Fisher, Dara Birnbaum, Muntadas, Douglas Hubler y Victor Burgin.

3. Compuesto de ocho capítulos de vídeo.

4. «Los guías» se produjo en el Long Beach Museum-The Station. En él se yuxtaponen entrevistas con guías del Long Beach Museum y un conjunto de imágenes de la autopista de Los Ángeles.

5. «Los marchantes-Las galerías» fueron producidos en el Western Front, Vancouver. Este capítulo yuxtapone las entrevistas realizadas (1983-1985) e imágenes del tren aéreo de Vancouver, un tren programado por ordenador, sin conductor.